Christoph Raedel

Gender

Von Gender-Mainstreaming zur Akzeptanz
sexueller Vielfalt

Die THEOLOGISCHE VERLAGSGEMEINSCHAFT (TVG) ist eine Arbeitsgemeinschaft der Verlage Brunnen Gießen und SCM-Brockhaus Witten.

© Brunnen Verlag Gießen 2017
www.brunnen-verlag.de
Umschlaggestaltung: Jonathan Maul
Lektorat: Frauke Bielefeldt
Druck: CPI books GmbH, Leck
ISBN Buch: 978-3-7655-2080-8
ISBN E-Book: 978-3-7655-7492-4
www.brunnen-verlag.de

Inhaltsverzeichnis

Vorwort VII

Einleitung 1

Teil 1
Von Geschlechtertheorien und Gleichstellungspolitik

Kapitel 1: Männer, Frauen und ...?
Geschlechtertheorien im Widerstreit 5
1.1 Frauenwelten
 Der lange Weg zur Gleichberechtigung 5
1.2 „Frauen sind anders, Männer auch"
 Der Differenzfeminismus 11
1.3 „Zur Frau wird man gemacht"
 Der Gleichheitsfeminismus 15
1.4 „Heteronormativität überwinden"
 Die Dekonstruktion von Geschlecht 21
1.5 „Verschieden denken, gemeinsam siegen"
 Von der Theorievielfalt zur Gender-Agenda 27

Kapitel 2: Gender-Mainstreaming
Von der Gleichberechtigung zur Gleichstellung der Geschlechter ... 31
2.1 „Peking" und die Folgen
 Zur Geschichte von Gender-Mainstreaming 32
2.2 Die „Achtundsechziger" und ihr Erbe
 Die Diversifizierung der Geschlechterrollen 38
2.3 „Gleichstellung von Frauen und Männern"
 Ergebnisgleichheit als Zielvorstellung 43

Kapitel 3: Sexuelle Vielfalt
Die Radikalisierung von Gender-Mainstreaming 53
3.1 Die „Yogyakarta"-Prinzipien
 Sexuelle Vielfalt als Menschenrecht 54
3.2 Die Tyrannei der Antidiskriminierung 59
3.3 Toleranz und Akzeptanz 62

Kapitel 4: Ende der Heteronormativität?
Die Vergleichgültigung aller Geschlechtsidentitäten 67
4.1 Sexuelle Vielfalt I: Homosexualität 67
4.2 Sexuelle Vielfalt II: Intersexualität 74
4.3 Sexuelle Vielfalt III: Transsexualität/Transgender 80

Kapitel 5: Konfliktfelder sexueller Vielfalt
Auf dem Weg zur diskriminierungsfreien Gesellschaft 87
5.1 Konfliktfeld Schule
     Sexualpädagogik der Vielfalt 87
5.2 Konfliktfeld akademischer und öffentlicher Raum
     Die Tyrannei der Minderheit 102
5.3 Konfliktfeld Sprache
     Der Verlust des Wirklichkeitsbezugs 109

Teil 2
Menschsein in Beziehungen –
Vor Gott leben, Gemeinschaft gestalten

Kapitel 6: In Beziehungen leben
Dialogische Polarität der Geschlechter als Gabe Gottes 117
6.1 Was ist der Mensch?
     Dem Sinn des Daseins auf der Spur 117
6.2 Als Geschöpfe leben
     Die Gabe des Leibes achten 119
6.3 Kind sein dürfen
     Das verdankte Leben 122
6.4 Gott und sein Rebell
     Der Mensch im Widerspruch 124
6.5 Als Gottes Kinder leben
     Leib Christi sein 129

Kapitel 7: Bestimmung und Berufung
Von der Gabe des Lebens zur Aufgabe der Lebensgestaltung 133
7.1 Zwischen Selbstbestimmung und Sehnsucht nach dem anderen ... 133
7.2 Die allgemeine Bestimmung des Menschen 135
7.3 Die spezifische Bestimmung 136
7.4 Die individuelle Bestimmung 136
7.5 Geschlechterrollen zwischen Konstitution und Konstruktion 138

7.6 Partnerschaft, Familie und Singlesein 143
7.7 Hausarbeit und Erwerbstätigkeit 146
7.8 Familien-Mainstreaming statt Gender-Mainstreaming 148

Kapitel 8: Lebenswelten
Was Menschen sich wünschen und was sie brauchen 149
8.1 Was Frauen sich wünschen 149
8.2 Was Männer sich wünschen 156
8.3 Was Kinder brauchen 159

Kapitel 9: Beziehungen wagen – Freiheit gestalten
Sexualpädagogik der Bindung statt sexuelle Vielfalt 169
9.1 Der einsame und zerteilte Mensch 169
9.2 Genderforschung als Ideologiekritik 172
9.3 Lustvergötterung und Lebensverweigerung 178

Kapitel 10: Was können wir tun?
Zwischen Anstand und Aufstand 183
10.1 Einladende Apologetik
       Menschen gewinnen statt Diskussionen 183
10.2 Gesellschaft und öffentlicher Raum 187
10.3 Familie und persönliches Umfeld 189
10.4 Arbeitswelt 191
10.5 Schule und Ausbildung 193
10.6 Akademischer Bereich 196
10.7 Kirchen und Gemeinden 197

Literaturverzeichnis 201

Register 221

Vorwort

Dieses Buch zu schreiben ist mir nicht leichtgefallen. Emotional aufgeladen, politisch überfrachtet, geradezu vergiftet ist die Diskussion um alles, was mit dem neudeutschen Begriff „Gender" zu tun hat.

Die Kontrahenten der Debatte scheinen in unterschiedlichen Universen zu leben: Für die einen ist unsere Gesellschaft durchsetzt von Diskriminierungserfahrungen, die Menschen auf Schritt und Tritt machen, für andere ist die in Wirklichkeit erreichte Gleichberechtigung längst in eine Tyrannei sexueller Minderheiten gekippt, die für ihre zu Ehe und Familie alternativen Lebensentwürfe volle Gleichbehandlung und Akzeptanz einfordern. Die eine Seite erklärt, dass es mit Fortschritten in Sachen Geschlechtergerechtigkeit viel zu langsam vorangeht, während die andere Seite beklagt, wie im „Top-down"-Verfahren seitens der Europäischen Union und ihrer Mitgliedsstaaten Schritt für Schritt Fakten geschaffen werden, ohne dass es eine breite gesellschaftliche Diskussion dazu gegeben hätte.

Ich kann mich oft des Eindrucks nicht erwehren, dass die Akteure der verschiedenen Seiten einander nicht verstehen können. Und ich bin nicht einmal sicher, ob es *mir* gelungen ist, die maßgeblich Beteiligten zu verstehen. Daher möchte ich erst gar nicht den – leicht zu durchschauenden – Eindruck erwecken, als könnte ich die Hintergründe und Zusammenhänge der Gender-Diskussion „neutral" darstellen.

Ich beteilige mich an dieser Diskussion und beziehe dabei Position. Ich schreibe aus der Perspektive eines christlichen Ethikers, für den sich vieles am Menschenbild entscheidet, das hinter einem Geschlechterkonzept steht. Das wird ohne Zweifel deutlich werden. Allerdings möchte ich keine rhetorischen Nebelkerzen zünden, sondern in sachlicher Klarheit und im Respekt vor allen an der Diskussion Beteiligten (und von ihr Betroffenen) Orientierung geben und den Lesern helfen, zu einem eigenen begründeten Urteil zu gelangen. Diese Aufgabe kann ich niemandem abnehmen, auch denen nicht, die mir in wesentlichen Punkten zustimmen werden.

Für das Durchdenken der Thematik und das Abfassen dieses Buches war es mir wichtig, mit Vertretern unterschiedlicher Sichtweisen ins Gespräch zu kommen und auch die von sehr verschiedenen Standpunkten aus verfasste Literatur zur Kenntnis zu nehmen. Ich habe mich immer wieder gefragt, wie ich es vermeiden kann, die Gruppe der Andersdenkenden allzu schematisch festzulegen. Auch wenn ich mich in das Erleben vieler, die in Gender-Fragen anders denken als ich, letztlich nicht hineinversetzen kann, so habe ich gelernt anzuerkennen, dass hinter manchen sehr schroffen Positionierungen Leidenserfahrungen stehen und dass die zu Recht kritisierte Kultur der Betroffenheit, in der es vor allem darauf ankommt, seinen Opferstatus zu markieren, leicht vergessen lässt, dass häufiger Frauen als Männer (und Angehörige sexueller Minderheiten ohnehin!) in Geschichte und Gegenwart Opfer ungerechtfertigter Benachteiligungen wurden und auch noch werden.

Von daher habe ich mich darum bemüht, Entwicklungen und Zusammenhänge nicht zu vereinfachen, sondern sie in ihrer Vielschichtigkeit und manchmal auch Widersprüchlichkeit aufzuzeigen. Wichtig war mir auch, Begriffe zu vermeiden, die zwar einen Standort in der Debatte markieren, aber für eine sachliche Diskussion wenig austragen. So ist in diesem Buch nicht vom „Genderismus" oder von „Genderisten" die Rede, denn zum einen würden damit Auffassungen, die sich in wichtigen Punkten unterscheiden, zu einer so gar nicht existierenden Gruppe zusammengefasst, und zum anderen gibt es keine Gruppe, die sich diesen Ausdruck als Selbstbezeichnung zu eigen gemacht hat. Auch mit dem gern erhobenen „Ideologie"-Vorwurf bin ich äußerst zurückhaltend, denn eine ideologische Position bezeichnet zunächst einmal einfach eine Überzeugung, die weltanschaulich, ggf. auch religiös grundiert ist. Viel wichtiger ist es, die jeweiligen weltanschaulichen Voraussetzungen offenzulegen, was hier auch geschehen soll.

Eine ungute Rolle in der Diskussion scheint mir die Tendenz zu spielen, anstelle von Argumenten mit der Unterstellung zu arbeiten, die Position der anderen sei letztlich von Angst bestimmt. Dieser Ebenenwechsel ist wenig hilfreich und schon rein logisch nicht überzeugend. Im Alltag mag manche gute Idee, die in ausweisloser Situation zur Rettung führt, aus der Angst geboren sein. Das spricht nicht *per se* gegen sie. Zwar gehe ich in Kapitel 9 tatsächlich auch der Frage nach möglichen Lebenskonflikten in der Biografie von Gender-Akteurinnen nach, doch eine mögliche Antwort auf diese Frage kann nicht den Anspruch erheben, die Auffassung dieser Personen restlos zu erklären.

Die in diesem Buch begründete Grundposition zu Fragen von Geschlechtsidentität und Geschlechterrollen wird nicht jedem gefallen, denn im Kern sucht sie die kulturell fest verankerte und christlich gut vertretbare Überzeugung von der Zweigeschlechtlichkeit des Menschen als Gabe Gottes und von der Gestaltung der Geschlechterverhältnisse im Licht einer im

Kern nicht auflösbaren Polarität von Mann und Frau zu plausibilisieren. Meines Erachtens ist es gerade von diesem tragfähigen Grund aus nicht nur möglich, sondern sogar geboten, in den Auffassungen Andersmeinender Wahrheitsmomente aufzusuchen und die Formen des Respekts zu wahren.

Meine Hoffnung und mein Gebet ist, dass Christen in den wichtigen Zeitfragen, gerade auch bei denen, die ihnen als eher lästig erscheinen, urteils- und sprachfähig werden und dass es ihnen gelingt, in „einladender Apologetik" Position zu beziehen, ohne dabei aus dem Blick zu verlieren, dass es in *letzter* Konsequenz nicht darum geht, jede einzelne Diskussion zu gewinnen, sondern den einzelnen Menschen – und wenn schon nicht für die eigene Sichtweise, so zumindest dafür, dieser Sichtweise mit Respekt zu begegnen. Für diesen Respekt möchte ich herzlich werben, egal wie Sie am Ende zu diesem Buch stehen werden.

Das Buch, das Sie in Händen halten, ist in einigen wenigen Passagen identisch mit meinem Buch, das unter dem Titel *Gender Mainstreaming. Auflösung der Geschlechter?* 2014 in der Reihe kurz & bündig beim SCM Hänssler-Verlag erschien. Mir fiel es angesichts der Dynamik der geschlechterpolitischen Diskussionen jedoch einfacher, das Buch praktisch neu zu schreiben als die Erstfassung lediglich zu erweitern. Wer das erste Buch kennt, wird im vorliegenden Band also überwiegend neuen Text und eine differenziertere Behandlung der Thematik finden.

Danken möchte ich an dieser Stelle meinem Assistenten Alessandro Casagrande, der in gewohnter Sorgfalt den Drucksatz für das Buch erstellt hat. Eine gründliche Durchsicht des gesamten Textes verdanke ich Írisz Sipos von der Offensive Junger Christen (Bad Reichelsheim) sowie Frauke Bielefeldt (Hannover), deren Anmerkungen dazu beigetragen haben, dass meine Überlegungen an manchen Stellen noch präziser und zielführender geworden sind. Mein abschließender Dank geht an das Institut für Ethik & Werte (Gießen), dessen Zuschuss zu den Druckkosten den günstigen Verkaufspreis des Buches ermöglicht hat.

Christoph Raedel im Februar 2017

Einleitung

„Wer bin ich – und wenn ja, wie viele?" – Diese Frage hat vor einigen Jahren Richard David Precht gestellt und versucht, sie in seinem Buch mit einem Spaziergang durch die Grundfragen der Philosophie zu beantworten.[1] Dieselbe Frage drängt sich dem auf, der tiefer in die gegenwärtig vertretenen Geschlechtertheorien eintaucht. Im Dschungel der unterschiedlichen, teilweise sogar widersprüchlichen Theorien weiß der Leser am Ende kaum noch, ob er Mann oder Frau ist. Ja, gibt es diese Geschlechterklassen überhaupt?

Um Gender-Mainstreaming verstehen zu können, ist es notwendig, zumindest ansatzweise zu erfassen, welche Diskussionen hinter den Kulissen der Geschlechterwissenschaft geführt werden und worum gestritten wird. Für Spannung sorgt dabei der Stoff selbst. Es geht um nicht weniger als die Frage, die einst Herbert Grönemeyer umtrieb, als er sang: „Wann ist ein Mann ein Mann?" Und genauso: Wann ist eine Frau eine Frau? Anders gesagt: Was verstehen wir unter „männlich" und „weiblich" und wie bilden sich unsere Vorstellungen hierzu aus?

Die Vorstellung, Mann und Frau seien verschieden und gehörten doch zueinander, ist unter Wissenschaftlern, die sich mit Geschlechterfragen beschäftigen, schon lange nicht mehr selbstverständlich. Hier werden viele auf den ersten Blick für selbstverständlich gehaltene Sachverhalte diskutiert und infrage gestellt. Dazu gehören: 1.) die unterschiedliche Machtverteilung zwischen Männern und Frauen im Berufs- und Familienleben, 2.) das von Generation zu Generation tradierte Einfügen vieler Männer und Frauen in eingeschliffene Rollenmuster, während sie heute Freiheiten genießen, die früheren Generationen undenkbar schienen, und 3.) die in der Alltagsintuition tief verwurzelte Einteilung in die zwei Geschlechterklassen „männlich" und „weiblich".

Im vorliegenden Buch werde ich in einem ersten Teil die Entwicklung der Gender-Diskussion und ihre aktuellen praktischen Konfliktfelder vorstellen. Dazu möchte ich zunächst eine Schneise schlagen in die komplexen und für Nichteingeweihte oft unübersichtlichen geschlechtertheoretischen Debatten (Kapitel 1). Im Anschluss daran erläutere ich in zwei Schritten,

---

1 Vgl. R. D. Precht, *Wer bin ich – und wenn ja, wie viele?*

was sich hinter dem Begriff „Gender-Mainstreaming" verbirgt und wie dieser Handlungsansatz im Alltag greifbar wird. Dabei gehe ich zunächst auf das ursprüngliche Anliegen der *Gleichstellung* von Mann und Frau ein (Kap. 2), bevor die Radikalisierung des Ansatzes in den Blick kommt, bei der es um die *Vervielfältigung* der Geschlechter geht (Kap. 3). Dann verschaffen wir uns unter den Stichworten Homo-, Inter- und Transsexualität einen Eindruck von der viel gepriesenen sexuellen Vielfalt (Kap. 4) und untersuchen, wie sich das Ziel einer diskriminierungsfreien Gesellschaft in Schulen, Universitäten und im Sprachgebrauch auswirkt (Kap. 5).

Im zweiten Teil werden die gewonnenen Beobachtungen zum christlichen Menschenbild in Beziehung gesetzt und von ihm her kritisch geprüft. Dabei geht es um das Menschsein von Mann und Frau in Beziehungen (Kap. 6), die Bestimmung und Berufung des Menschen (Kap. 7), die Bedeutung der Familie (Kap. 8) und die Unverzichtbarkeit einer bindungsorientierten Sexualität (Kap. 9). Im letzten Kapitel werden, bezogen auf konkrete Lebensbereiche wie Schule, Arbeitswelt und Gemeinde, Antworten auf die Frage gegeben: Was können wir als Christen tun angesichts der „Gender-Agenda"?

Teil 1

Von Geschlechtertheorien und Gleichstellungspolitik

Kapitel 1: Männer, Frauen und ...?
Geschlechtertheorien im Widerstreit

Die geschlechtertheoretische Diskussion ist kein Garten, der mit übersichtlich angelegten Wegen zum Spazierengehen einlädt. Eher gleicht sie einem Labyrinth, in dem sich zurechtzufinden eine echte Leistung ist. Mehr noch: Dieses Labyrinth ist vermintes Gelände, politisch aufgeladen, ideologisch umkämpft.

Dieses Kapitel soll eine Orientierung im Gelände ermöglichen. Dazu skizziere ich zunächst die Voraussetzungen in den Lebenswelten von Frauen, die im 19. Jahrhundert zum Entstehen der ersten Frauenrechtsbewegung führten. Dann erläutere ich eingehender die Vorstellungen, die unter den Bezeichnungen „Gleichheitsfeminismus", „Differenzfeminismus" und „(radikaler) Gender-Konstruktivismus" diskutiert werden, und zeige in aller Kürze, welche Bedeutung der jeweilige Ansatz in der Diskussion hat. Mit diesem theoretischen Überblickswissen ausgerüstet können wir uns dann auf den Weg machen quer durch die geschlechter*politischen* Konfliktfelder.

1.1 Frauenwelten
Der lange Weg zur Gleichberechtigung

Wenn wir heute in den Ländern der westlichen Welt über Geschlechterrollen diskutieren, dann tun wir dies aus einer komfortablen Situation heraus. Komfortabel deshalb, weil Männern und Frauen in unserer Gesellschaft vom Gesetz her gleiche Würde und gleiches Recht zukommt. Dass Frauen und Männer, ja, Menschen überhaupt, nicht in jeder Hinsicht *gleich* sein müssen, um als gleich*wertig* zu gelten, dürfte heute zumindest im Grundsatz weithin anerkannt sein. Dabei übersehen wir leicht, wie weit der Weg zu dieser Einsicht war und dass auch die Kirchen immer wieder dazu geneigt haben, bestimmte gesellschaftliche Zustände als von Gott so gewollt zu interpretieren – und daher unabänderlich. Vergegenwärtigen wir uns daher zunächst in aller Kürze, woher wir kommen.[1] Mit dem Schlachtruf der

---

[1] Für eine knappe Übersicht über die Frauenrechtsbewegung vgl. U. Gerhard, *Frauenbewegung und Feminismus*.

Französischen bürgerlichen Revolution von 1789 „Freiheit – Gleichheit – Brüderlichkeit" wurde – unter erheblichem Blutvergießen – eine Gesellschaftsordnung hinweggefegt, in der ererbter Stand und soziale Schichtenzugehörigkeit über das Schicksal eines Menschen entschieden. Waren alle Menschen zumindest im Angesicht des Todes gleich, so galt dies nicht für ihr Leben. Die Gesellschaft war wie eine Pyramide aufgebaut, an deren Spitze Gott stand, dessen Herrschaft sich in der Person des Königs widerspiegelte und dessen Autorität, vermittelt durch die verschiedenen Machtebenen, bis in das letzte Haus in seinem Reich durchgesetzt wurde.

Mit den bürgerlichen Revolutionen in Europa setzte sich die Vorstellung der angeborenen *Gleichheit* aller Menschen gegen die Idee einer hierarchischen Ordnung der Gesellschaft durch. Das Wort „Gleichheit" umfasste allerdings bei Weitem noch nicht alles, was heute darunter verstanden wird. Denn selbst die im Vergleich zu Deutschland radikale Französische Revolution erweist sich im Rückblick eher als eine „Männerrevolution", wurden doch Menschenrechte zunächst als Männerrechte durchgesetzt. Dagegen regte sich zwar bereits 1790 Widerstand, als die Frauenrechtlerin Etta Palm d'Aelders die Revolutionäre in einem Manifest daran erinnerte: „Wir sind Eure Gefährten, nicht eure Sklaven".[2] Die Menschenrechte seien unteilbar und dürften deshalb auch Frauen nicht vorenthalten werden. Dennoch blieben die unter dem Einfluss der Aufklärung stehenden Staaten Europas zunächst noch weit von der Gleichberechtigung entfernt – nicht, weil Aufklärer wie zum Beispiel Jean-Jacques Rousseau (1712–1778) den Gedanken der Gleichheit *ignoriert* hätten, sondern weil sie ihn auf eine bestimmte Weise *interpretierten*.

Warum konnten sich selbst unter der Parole von Freiheit und Gleichheit Geschlechterverhältnisse etablieren bzw. halten, die wir heute als ungerecht bezeichnen? Dazu müssen wir uns klarmachen, welche Vorstellungen von Gleichheit im Zuge der vorrevolutionären Aufklärung vertreten wurden.[3]

Der Gedanke der Gleichheit aller Menschen wurde zunächst einmal aus dem Naturrecht gewonnen. Gemeint ist ein dem menschlichen Recht vorausliegendes Recht, das über viele Jahrhunderte mit der Gerechtigkeit Gottes begründet wurde. Nun wurde es von den Aufklärern rationalisiert; d.h., dass nicht Gott, sondern die menschliche Vernunft zum Grund und Garanten dieses Naturrechts erklärt wurde. Von der Vernunft aber gilt in der Aufklärung, dass sie kein Geschlecht kennt, und das bedeutet, dass

---

[2] Ebd., S. 15.
[3] Vgl. U. Gerhard, *Gleichheit ohne Angleichung*.

kraft der ihnen eigenen Vernunft alle Menschen gleicher Würde und gleichen Rechts sind.

In vielen Naturrechtskonzeptionen wird diese uneingeschränkte Gleichheit jedoch nur für den (utopischen) *Naturzustand* des Menschen angenommen, nicht für die Menschen als *Kulturwesen*, die sich in Gesellschaften organisieren, wie wir sie kennen. Der Naturzustand meint hier keinen historisch greifbaren Urzustand, sondern soll als theoretisches Prinzip erklären, warum es notwendig zur Bildung von Gesellschaften kommen musste. Die menschliche Natur machte dieser Theorie zufolge die Bildung von Gesellschaften nötig; an ihrem idealen (nicht geschichtlichen) Anfang steht der Abschluss eines Gesellschaftsvertrags, der dazu dient, die Unsicherheiten des Naturzustandes zu überwinden, genauer: Frieden, Freiheit und das Eigentum der Menschen zu sichern.

Die Konstruktion des Gesellschaftsvertrags erlaubt den Aufklärern zufolge aber durchaus die Anerkennung von Ungleichheit, z.B. die zwischen Besitzenden und Besitzlosen. Daraus folgt, dass als Gleiche nur solche Individuen in Betracht kommen, die über Eigentum verfügen. Nur derjenige Mensch hat nach John Locke (1632–1704), einem wichtigen Philosophen der Aufklärung, einen Rechtsanspruch auf vollkommene Freiheit und den uneingeschränkten Genuss aller bürgerlichen Rechte, der imstande ist, „für sich selbst zu sorgen".[4] Damit schied die verheiratete Frau aus dem Kreis der Anspruchsberechtigten aus – und der Ehestand war damals die Regel. Denn als Ehefrau unterstand sie der Herrschaft ihres Mannes. Im Ehevertrag räumte die Frau damals „ihrem Mann die eheliche Gewalt ein und [war] ihm damit zu Gehorsam, der Mann zu ihrem Schutz verpflichtet".[5]

Insofern markiert die Französische Revolution von 1789 in der Geschichte des Gleichheitsgedankens einen Wendepunkt: Gleichheit wird nun zu einem *Rechts*begriff, aus dem sich konkrete politische Forderungen ableiten lassen. Auch wenn noch viele Jahrzehnte vergehen sollten, bis diese Forderungen tatsächlich in geltendes Recht umgesetzt würden, wurden hier die Voraussetzungen dafür geschaffen und die Gleichheit vor dem Gesetz zum wesentlichen Prinzip des Rechtsstaates erklärt.

Die Proklamation dieses Prinzips u.a. in der deutschen bürgerlichen Revolution von 1848 richtete sich gegen Standesprivilegien (v.a. des Adels und der Geistlichkeit). Doch der tradierte Vorrang der Haus- bzw. Familienväter blieb bis ins 20. Jahrhundert hinein unangetastet. Der Ehemann besaß die volle Gewalt und Entscheidungsbefugnis über seine Frau und die Kinder. Er verfügte über das gemeinsame Eigentum, musste einem von der

---

[4] J. Locke, *Zwei Abhandlungen über die Regierung*, § 87.
[5] U. Gerhard, *Gleichheit ohne Angleichung*, S. 32.

Ehefrau geschlossenen Arbeitsvertrag zustimmen und konnte ihn auch wieder auflösen. Er allein hatte das Recht zu entscheiden, welche Bildung Frau und Kindern zuteilwerden sollte.

Das *Bürgerliche Gesetzbuch*, das am 1. Januar 1900 im Deutschen Reich in Kraft trat, zementierte diese Verhältnisse. Den Frauen wurde die Zuständigkeit für den häuslichen Bereich zugewiesen – eine Bestimmung, die schon damals die Lebenswirklichkeit nur der bessergestellten Familien beschrieb. Viele Frauen aus ärmeren Schichten mussten für den Unterhalt der Familie außer Haus arbeiten; in Berufen, die wenig gesellschaftliches Ansehen genossen und fast durchweg schlecht bezahlt waren. Die im 19. Jahrhundert entstehenden Frauenrechtsbewegungen nahmen grundlegend Anstoß am rechtlich verankerten Vorrang des Ehemanns und Familienvaters. Die Ablehnung der „patria potestas", also der Autorität des Hausvaters, bildet historisch den Hintergrund für die feministische Kritik an dem im Kern patriarchalischen Zuschnitt von Ehe und Familie.

Frauen waren jedoch nicht nur im Zivilrecht benachteiligt, sondern auch aus der politischen Öffentlichkeit ausgeschlossen, sodass die Durchsetzung des Frauenwahlrechts im Laufe des 19. Jahrhunderts zu einer Kernforderung der Frauenrechtsbewegung wurde. Insgesamt standen für die bürgerliche Emanzipationsbewegung mehr die *kulturellen* Rechte im Vordergrund (wie das Recht auf Bildung), während für die proletarische Bewegung die *sozialen* Rechte wichtiger waren (wie das Recht auf faire Arbeitsbedingungen, angemessenen, bezahlbaren Wohnraum und soziale Absicherung). Gemeinsam sahen sie als einen Schlüssel zur Durchsetzung dieser Rechte die Öffnung des Wahlrechts für Frauen. So ging es insgesamt darum, die Bürger- und Menschenrechte, die wir heute als selbstverständlich anerkennen, Frauen in gleichem Maße zuteilwerden zu lassen wie Männern.

Was genau die *Gleichheit* der Geschlechter bedeutet, darum gab es auch in der modernen Frauenbewegung von Anfang an unterschiedliche Auffassungen, die sich bis heute durch die Geschlechterdiskussion ziehen. Während die einen „die Zwänge und Zumutungen traditioneller Weiblichkeit" ablehnten, sahen andere gerade die spezifisch weiblichen Erfahrungen wie das Muttersein als geeignet an, diese „zum Ausgangspunkt für emanzipatorische Politik" zu machen.[6] Der Kampf um die Gleichberechtigung von Frauen war und ist daher, wie wir in diesem Kapitel noch genauer sehen werden, keinesfalls identisch mit der Absicht, das Muttersein abzuschaffen

---

[6] Ebd., S. 26.

und die Geschlechter austauschbar zu machen. Vielmehr hat sich die von Anfang an nicht homogene Frauenrechtsbewegung im 20. Jahrhundert immer weiter ausdifferenziert und neben dem Differenzfeminismus (1.2.) auch den Gleichheitsfeminismus (1.3) und konstruktivistische Ansätze (1.4.) hervorgebracht.

Auch in der Gesellschaft bildeten sich unterschiedliche Ansätze heraus. So gilt die Einführung des Frauenwahlrechts unbestritten als Fortschritt, während auch unter Frauen das Recht auf Abtreibung umstritten ist. Auch das Beharren auf traditionelle Familienwerte galt und gilt den einen als reaktionäre Brauchtumspflege, während andere darin eine gesunde Anerkennung der natürlichen Grundbedingungen des Menschseins sehen.

Diese Vielschichtigkeit der historischen Entwicklungen wird in der erhitzten geschlechterpolitischen Diskussion häufig unangemessen vereinfacht. Dies hängt auch mit zwei Einschnitten in der deutschen Geschichte zusammen, deren Auswirkungen der geschlechterpolitischen Debatte zumindest in Deutschland Richtung und Schärfe gegeben haben. Der erste historische Einschnitt ist die sogenannte „Bevölkerungspolitik" der Nationalsozialisten. Das NS-Regime förderte (letztlich kriegspolitisch motiviert) kinderreiche Familien und ehrte Mütter mit dem „Mutterkreuz", die Führer und Reich viele Kinder schenkten. Dieser historische Kontext einer auf Geburtensteigerung zielenden Politik hat sich wie ein Schatten über die deutsche Geschichte gelegt. Auffassungen, welche die Bedeutung der Mutter für die Entwicklung des Kindes hervorheben und für die Aufwertung von Erziehungsleistungen eintreten, werden gerne durch die Unterstellung diffamiert, sie wollten die nationalsozialistische Bevölkerungspolitik wiederbeleben. „Sie wollen also wieder das Mutterkreuz einführen" – so lautet das ultimative Totschlagargument in der Debatte.[7]

Der zweite historische Einschnitt liegt in den Umbrüchen der 1970er-Jahre, oft auch als „sexuelle Revolution" der „Achtundsechziger" bezeichnet. Für die feministische Bewegung dieser Zeit stand (neben der Forderung nach freiem Zugang zu Verhütungsmitteln) die Legalisierung der Abtreibung ganz weit oben auf der Agenda. *De facto* (wenn auch wie in Deutschland nicht immer *de jure*) gelang es in den meisten westlichen Staaten, den straffreien Zugang zur Abtreibung durchzusetzen.

---

[7] Gehäufte Bezugnahmen auf das 1938 vom NS-Regime eingeführte „Mutterkreuz" ließen sich in der Diskussion um die Einführung des inzwischen vom Bundesverfassungsgericht wieder kassierten Betreuungsgeldes beobachten, besonders in den sozialen Netzwerken. Doch auch in politischen Stellungnahmen von SPD, Grünen und Linken findet sich dieser Rekurs; für ein Beispiel aus Nordrhein-Westfalen vgl. T.-R. Stoldt, „Die Politik will nicht, dass Mutti zu Hause bleibt".

Die Geschichte des in den 1970er-Jahren angestoßenen gesellschaftlichen Wandels, der Frauen gemessen an allen früheren Geschichtsepochen einen erheblichen Freiheits- und Wohlstandsgewinn gebracht hat, wird nun bei Kritikern des Feminismus schnell auf die Ermöglichung des Schwangerschaftsabbruchs reduziert. Tatsächlich war (und ist) die vollständige Abschaffung des § 218 StGB eine der Kernforderungen des Feminismus der zweiten Welle (also der „Achtundsechziger"). Offensichtlich ist auch, dass an diesem Punkt ein (vermeintlicher) Freiheitsgewinn für Frauen mit der Preisgabe der Schutzwürdigkeit des ungeborenen Lebens erkauft wird.

Vielen Christen hat sich ins Bewusstsein eingebrannt, dass der Feminismus im Kern eine Positionierung *gegen* das Leben noch nicht geborener Kinder einschließt. Während die Mehrheitsgesellschaft es akzeptiert hat, dass Frauen *de facto* über ihren Bauch entscheiden können, machen sich Christen für das Lebensrecht der Ungeborenen stark. Dabei gerät gelegentlich aus dem Blick, dass nur die wenigsten Feministinnen sich an einer so grausamen Handlung wie der Abtreibung berauschen können (deren zweites Opfer ja eine von den Folgen des Eingriffs gezeichnete Frau ist). Vielmehr geht es ihnen um das *Recht der Frau*, sich – wie der Mann – der ungewollten Folgen eines Sexualaktes entledigen zu können. Der Ausgangspunkt ist also der Grundsatz der Geschlechtergerechtigkeit, keine Tötungsabsicht. Am Ergebnis ändert das freilich nichts: Bei jeder Abtreibung stirbt ein Kind, dessen Lebensrecht missachtet wird. Trotzdem bleibt die Frage, wie Frauen *und* Männer ihre Sexualität gestalten und für deren Folgen stehen.[8]

In der Geschichte der westlichen Staaten finden wir die Vorstellung verankert, dass das Leben sich nur in Ordnungen der Zugehörigkeit entfalten kann. Als grundlegende Ordnung der Zugehörigkeit in der Gesellschaft galt die natürliche, „trianguläre" Familie, die (wie in einem Triangel bzw. Dreieck) aus Vater, Mutter und gemeinsamen Kindern besteht. Ihr konkreter Platz war durch die Zugehörigkeit zu einem sozialen Stand bestimmt. Aufklärung und bürgerliche Revolutionen waren von der Vorstellung der Gleichheit aller Menschen beflügelt, ohne dass dies unmittelbar zur rechtlichen Gleichstellung von Männern und Frauen geführt hätte. Im Fokus der Frauenrechtsbewegungen stand von ihren Anfängen im 19. Jahrhundert an der Vorrang des (Ehe-)Mannes vor der Frau, der im Familienrecht erst in den 1970er-Jahren vollständig überwunden wurde.

---

[8] Man denke hier auch an die Konstellation, dass der Vater des ungeborenen Kindes Druck auf die Mutter ausübt, das Kind abzutreiben.

Wenn heute von der immer noch nicht eingelösten Geschlechtergerechtigkeit gesprochen wird, dann bezieht sich diese Einschätzung weniger auf rechtliche Bestimmungen, sondern zielt auf die Beharrungstendenzen in der Gesellschaft, auch in freier Entscheidung eher traditionelle Rollenmuster zu leben. Die Forderung nach Einbindung der Frau in den Arbeitsmarkt und nach staatlicher Fremdbetreuung ihrer Kinder zielt, wie wir sehen werden, im Kern auf den Umbau der mehrheitlich gelebten (und akzeptierten) innerfamiliären Macht- und Rollenverhältnisse.

Doch es soll nicht darum gehen, die Früchte des Kampfes für die Gleichberechtigung pauschal verächtlich zu machen (und sie gleichzeitig in weiten Teilen zu genießen, wie es viele Kritiker tun, ohne sich dessen bewusst zu sein). Stattdessen will ich die guten und die schlechten „Früchte" voneinander trennen, also berechtigte Anliegen von problematischen Überdehnungen unterscheiden und differenziert bewerten. Schauen wir uns daher zunächst einmal die wichtigsten feministischen Geschlechtertheorien genauer an, wie sie bis heute vertreten werden.

1.2 „Frauen sind anders, Männer auch"
Der Differenzfeminismus

Für Frauenrechte einzutreten bedeutete für einige Verfechterinnen der Frauenemanzipation im 19. Jahrhundert, dafür einzutreten, dass Frauen *als Frauen* leben dürfen. Im Zuge der Industrialisierung und Modernisierung der Gesellschaft schloss dies zunächst einmal ganz elementare Ansprüche auf Berücksichtigung spezifisch weiblicher Bedürfnisse ein wie z.B. den Zugang zu medizinischer Betreuung durch die zu Beginn des 19. Jahrhunderts sich ausbildende Gynäkologie. Dem ganzen Bereich der Frauenheilkunde lag und liegt wie selbstverständlich die Wahrnehmung für die Differenz zwischen männlicher und weiblicher Anatomie zugrunde. Diese Differenzwahrnehmung war eine entscheidende Voraussetzung dafür, dass die für die Frau von Schwangerschaft und Geburt ausgehenden Risiken sich verringerten und in der Folge die weibliche Lebenserwartung steigen konnte.

Über diese medizinische Wahrnehmung hinaus wurde unter dem Einfluss der Romantik auch grundsätzlicher vom „weiblichen Wesen" gesprochen. Dieser Vorstellung lag eine Rückbesinnung auf weiblich konnotierte Werte und die Eigenschaften sowie Differenzen zwischen dem seelischen

Erleben von Frauen und Männern zugrunde, daher auch die heutige Bezeichnung „Differenzfeminismus".[9] Seine Vertreterinnen hielten es nicht für erstrebenswert, sich bei der Frauenemanzipation an den vorherrschenden männlichen Verhaltensmustern zu orientieren. Vielmehr galt die Anerkennung spezifisch *weiblicher* Eigenschaften zumindest für die „bürgerliche Frau gegenüber anderen Frauen [als] ein nicht zu unterschätzender Machtgewinn".[10] Mochten Männer sich für das Maß des Menschseins schlechthin halten, alleine waren sie unfruchtbar. Die Erhaltung der menschlichen Gattung war nur dadurch möglich, dass Frauen in der Fürsorge für das Kind ihre Bestimmung und ihre Besonderheit annahmen und so dem Leben der Familie sowie der Gesellschaft Zukunft gaben. Das bedeutete jedoch nicht, sich unter die vorherrschende, patriarchal verfasste Familien- und Gesellschaftsordnung zu beugen. Stattdessen galt und gilt die moderne, von Männern regierte Welt von einem Konstruktionsfehler bestimmt, der die Gesellschaft von innen heraus zersetzt und von den Frauen überwunden werden soll.

Als dieser Konstruktionsfehler wird der menschliche Egoismus identifiziert, genauer noch: die Erhebung des Egoismus zum Grundprinzip der wirtschaftlichen Tauschbeziehungen in der modernen Gesellschaft.[11] Der moderne Mensch wird zum *homo oeconomicus,* der sich in jeder Hinsicht von der Logik des kapitalistischen Marktes bestimmen lässt. Leistung zählt – und Leistung hat ihren Preis, die sich in der Anhäufung von (beweglichen und unbeweglichen) Gütern zeigt. Wer etwas leistet, der zeigt auch, was er sich dafür leisten kann. So wird der Kapitalismus in seinen Grundzügen gesehen.

Doch der Differenzfeminismus hält dieses System nicht für alternativlos. So wird in der Matriarchatsforschung davon ausgegangen, dass die ursprüngliche Form des menschlichen Zusammenlebens nicht das Patriarchat war, also die Herrschaft des Mannes über seinen Haushalt, sondern das Matriarchat.[12] Damit wird eine Gesellschaftsformation bezeichnet, in der

---

[9] Die Bezeichnung selbst kam jedoch erst im 20. Jahrhundert auf.
[10] A. Maihofer, *Geschlecht als Existenzweise*, S. 27.
[11] Diese Auffassung wird allgemein Adam Smith zugewiesen, vgl. sein Buch *Der Wohlstand der Nationen*. Für eine differenzierte, den Egoismus-Aspekt einordnende Diskussion vgl. T. Sedláček, *Die Ökonomie von Gut und Böse*, Kap. 7.
[12] Einer der Grundlagentexte der Matriarchatsforschung ist J. J. Bachofen, *Das Mutterrecht*. Ich beziehe mich hier exemplarisch auf die Untersuchungen von H. Göttner-Abendroth, die gebündelt vorliegen in ihrem Buch *Der Weg zu einer egalitären Gesellschaft*.

nicht egoistisches Handeln, sondern das „pro-soziale" Verhalten der Mutter die gesellschaftlichen Beziehungsmuster prägt. Als vorzugswürdig gilt einer solchen Gesellschaft nicht das Anhäufen von Gut und Geld, nicht das Sich-Nehmen, sondern das *Geben*. Urform des Gebens ist die Weitergabe des Lebens. Die Fähigkeit, Leben geben zu können, ist Vorrecht der Frau, weshalb Mutterschaft und die ihr eigene Haltung der Fürsorglichkeit besonders geehrt werden. Auch die politische Entscheidungsfindung in der matriarchalen Gesellschaft ist nicht an einem Machtgefälle ausgerichtet, also an bestimmten Hierarchien, wie sie für Männergesellschaften charakteristisch sind, sondern erfolgt in einem an der Basis ansetzenden Prozess der Konsensfindung, bei dem sich Frauen und Männer zunächst in getrennten Beratungen ein Urteil bilden. Durch solche anfänglich getrennten Entscheidungen „geht niemals der Unterschied zwischen der Perspektive der Frauen und derjenigen der Männer verloren".[13] Balance und Gleichheit der Geschlechter werden nach diesem Verständnis nur dann gewahrt, wenn deren fundamentale Unterschiedlichkeit anerkannt und im gesellschaftlichen Leben zur Geltung gebracht wird.

So steht der Differenzfeminismus im Kern für einen Gegenentwurf zur kapitalistisch funktionierenden Gesellschaft: Der Logik von der Herrschaft des Stärkeren über den Schwächeren wird die Rücksichtnahme auf die Schwachen und auf Unterstützung Angewiesenen entgegengesetzt, der Ökonomie des Nehmens die Kultur des Schenkens und Teilens, der Praxis der Manipulation weiblicher Interessen die wertschätzende Berücksichtigung der unterschiedlichen Interessen von Frauen und Männern.

Für das Verständnis des *heutigen* Differenzfeminismus ist es wichtig zu erkennen, dass es seinen Vertreterinnen nicht um die Behauptung einer „weiblichen Natur" geht, also um die Vorstellung, dass nur Frauen fürsorglich und empathisch agieren könnten (eine Auffassung, die heute meist als „essenzialistisch"[14] zurückgewiesen wird). Vertreten wird vielmehr, dass es faktisch zumeist Frauen sind, die in der modernen Gesellschaft pflegerische, erzieherische und fürsorgliche Leistungen erbringen – die ein niedriges Ansehen haben und weithin schlecht oder gar nicht bezahlt werden. Weiterhin wird argumentiert, dass Leistungen der Fürsorge (im Englischen gibt es dafür das weit gefasste Wort „mothering") eine deutlich höhere Wertschätzung verdienen, weil keine Gesellschaft auf sie verzichten kann.[15] Der Differenzfeminismus behauptet somit nicht, dass Frauen *von*

---

[13] Ebd., S. 38.
[14] Als *Essenzialismus* werden philosophische Konzeptionen bezeichnet, die von einem den Dingen innewohnenden *Wesen* (= „Essenz") ausgehen.
[15] Vgl. J. Stephens, *Confronting Postmaternal Thinking*.

Natur aus dazu bestimmt sind, Mütter zu sein, sondern tritt prinzipiell dafür ein, dass das faktisch weithin von Frauen praktizierte Ethos der Mitmenschlichkeit und Fürsorge in der Gesellschaft höhere Anerkennung erfährt.[16]

Die Wertschätzung mütterlicher bzw. weiblicher Eigenschaften sollte also nicht mit der christlichen Hochschätzung der natürlichen Ehe und Familie verwechselt werden. Denn Fürsorglichkeit wird im heutigen Differenzfeminismus als Muster von zwischenmenschlichen Beziehungen überhaupt interpretiert, womit häufig eine Skepsis gegenüber der tradierten Formalisierung bestimmter Beziehungen (wie z.B. einer Partnerschaft als Ehebund) einhergeht. Auch sexuelle Beziehungen sollen vor allem liebevoll sein, sie müssen nicht notwendig monogam gelebt werden.

Dennoch fällt auf, dass die Weitergabe des Lebens und der menschliche Leib hier ausgeprägte Wertschätzung erfahren, die Ebenen des Leiblichen und des Geistigen also nicht quasi dualistisch voneinander getrennt werden. Es wird zu Recht gesehen, dass eine Gesellschaft, die sich nicht von der Haltung der Fürsorglichkeit (Christen würden sagen: Nächstenliebe) bestimmen lässt, erkalten muss. Die Betonung egoistischer Grundhaltungen, bei denen zwischenmenschliche Beziehungen vornehmlich als *Rivalitäts*verhältnisse erscheinen, schwächt das soziale Miteinander und lässt die eigentlich sozial verfasste Person zum Einzelwesen werden, das um sich selbst kreist.

Vonseiten anderer Feministinnen wird jedoch kritisiert, dass der Differenzfeminismus mit der Betonung weiblicher Eigenschaften oder Haltungen letztlich doch in eine Falle tappe, die es Männern erlaube, unter Hinweis auf die weibliche Eigenart ihre faktische Dominanz zu bewahren. Es wird als problematisch angesehen, die Welt in eine Männer- und eine Frauenperspektive aufzuteilen. Werden die beiden Geschlechter die Weltgestaltung so je als gemeinsame Aufgabe verstehen können? Gibt es z.B. so etwas wie eine „weibliche Mathematik"?[17] Für die postmodern denkenden Feministinnen ist die Rede vom „Wesen der Frau" ohnehin obsolet geworden, weil für sie (wie wir sehen werden) Geschlecht nicht etwas ist, das man hat, sondern das man *tut* – und eben auch anders leben könnte.

Unter den verschiedenen Zweigen am Stamm des Feminismus hat der Differenzfeminismus heute wohl politisch den geringsten Einfluss. Als ei-

---

[16] Zu den theoretischen Vordenkerinnen des Differenzfeminismus gehört im übrigen L. Irigaray, *Ethik der sexuellen Differenz.*
[17] So fragt zugespitzt H.-B. Gerl-Falkovitz, *Frau – Männin – Menschin*, S. 177.

nes der letzten großen politischen Manifeste, die im Geist eines matriarchalen Feminismus verfasst wurden, kann das 1986 auf dem Mütterkongress der Partei *Die Grünen* verabschiedete „Müttermanifest" gelten.[18] Darin forderten die Delegierten, die „Inhalte traditioneller Frauenarbeit" als wertvolle Leistungen in das Emanzipationskonzept zu integrieren, sich also dem Anspruch an die Mütter zu widersetzen, eine Erwerbsarbeit aufzunehmen. In diesem Zusammenhang wurde verschiedentlich auch die Besserstellung von Müttern durch Zahlung eines den Lebensunterhalt sichernden Erziehungsgehalts gefordert. Diesem Vorstoß war jedoch weder damals noch irgendwann später Erfolg beschieden. Das „Müttermanifest", so fasst Irene Stoehr zusammen,

> wurde bald von Grünen und feministischen Sprecherinnen verworfen und häufig sogar in die Nähe der nationalsozialistischen Mutterkreuzpolitik gerückt, sodass seitdem eine produktive feministische Auseinandersetzung mit irgendeiner Mütterpolitik kaum mehr stattgefunden hat.[19]

In der Folge hat der Differenzfeminismus auch politisch an Einfluss verloren.[20] Zugleich zeichnet sich ab, dass die Hochschätzung der weithin weiblich konnotierten pflegerischen Tätigkeiten über die sogenannten *care ethics* (im Deutschen hat sich die Bezeichnung „Ethik der Achtsamkeit" durchgesetzt) auch Eingang in die akademische Diskussion findet.[21] Hier wird zu Recht gesehen, dass eine Gesellschaft, in der die Fürsorge und Pflege von Hilfsbedürftigen und Schwachen unter die Räder eines rein ökonomischen Nutzenkalküls gerät, kalt und unbarmherzig wird und damit kein für das Menschsein des Menschen (aller Menschen!) gedeihliches Modell ist.

1.3 „Zur Frau wird man gemacht"
Der Gleichheitsfeminismus

Spätestens seit den 1970er-Jahren hat der nun zu besprechende Gleichheitsfeminismus den Differenzfeminismus an Einfluss überholt. Die Auseinandersetzung zwischen beiden Richtungen hat die Frauenbewegung

---

[18] Vgl. I. Lenz (Hg.), *Die neue Frauenbewegung in Deutschland*, S. 621–646.
[19] I. Stoehr, „Feministische Mütterlichkeit?", S. 117.
[20] Er ist am ehesten noch in alternativen, kapitalismuskritischen Milieus der Universitäts- und Großstädte lebendig.
[21] Der feministische Impuls wird greifbar bei C. Gilligan, *Die andere Stimme,* für die *care ethics* eine typisch weibliche Form der Ethik darstellt. Vgl. weiter E. Conradi, *Take Care.*

über Jahrzehnte hinweg geprägt – und geschwächt. Als theoretische Begründerin des Gleichheitsfeminismus im 20. Jahrhundert gilt die Französin Simone de Beauvoir (1908–1986), die langjährige Lebenspartnerin des Schriftstellers Jean-Paul Sartre. Sie wird oft mit der These zitiert: „Man wird nicht als Frau geboren, Frau wird man".[22] Viele Frauen, so de Beauvoir, sähen ihre Biologie, nämlich ihr Frausein, als Schicksal an. Tatsächlich seien es jedoch *gesellschaftliche* Faktoren, die eine biologische Frau auf eine weibliche Geschlechtsidentität festlegten. Dabei hat de Beauvoir vor allem die wirtschaftliche Abhängigkeit der Frau von ihrem Mann und die Bindung an die Aufgabe der Mutterschaft im Blick. Die Frau wird an Haus und Herd gebunden, was in vielerlei Hinsicht ihren gesellschaftlichen Status und ihre soziale Rolle bestimmt.

Die Festlegung auf eine weibliche Geschlechtsidentität erfolgt ihrer Auffassung nach durch die Männer, die für sich beanspruchen, der *Grundtyp* des Geschlechts zu sein, womit das Weibliche zum „anderen Geschlecht" (so auch ihr Buchtitel 1949) wird. Das behauptete Anderssein der Frau dient nach de Beauvoir nichts anderem als der Befestigung der männlichen Herrschaft und der Unterdrückung der Frau:

> Die Menschheit ist männlich und der Mann definiert die Frau nicht als solche, sondern im Vergleich zu sich selbst: sie wird nicht als autonomes Wesen angesehen.[23]

Während also der Mann sein Leben selbst entwirft, verwehrt er der Frau diese Freiheit. Diese Ungleichheit gilt es nach de Beauvoir zu überwinden, wobei die Frauen selbst ans Werk gehen müssen. De Beauvoir zielt also auf die Gleichheit der Geschlechter, und zwar im Sinne der gleichen Freiheit, man selbst zu sein und sein Leben entwerfen zu dürfen. Die Gleichheit der Geschlechter soll dadurch erreicht werden, dass die Frau sich die Sphäre des Mannes aneignet: Indem sie sich weigert, Kinder zu gebären, werde sie frei von der ihr gesellschaftlich zugeschriebenen Rolle als Mutter. Geht sie einer Erwerbstätigkeit nach, werde sie dadurch wirtschaftlich unabhängiger von ihrem Mann. Die emanzipierte Frau lässt sich also nicht in das Korsett der Ehe pressen und gibt damit der bindungslosen Selbstbestimmung den Vorzug, die bis dato als Privileg des Mannes galt, der selbst als Ehemann über die (familiären) Verhältnisse bestimmte, anstatt sich von ihnen bestimmen zu lassen.

---

[22] S. de Beauvoir, *Das andere Geschlecht*, S. 334.
[23] Ebd., S. 12.

Die Überlegungen de Beauvoirs sind im Feminismus der zweiten Welle, einer wichtigen sozialen Trägerbewegung der „Achtundsechziger", stark rezipiert worden. Die gesellschafts- und v.a. traditionskritische Stoßrichtung ihrer Gedanken stieß in einer Gesellschaft, die sich im Umbruch befand, auf starke Resonanz. In Deutschland sind die Thesen des Gleichheitsfeminismus maßgeblich durch Alice Schwarzer popularisiert worden. Sie schreibt:

> Mit dem Ausruf „Es ist ein Mädchen!" oder „Es ist ein Junge!" sind die Würfel gefallen. Unser biologisches Geschlecht dient vom ersten Tag an als Vorwand zum Drill zur „Weiblichkeit" oder „Männlichkeit".[24]

Nicht eine biologische Vorgabe, sondern erst die Differenz zwischen der Erfahrung, entweder Macht auszuüben oder ihr ohnmächtig ausgeliefert zu sein, mache aus Menschen Männer oder Frauen.[25] Rollenzuschreibungen und Aufgabenverteilungen in Beruf und Familie sind für sie Mechanismen, die Herrschaft des Mannes über die Frau zu festigen.

Ähnlich wie de Beauvoir geht es Schwarzer nicht um den von beiden unbestrittenen „kleinen Unterschied" – nämlich die biologischen Geschlechtsmerkmale. Diese würden zwar von „pseudoreligiösen" und „biologistischen" Fundamentalisten instrumentalisiert, wenn sie aus einem angeblich angeborenen „Geschlechtscharakter" eine unterschiedliche gesellschaftliche Rolle für Männer und Frauen verbindlich ableiteten. Tatsächlich geht es für sie hier „nicht um Glauben oder Natur, es geht um Macht"[26]. Kern des Gleichheitsfeminismus ist damit die „Infragestellung der Geschlechterrollen: also der emotionalen, intellektuellen und ökonomischen Arbeitsteilung zwischen Frauen und Männern".[27]

Konkret bedeutet dies, dass die Frau von der „Pflicht zur Mutterschaft" befreit werden müsse. Wer nun aber wie Schwarzer die „Pflicht zur Mutterschaft" ablehnt, zugleich aber eine „befreite" Sexualität bejaht, muss vehement für das Recht auf Abtreibung eintreten, weil eine ungewollte Schwangerschaft nie gänzlich ausgeschlossen werden kann. Entsprechend vehement haben sich Schwarzer und ihre Mitstreiterinnen für die vollständige Abschaffung des § 218 StGB eingesetzt. Für sie geht es beim Recht auf Abtreibung um viel: „um das Recht auf eine selbstbestimmte Mutterschaft, um die Verfügung über den eigenen Körper, um eine angstfreie Sexualität".[28] Für das Recht auf Abtreibung einzutreten ist nach Schwarzer

---

[24] A. Schwarzer, *Der kleine Unterschied und seine großen Folgen*, S. 193.
[25] Vgl. ebd. , S. 179.
[26] A. Schwarzer, *Die Antwort*, S. 13.
[27] Ebd., S. 20.
[28] Ebd., S. 75.

eine politische Bekenntnisfrage, an der sich Wohl oder Wehe einer Gesellschaft entscheide. Diese Positionierung diente im Folgenden radikalfeministischen und verwandten Gruppen als Legitimation für ein hartes Vorgehen gegen das öffentliche Auftreten von Abtreibungsgegnern, nicht selten bis hin zu unflätigen Beschimpfungen und aggressiver Behinderung angemeldeter Demonstrationen wie dem jährlich in Berlin stattfindenden „Marsch für das Leben".

Schwarzer gibt zu, dass sich der Gleichheitsfeminismus wenig um Mütter und die Bedürfnisse kleiner Kinder gekümmert habe.[29] Das hindert sie jedoch nicht daran, im Interesse der erstrebten Geschlechtergleichheit am Ideal des Doppelverdienerpaares festzuhalten. Wenn Bundesfamilienministerin Manuela Schwesig im Jahr 2016 vorschlägt, Eltern mit einer Prämie von 300 Euro monatlich zu fördern, wenn beide Partner ihre wöchentliche Arbeitszeit auf 32-36 Stunden reduzieren (wobei es sich v.a. bei 36 Stunden pro Woche eher um eine kosmetische Reduktion handeln dürfte), dann könnte sie dafür Alice Schwarzer als Stichwortgeberin benennen, die diese Zielvorstellung bereits 2007 als Familienparadies beworben hat:

> Sechs Stunden am Tag oder vier Tage die Woche – das würde ein Familien-Zeitmanagement ermöglichen, das sowohl Raum für Kinder lässt als auch für die ganze Familie. Und ganz nebenbei kämen auch noch mehr Arbeitsplätze heraus.[30]

Diese beseelende Vision lässt allerdings die kinderpsychologischen und ökonomischen Realitäten außer Acht. Kinder funktionieren nun einmal nicht auf Knopfdruck, wenn die Eltern nur noch in dem von der Arbeitswelt vorgegebenn Takt Zeit für die Familie haben. Nicht mitbedacht ist hier auch, dass viele Familien wirtschaftlich darauf angewiesen sind, dass der höherverdienende Elternteil Vollzeit arbeitet. Schwarzers Arbeitszeitmodell zielt erkennbar auf die Gruppe zweier einkommensstarker Partner, bei denen die Einbußen des einen durch den Einkommenszuwachs des anderen Partners kompensiert werden. Unverkennbar ist: Nach Schwarzer lässt sich das Ziel weiblicher Autonomie nur erreichen, wenn die Erwerbsarbeit für Frauen kein „Pausenfüller" oder eine „Zusatzbeschäftigung neben der Familie" ist, sondern ihr Leben ganz ausfüllt.[31]

Bundesfamilienministerin Manuela Schwesig, die bei ihrem zweiten Kind nach der (für Ministerinnen formal nicht geregelten) Mutterschutz-

---

[29] Vgl. ebd., S. 94f.
[30] Ebd., S. 100.
[31] Vgl. ebd., S. 110.

"Zur Frau wird man gemacht" 19

frist von acht Wochen wieder an ihren Schreibtisch im Ministerium zurückkehrte, zeigt im Sinne Schwarzers, wie Gleichstellung aussehen kann. Eine vernehmbare öffentliche Diskussion über ihre Entscheidung gab es nicht. Das war noch 2009 beim Nachbarn Frankreich anders, als die dortige Justizministerin Rachida Dati (damals 43 Jahre) bereits fünf Tage nach der Geburt ihres ersten Kindes die Amtsgeschäfte wieder aufnahm.[32] Öffentlich bekannt wurde ihr Dank an die Mitarbeiter, die „in dieser sehr bewegenden Zeit an meiner Seite waren"; der Vater, über dessen Identität Unklarheit herrscht, kommt hier gar nicht erst vor.[33] Harsche Kritik erntete Dati ausgerechnet aus dem feministischen Lager. Sie argumentierten, dass Arbeitgeber das Beispiel der Ministerin nutzen könnten, um Druck auf junge Mütter auszuüben. Von Marie-Pierre Martinez von der Organisation *Planning Familial* ist die Aussage überliefert, Frau Dati habe in einer „von maskulinen Normen geprägten Gesellschaft" offenbar „keine andere Wahl gehabt"; sie habe der Karriere Vorrang eingeräumt, weil Abwesenheit zum Machtverlust führe.[34]

Damit legt sie den Finger auf einen wunden Punkt des Gleichheitsfeminismus, dem auch innerhalb des feministischen Diskurses der Vorwurf gemacht wird, eine Gleichheit der Geschlechter dadurch erreichen zu wollen, dass Frauen die männlich codierten betrieblichen Verhaltenskulturen imitieren, anstatt diese zu transformieren. Die Karrierefrau überwinde die männlichen Herrschaftsverhältnisse nicht, sondern *reproduziere* sie, indem sie sich den Spielregeln einer maskulin geprägten Arbeitswelt und Karriereorientierung unterwerfe. Kurz gesagt: Dieser Weg der Gleichstellung zu den Konditionen der Männerwelt bedeute, dass die Frauen sich den Erwartungen der kapitalistisch funktionierenden Wirtschaft anpassten (die an den Schaltstellen von Männern dominiert wird) und nicht umgekehrt, wie es sein müsste.[35]

Mit ihren Überlegungen hat Simone de Beauvoir der radikalen Unterscheidung von *sex* im Sinne des biologischen Geschlechts und *gender* im

---

[32] Vgl. S. Lehnartz, „Frankreichs Mutter der Nation".
[33] R. Leick, „Acht Väter und ein Kind", S. 110. Dem Bericht zufolge habe Dati in den zurückliegenden Monaten mehr oder weniger gleichzeitige Beziehungen zu acht Männern gepflegt.
[34] Zit. nach S. Lehnartz, „Die Mutter der Nation".
[35] „Es geht um Frauen in Führungspositionen, nicht um den Umbau der Karrieremuster; Frauen sollen zur Bundeswehr und nicht die Bundeswehr soll in eine defensive Verteidigungskultur umgebaut werden; Frauen sollen in die Wissenschaft, der patriarchale Initiationsritus der Habilitation bleibt unangetastet; Frauen sollen in die Wirtschaft, aber die alles dominierende Profitorientierung wird nicht in Frage gestellt", Peter Dröge, zitiert in: T. Gesterkamp, „Für Männer, aber nicht gegen Frauen", S. 10.

Sinne der gesellschaftlich konstruierten Geschlechteridentität den Weg bereitet, die uns gleich noch beschäftigen wird. Die biologische Differenz zwischen Männern und Frauen wird anerkannt, doch es wird bestritten, dass sich daraus notwendigerweise das herkömmliche Machtgefüge von Macht ausübenden Männern und ohnmächtigen Frauen begründen lässt. Diesem Machtgefälle soll entgegengewirkt werden, indem Frauen sich die Machtsphären des Mannes aneignen, womit vor allem die Arbeitswelt gemeint ist. Die Familie hat dahinter zurückzustehen.

Ihre Projektionsfläche fanden die Forderungen des Gleichheitsfeminismus in dem alleinigen Entscheidungsrecht des Mannes in allen gemeinschaftlichen Belangen der Ehe und Familie, das bis in die 1970er-Jahre hinein im Familienrecht verankert war. Schon in den Jahrzehnten zuvor war es schrittweise gelockert worden: So konnte die Frau seit 1957 selbst über ihre Berufstätigkeit entscheiden; doch der Vorrang ihrer häuslichen Pflichten war weiterhin festgeschrieben, was bedeutete, dass ihr die Ausübung ihres Berufs untersagt werden konnte, wenn dies „nicht mit ihren Pflichten in Ehe und Familie vereinbar" war.

Die starke und starre Reglementierung der privaten Lebensführung durch staatliche Vorgaben entsprach immer weniger dem Freiheitsbewusstsein breiter Bevölkerungsschichten.[36] Der Paradigmenwechsel des Gesetzgebers hin zum Leitbild des *partnerschaftlichen* Ehe- und Familienbildes, das von staatlichen Vorgaben zur Lebensführung weithin freigestellt bleibt (was sich u.a. auch im Scheidungsrecht auswirkte), lässt sich nicht allein mit dem Einfluss feministischer Akteure begründen. Die breite Zustimmung der Bevölkerung zum Leitbild einer von den Partnern selbst bestimmten Lebensführung steht vielmehr im Zusammenhang mit zahlreichen Faktoren, die einen Einstellungswandel mitbedingten.

Diese Faktoren können an dieser Stelle nicht weiter ausgeführt werden, doch sei zumindest auf eine Entwicklung verwiesen: Es ist interessant zu beobachten, dass der Feminismus seinen breiten Resonanzboden in der Bevölkerung der Bundesrepublik Deutschland nach den Umbrüchen der 1970er- und 1980er-Jahre weithin verlor. Das hat u.a. damit zu tun, dass die Mehrheit der Paare durchaus das *Recht* auf eine selbstbestimmte partnerschaftliche Lebensführung beansprucht, in der Praxis der eigenen Lebensführung dann jedoch Entscheidungen traf und trifft, die aus feministischer Sicht die eingefahrenen Rollenmuster reproduzieren und so die

---

[36] Zur Entwicklung insgesamt vgl. J. Limbach/S. Willutzki, „Die Entwicklung des Familienrechts seit 1949".

tradierten Geschlechterverhältnisse doch nur wieder befestigen würden. Die Journalistin Dale O'Leary formuliert treffend:

> Die Verfechter der Gender-Agenda mögen viel über Frauen als Entscheidungsträger reden, aber sie mögen die Entscheidungen nicht, die Frauen treffen.[37]

Einige Autoren bezweifeln mittlerweile sogar, ob es tatsächlich ...

> ... ein Akt fortschrittlicher gesetzgeberischer Klugheit war, auf die Vorgabe von Eheleitbildern zu verzichten und die eheliche Arbeitsteilung der eigenverantwortlichen und einvernehmlichen Regelung der Eheleute zu überantworten.[38]

Solche Überlegungen zeugen vom Unbehagen darüber, dass der feministische Wunsch und die gesellschaftliche Wirklichkeit im Blick auf die Gestaltung der Geschlechterverhältnisse beharrlich auseinanderklaffen. Allerdings hat der Gleichheitsfeminismus seine in der Breite der Bevölkerung schwindende Faszinationskraft mehr als kompensiert mit seinem Durchmarsch durch die staatlichen Institutionen. Die neuere Gesetzgebung, die das Modell des Doppelverdienerpaares favorisiert, das eventuelle eigene Kinder vom ersten Lebensjahr an ganztags fremdbetreuen lässt, trägt unverkennbar die Handschrift des Gleichheitsfeminismus, dessen Kernforderungen zumindest auf dieser Ebene nahezu eins zu eins in Paragrafenform gegossen werden. Der gelebten Realität der Familien soll mit ganzer Kraft zu Leibe gerückt werden.

1.4 „Heteronormativität überwinden"
Die Dekonstruktion von Geschlecht

Gleichheits- wie Differenzfeminismus gehen letztlich von einem Zwei-Geschlechter-Modell aus, nach dem sich die Welt anhand der Unterscheidung von „männlich" und „weiblich" ordnen lässt. Ob diese Unterschiede nun angeboren sind oder nicht, sie prägen das tägliche Erleben von Menschen und sind damit zumindest als Beschreibungskategorien brauchbar. Wie wir gesehen haben, bewertet der Differenzfeminismus die wahrnehmbare Andersartigkeit der Frauen positiv, während der Gleichheitsfeminismus die Unterschiede entlang der Achse von Macht und Ohnmacht und damit als zu überwindende Hindernisse für die angestrebte Egalität deutet.

---

[37] D. O'Leary, *The Gender Agenda. Redefining Equality*, S. 133.
[38] Vgl. J. Limbach/S. Willutzki, „Die Entwicklung des Familienrechts seit 1949", S. 21f.

Mit dem Ansatz des *Gender-Konstruktivismus* treten wir in die Phase der Spät- oder Postmoderne ein. Was unter dieser Epoche genau zu verstehen ist, darüber wird anhaltend gestritten. Doch so viel ist deutlich: Postmoderne Ansätze stellen die an einer „großen Erzählung" gewonnenen Ordnungsmuster (z.B. die Ordnung der heterosexuellen Zweigeschlechtlichkeit) radikal infrage. Genauer: Sie bestreiten nicht, dass es diese Ordnungsmuster tatsächlich gibt, wohl aber, dass sie eine objektive Realität abbilden. Vielmehr gelten sie als durch soziale, kulturelle Prozesse in der Gesellschaft konstruiert. Deshalb müsse die Vorstellung, dass diese Ordnung naturgegeben sei, *dekonstruiert*, also als soziale Konstruktion entlarvt werden.

Der von Simone de Beauvoir vorbereitete Denkansatz zur Unterscheidung zwischen *sex* (biologisches Geschlecht) und *gender* (soziales Geschlecht) ist von der Philosophin und Sprachwissenschaftlerin Judith Butler (geb. 1956) seit den 1990er-Jahren radikalisiert worden. Für Butler ist nicht erst die Geschlechteridentität *(gender)* Resultat sozialer Konstruktionen, sondern bereits der Geschlechtskörper *(sex)*. Das bedeutet, dass unsere Sprache nicht eine ihr zugrunde liegende Wirklichkeit beschreibt, sondern diese Wirklichkeit erst erschafft.

Ein kleines Beispiel dafür genügt: Für Butler und andere Postfeministinnen lässt sich die Geschlechtsidentität eines Menschen nicht dadurch bestimmen, dass die Hebamme nach der Geburt einen Blick auf die Genitalien des Babys wirft. Sie sagt vielleicht: „Es ist ein Mädchen" und die Eltern geben dem Kind einen Mädchennamen. Von nun an wird das Kind als Mädchen wahrgenommen – aber wer oder was hat sie dazu gemacht? Nicht das Geschlechtsteil selbst, sondern die gesellschaftlich dominierende Vorstellung, dass sich allein über dessen Zuordnung nach dem Muster männlich/weiblich die Identität der ganzen Person bestimmen lasse: „So sieht ein Mädchen/ein Junge aus". Demnach liegt es also an unserer Sprache und an der Gewöhnung, die mit der Anrede mit dem Vornamen einhergeht, dass man sich selbst als Mädchen oder Junge versteht und später als Frau oder Mann.

Man muss hier sehr genau hinhören: Butler bestreitet nicht, dass sich männliche von weiblichen Genitalien unterscheiden lassen. Worum es ihr geht, ist etwas anderes: Wir haben als Wesen, die sich mit dem Medium der Sprache untereinander verständigen, keinen *unverstellten,* direkten Zugang zum menschlichen „Geschlechtskörper", sondern dieser Zugang ist immer schon symbolisch aufgeladen; er folgt also Ordnungsmustern, die von der Gesellschaft konstruiert werden. Butler hebt damit auf den Zusammenhang zwischen Sprache und Geschichte ab. Natürlich ist die Sprache das Medium des Geistes, mit dem wir die uns umgebende Welt ordnen. Und so wie die Geschichte voranschreitet, so wandeln sich auch Sprache und Sprachgebrauch.

Man denke nur wenige Jahrhunderte zurück. Damals war mit der Geburt nicht nur das Geschlecht des Babys bestimmt, sondern auch die Zugehörigkeit zu einer sozialen Schicht. Ein Kind des Hochadels hatte das sprichwörtliche „blaue Blut"; entsprechend wuchs es auf und verhielt sich. Diese Ordnung der Gesellschaft galt als gottgegeben und unveränderlich. Aus heutiger Sicht erscheint uns diese Vorstellung als in hohem Maße gesellschaftlich konstruiert – nicht zuletzt durch tatkräftige Unterstützung einiger Mitglieder des europäischen Hochadels selbst, die im 20. Jahrhundert medienwirksam manche Konventionen des eigenen Standes zu dekonstruieren begannen.

Sprache beschreibt also nicht einfach, sie erzeugt eine bestimmte Wahrnehmung der Wirklichkeit. Doch Butler radikalisiert diese Feststellung: Während für „realistische" Philosophen Sprache und Wirklichkeit in *Wechselwirkung* zueinander stehen, die Wirklichkeit also unsere Wahrnehmung und Beschreibung zu korrigieren vermag,[39] fällt bei Butler die Wirklichkeit als „objektive" Größe weg, die unsere Wahrnehmung korrigieren könnte. In Bezug auf das Geschlecht bedeutet dies: Auch der Geschlechtskörper ist für Butler keine körperbauliche Gegebenheit, die man mit verobjektivierender Sprache („so und so ist es") erfassen könnte. Vielmehr erzeuge unsere Sprache die *Illusion* einer wesensmäßigen und unveränderlichen Geschlechterstruktur entlang den Kategorien von männlich/weiblich. Wahrheit und Wirklichkeit ließen sich nicht in einem wesenhaften *Sein* erfassen, sondern nur in einer bestimmten *Praxis,* dem „doing gender".[40]

Welche Ordnungskategorien, welche symbolischen Konstrukte bestimmen nun aber weithin unsere Wahrnehmung? Nach Butler wird unsere

---

[39] Ein Beispiel kann dies verdeutlichen: Zu verschiedenen Zeiten und in verschiedenen Kulturen ist auf unterschiedliche Weise beschrieben worden, was unter den menschlichen Lebensaltern zu verstehen ist. Allerdings ist es bei allen Differenzen nicht möglich, den Zeitstrahl der Lebensalter (von der Kindheit zum Senior) umzukehren.

[40] J. Butler hat ihre Auffassungen in einer schwer verständlichen Diktion vorgelegt. Was ich gerade beschrieben habe, klingt bei ihr so: „Als sowohl diskursive wie perzeptuelle Kategorie steht der Begriff 'Geschlecht' für [...] eine Sprache, die die Wahrnehmung formt, indem sie das Beziehungsgeflecht prägt, durch das die physikalischen Körper wahrgenommen werden" *(Das Unbehagen der Geschlechter,* S. 170).

Wahrnehmung von einer heteronormativen, zweipoligen Geschlechterordnung dominiert – und von ihr getäuscht. Denn diese zweipolige (sich an „männlich/weiblich" orientierende) Geschlechterordnung ist nach Butler eben lediglich eine Illusion – wenn auch eine sehr verfestigte, weil wir sie durch Sprache verinnerlicht haben. Das beginnt beim Geschlechtereintrag im Personenstandsregister, führt über die Standardanrede „Meine sehr verehrten Damen und Herren" und endet mit den Herren- und Damentoiletten.

Butlers Anliegen ist es, die Matrix dieser Geschlechterordnung als Illusion zu entlarven und zu dekonstruieren – also zu zerstören. Wie kann das gehen? Da wir uns der Vorherrschaft der Sprachkategorien „er" und „sie" nicht einfach entledigen können, müssen wir sie erkenntniskritisch diskutieren, um so den Umsturz zu bewirken, der die gewünschte Veränderung einleitet. Eine Variante wäre, ironisch die Bedeutungen der Begriffe „Mann" und „Frau" zu unterlaufen.

Inbegriff eines solchen subversiven Umgangs mit den vermeintlichen Geschlechternormen ist für Butler der Kunstgriff der Travestie. Der Begriff bezeichnet in der Bühnenkunst die Imitation des anderen Geschlechts durch den (männlichen) Schauspieler, der durch Stimme, Körpersprache und Kostüm vorgibt, eine Frau zu sein, aber so, dass die Imitation sichtbar wird. In der „parodistischen Kopie entpuppt sich das Original, die herkömmliche Geschlechtlichkeit, immer schon als Inszenierung".[41] Travestie ist quasi die Kopie einer Kopie; die Umformung zeigt, dass das Geschlecht nicht fix, sondern formbar, ja beliebig interpretierbar ist.

Für Butler ist der Sprachakt schon immer Travestie und damit ein Instrument der Selbstentlarvung. Darauf gilt es, das Augenmerk zu richten. Der Vollzug der Travestie wird damit zum Katalysator für die Auflösung der Geschlechterstruktur: Wenn sich die zweiteilige Geschlechternorm auflöst, wird die unbegrenzte Vielzahl der Geschlechter sichtbar. Geschlechteridentitäten könnten nun beliebig vervielfältigt werden und die „Zwangsheterosexualität"[42] wäre zugleich ihrer Protagonisten Mann und Frau beraubt.[43]

---

[41] A. Maihofer, *Geschlecht als Existenzweise*, S. 43.
[42] Der Begriff wird auf Adrienne Rich zurückgeführt, vgl. P.-I. Villa, *Judith Butler*, S. 69, Fußnote 24.
[43] Bei J. Butler heißt es wörtlich: „Ein Verlust der Geschlechternormen hätte den Effekt, die Geschlechterkonfigurationen zu vervielfältigen, die substantivische Identität zu destabilisieren und die naturalisierten Erzählungen der Zwangsheterosexualität ihrer zentralen Protagonisten: `Mann´ und `Frau´ zu berauben." *(Das Unbehagen der Geschlechter*, S. 215.)

Zentral für den Prozess der „Vervielfältigung der Geschlechter" ist die Inszenierung von Beziehungsformen jenseits der heterosexuellen Norm, die als diskursiver Zwang „entlarvt" wird, der von der Mehrheit unhinterfragt verinnerlicht worden ist. Der „Zwang" besteht nach Butler darin, sich im Sinne der einen Identität entweder als heterosexueller Mann oder als heterosexuelle Frau verstehen zu müssen. Unter „Vervielfältigung der Geschlechter" versteht Butler nicht das Verschwinden der Geschlechter, sondern die *Auflösung normativer Vorstellungen* wie etwa der, dass es so etwas wie „natürliche Ordnungen" gäbe. Ziel ist eine Gesellschaft, in der niemand mehr „gezwungen" ist, eine Geschlechtsidentität in Übereinstimmung mit dem „realen" geschlechtlichen Körper auszubilden.[44]

Kurz gesagt: Genitalien sind bedeutungslos dafür, wie ich mich verstehe (und inszeniere); die Fantasie schiebt sich erkenntniskritisch vor die Faktizität, wir haben es hier auf eine bestimmte Weise also mit einer postfaktischen Position zu tun. Denn die behauptete und inszenierte Geschlechtsidentität *(gender)* ist hier radikal losgelöst vom anatomischen Geschlecht *(sex)* zu denken. Somit wird auch die von de Beauvoir zugrunde gelegte Unterscheidung zwischen Geschlechtskörper und Geschlechteridentität hinfällig: Geschlecht ist nur noch als Inszenierung real.

In den Vereinigten Staaten gilt Butler mit ihren Thesen als eine der führenden Protagonistinnen der „*queer*"-Bewegung.[45] In Deutschland hat die Schule der radikalen Gender-Dekonstruktion zwar keine breite Basis, doch sie hat sich mittlerweile in den kultur- und sozialwissenschaftlichen Instituten der Universitäten fest etabliert. Von dort aus ist es ihren Lobbygruppen gelungen, tief in den politischen und Verwaltungsapparat hineinzuwirken. In den später zu diskutierenden Bildungsplänen der Länder zur Sexualerziehung etwa hat sich das radikal-konstruktivistische Verständnis von Geschlechtervielfalt weithin durchgesetzt. Auch die Forderung, nicht mehr „MitarbeiterInnen" zu schreiben (eine im Gleichheitsfeminismus beliebte Schreibweise), sondern durch Unterstrich („Mitarbeiter_innen") oder ähnliche Varianten anzuzeigen, dass es zwischen männlich und weiblich noch unzählige weitere Geschlechtsidentitäten gibt, kommt aus dieser

---

[44] A. Maihofer schreibt, „dass Geschlechter stets Inszenierungen sind sowie der Vorschein auf eine Gesellschaft ohne den gegenwärtigen Zwang, eine Geschlechtsidentität, und zwar ein für allemal und in Übereinstimmung mit dem `realen´ geschlechtlichen Körper, ausbilden zu müssen" *(Geschlecht als Existenzweise*, S. 45).

[45] „Queer" meint hier so viel wie „stören" bzw. „in die Quere" kommen und bezeichnet das Anliegen der Bewegung, die von der Mehrheitsgesellschaft verinnerlichte und daher nicht mehr reflektierte Orientierung am Zwei-Geschlechter-Modell infrage zu stellen und das dieser Orientierung entsprechende Verhalten zu verunsichern.

Richtung. Intellektuelle Keimzellen dieser Programme sind die mehr als 200 Lehrstühle in *Gender Studies,* die Forschung mit politischem, gesellschaftstransformatorischem Anspruch betreiben. Ihr Ziel ist eine neue Gesellschaft, in der das Unkraut der zweiteiligen Geschlechterordnung an der Wurzel ausgerissen wurde.[46] Wir werden darauf zurückkommen.

Butlers radikaler Ansatz ist allerdings auch innerhalb des Feminismus umstritten. So hält Alice Schwarzer ihr Konzept zwar für „philosophisch nicht uninteressant", aber fern der lebenslangen alltäglichen Realität, als Mann oder Frau zu leben.[47] Auch andere Autoren halten ihr weitgehenden Realitätsverlust vor und mahnen den hohen Preis an, den sie zahlt, um die These von der sexuellen Vielfalt etablieren zu können. Denn für die Abspaltung der kulturell beschriebenen Geschlechtsidentität vom anatomischen Geschlecht lässt sie genau das verschwinden, was vielen Feministinnen wichtig ist – den weiblichen Körper, genauer gesagt: den vom Patriarchat geschundenen, leidenden, unfreien Körper.

Kritiker sehen sie darum in der Tradition „leibfeindlicher feministischer Theorien".[48] Sie befürchten, dass Butlers Ausblendung der „Körperlichkeit" den Aktionsgruppen, die sich dem Schutz von Leib und Leben unterdrückter und gequälter Frauen verschrieben haben, mit einem sprachphilosophischen Kunstgriff den Boden entzieht. Dies weist Butler, die sich politisch für unterdrückte Frauen einsetzt, weit von sich.[49] Sie bestreite ja nicht, dass es einen Körper gibt, der isst, trinkt, schläft, schmerzt und stirbt. Aber wie dieser Körper *wahrgenommen,* interpretiert und folglich behandelt werde, das sei durch den gesellschaftlichen Diskurs bestimmt, der Ausdruck von Machtverhältnissen sei, in denen die heterosexuelle Zweigeschlechtlichkeit zu Unrecht privilegiert werde.

---

[46] Bei N. Degele heißt es wörtlich: „Das transformatorische Potenzial des dekonstruktivistischen Ansatzes besteht darin, nicht mehr länger das binäre Unkraut beim Wachsen zu beobachten und die unterschiedlichen Entwicklungsstadien zu dokumentieren, sondern es von der Wurzel ausgehend zu jäten", *Gender/Queer Studies,* S. 217.
[47] A. Schwarzer, *Die Antwort,* S. 27.
[48] S. Vaaßen, *Das Ende von Mann und Frau?.*
[49] Vgl. J. Butler, *Körper von Gewicht.*

1.5 „Verschieden denken, gemeinsam siegen"
Von der Theorievielfalt zur Gender-Agenda

Wir haben gesehen, dass sich Menschen seit Jahrhunderten darüber Gedanken machen, was das eigentlich ist: männlich oder weiblich. Und sie grübeln darüber, wie die Geschlechter zueinander passen, sich also zueinander verhalten. Die Einsichten, zu denen Wissenschaftler dabei gekommen sind, könnten unterschiedlicher nicht sein: Für einige scheint klar zu sein, dass es (gottgegebene oder naturgegebene) Wesensunterschiede zwischen Männern und Frauen gibt, die als solche zur Kenntnis zu nehmen sind. Am anderen Ende des Spektrums begegnet uns die Auffassung, dass von männlich oder weiblich als Geschlechtsklassen überhaupt nicht gesprochen werden könne. Nicht nach Männern und Frauen sei zu unterscheiden, sondern nach Individuen, da jedes seine Geschlechtsidentität auf so radikal einzigartige Weise inszeniere, dass sich Zuordnungen verböten.

Im Kern geht es um die Frage: Ist dem Menschen sein geschlechtsspezifisches Handeln biologisch eingeschrieben – oder ist es kulturell zugeschrieben bzw. wird durch Wiederholungen fortgeschrieben? Die Antwort auf diese Frage ist nicht allein von akademischem Interesse, sondern birgt gesellschaftspolitische Brisanz (wie wir noch sehen werden). So sind auch Christen gefordert, auf Grundlage ihres Glaubens tragfähige Antworten zu finden – ohne dabei auszublenden, dass sie bereits ein vorgeprägtes Selbstverständnis als Mann oder Frau, Junge oder Mädchen mitbringen.

So viel steht fest: Hinter dem, was politisch mit „Gender" in Zusammenhang gebracht wird, steht kein in sich schlüssiges Verständnis, keine klare Definition von „Gender", sondern ein Geflecht von Überzeugungen und Ansichten zur geschlechtlichen Natur des Menschen, die sich nicht spannungsfrei miteinander verbinden lassen. In der wissenschaftlichen Literatur werden diese Differenzen nicht verschwiegen, sondern teils sachlich, teils leidenschaftlich diskutiert.

Doch in der öffentlichen Debatte sind diese Dissonanzen kaum vernehmbar. Im Gegenteil; ohne spürbaren Widerspruch aus dem feministischen Milieu werden im Kern widersprüchliche Forderungen durchgesetzt: Auf der einen Seite werden Frauenquoten für die Leitungsetagen von Unternehmen vorgeschrieben, während auf der anderen Seite Bildungspläne verabschiedet werden, denen zufolge es nicht nur männlich und weiblich gibt, sondern unzählige Geschlechter. Facebook listet alleine ca. sechzig solcher Geschlechter auf[50] – doch die Frauenquote setzt die Unterscheidung in männlich/weiblich wie selbstverständlich voraus und gesteht es einzig dem Geschlecht *Frauen* zu, Ansprüche mittels einer Quote durchzusetzen.[51]

Dieser Bruch in der Logik lässt sich gelegentlich auch auf ein und derselben Internetseite beobachten. So wird die Überzeugung, dass es eine schier unbegrenzte Vielfalt an menschlichen Geschlechtern gebe, in der stetig wachsenden Zahl der universitären Institute für „Gender-Studies" vertreten. Umso irritierender sind dann Stellenausschreibungen für Professuren auf den Internetseiten dieser Institute, die ihre eigene These unterlaufen, dass Geschlecht keine biologische Kategorie sei, sondern eine gesellschaftlich konstruierte:

> Die Universität strebt eine Erhöhung des Frauenanteils beim wissenschaftlichen, künstlerischen und allgemeinen Universitätspersonal insbesondere in Leitungsfunktionen an und fordert deshalb qualifizierte Frauen ausdrücklich zur Bewerbung auf.[52]

Die für Bewerber spannende Frage ist, wie der Ausdruck „Frauen" hier zu verstehen ist. Geht es um eine biologische Kategorie, ließe sich eine Bewerberin bereits mit einem Blick in die Bewerbungsunterlagen von einem männlichen Bewerber unterscheiden. Doch wenn Geschlecht eigentlich nichts mit Biologie zu tun haben soll, wäre diese Anwendung unsinnig und zudem diskriminierend, weil sie Menschen nach Name und Aussehen beurteilt. Sollte „Frauen" hier jedoch eine *selbst* gewählte Geschlechtsidentität meinen, dann eröffnet dies Personenkreisen Aussichten auf die Stelle, die biologisch nicht weiblich sind. Dies aber würde das Verfahren undurchschaubar und damit in letzter Konsequenz ungerechter werden lassen, weil es ganz auf die *Selbst*definition der sich bewerbenden Person abhebt – unter dem Vorzeichen von mehr Geschlechtergerechtigkeit sicherlich keine gute Werbung für die Hochschule.

---

[50] Z.B. „androgyn", „gender variabel", „geschlechtslos", „trans*", „Zwitter" oder „Transvestit", „Cross-Gender". Die meisten dieser Ausdrücke erscheinen in mehreren Varianten; daher die hohe Anzahl.

[51] D. Siems, „Quoten für alle!", urteilt dann auch: „Wer positive Diskriminierung, wie sie das Gesetz [zur Frauenquote] verlangt, als Instrument der Benachteiligung auf dem Arbeitsmarkt einführt, wird kaum umhinkommen, weiteren Gruppen Sonderregeln zu gewähren".

[52] Ich entnehme den Satz in diesem Fall einer *Ausschreibung der Universität für Musik und darstellende Kunst Wien* von 2013. Im Internet finden sich zahlreiche weitere Belege für solche Formulierungen in Stellenausschreibungen für Gender-Studies.

Wie kann es angesichts derart eklatanter Widersprüche in den Geschlechtertheorien eigentlich sein, dass Geschlechterpolitik ein solch zentrales Feld gesellschaftlicher Debatten geworden ist und dass Gender-Mainstreaming als politische Querschnittsaufgabe durchgesetzt werden konnte? Meiner Meinung nach liegt die Wirkmacht der Geschlechterpolitik darin begründet, dass die feministischen Gendertheoretiker ihre theoretischen Differenzen zugunsten einer gemeinsamen Gender-Agenda zurückstellen. Das gemeinsame Ziel ist ihnen wichtiger als das Durchsetzen der eigenen „reinen Lehre" von Gender bzw. Geschlecht. Doch worin genau besteht diese Gender-Agenda und worin das gemeinsame Ziel?

Kapitel 2: Gender-Mainstreaming
Von der Gleichberechtigung zur Gleichstellung der Geschlechter

Wie wir gesehen haben, umfasst die feministische Bewegung unterschiedliche geschlechterwissenschaftliche Ansätze. Auch wenn sich diese Theorieansätze chronologisch ordnen ließen (vgl. Kap. 1), haben sie einander nicht abgelöst. Vielmehr stehen die von mir skizzierten drei Ansätze für die historisch gewachsene Pluralisierung der feministischen Bewegung und der Geschlechterforschung.

Auch auf der Ebene der Geschlechterpolitik lassen sich drei Konzepte unterscheiden, die hilfreich für die Analyse und das Verständnis der politischen Gender-Diskussion sind. Sie klingen so ähnlich und meinen doch sehr Unterschiedliches:

a) Gleichberechtigung
b) Gleichstellung
c) Gleichbehandlung.

Auch wenn sich diese drei Konzepte nicht eins zu eins dem Differenzfeminismus (a), Gleichheitsfeminismus (b) und dem (de)konstruktivistischen Feminismus (c) zuordnen lassen, gibt es doch, wie ich nun zeigen will, sachlich und historisch gesehen durchaus Zusammenhänge zwischen den historischen Strömungen des Feminismus und den sich wandelnden gesellschaftspolitischen Konzepten.

Im Folgenden werde ich zunächst die Entstehung des Konzepts „Gender-Mainstreaming" (im Folgenden abgekürzt als GM) skizzieren und es dann in den Kontext der gesellschaftlichen Umwälzungen im Gefolge der „Achtundsechziger" einordnen. Dann werde ich herausarbeiten, welche tief greifende Veränderung in der Zielvorstellung vollzogen wurde, als beim GM das Konzept der Gleich*berechtigung* (a) durch das der Gleich*stellung* der Geschlechter (b) radikalisiert wurde. (Wie sich die Forderung nach Gleich*behandlung* (c) dem Ziel zuordnen lässt, die Auflösung der Zweigeschlechtlichkeit aufzulösen, werden wir in Kap. 3 sehen.)

2.1 „Peking" und die Folgen
Zur Geschichte von Gender-Mainstreaming

In den Dokumenten der dritten UN-Weltfrauenkonferenz in Nairobi 1985 begegnet uns erstmals ausdrücklich das Anliegen, Frauen dazu zu befähigen, Akteurinnen der Entwicklung in ihrem jeweiligen Land zu sein. Damals ging es bei GM darum, die Berücksichtigung der spezifischen Bedürfnisse von Frauen zu einer Querschnittsaufgabe aller entwicklungspolitischen Programme zu machen.

Zu seinem eigentlichen Durchbruch gelangte der Ansatz von GM jedoch erst auf der 4. UN-Weltfrauenkonferenz, die 1995 in Peking tagte. Die dort nach kontroversen Debatten verabschiedete Aktionsplattform[1] lässt eine doppelte Zielsetzung erkennen, die bis heute die Umsetzung von GM bestimmt: *Auf der 4. UN-Weltfrauenkonferenz 1995 in Peking ging es (1) darum, Frauen in gesellschaftliche Entscheidungspositionen zu bringen, und (2) die Hausarbeit zu statistisch gleichen Anteilen auf Frauen und Männer zu verteilen.*[2]

Worin liegt nun das Neue dieses Ansatzes für die Geschichte der Frauenemanzipation? Zielten frühere Bemühungen um Geschlechtergerechtigkeit darauf, das Los von Frauen zu verbessern, so ist nun die Einsicht leitend, dass die tradierten Geschlechteridentitäten von *beiden* Seiten her aufgebrochen werden müssen, um „die stärkere Teilhabe der Frau am öffentlichen Leben [zu] fördern"[3]: Frauen *und* Männer sollen zu einem neuen und anderen Verständnis ihrer Rollen gelangen. Genauer gesagt: Sie müssen zu gleichen Anteilen ihren „Arbeits- und Elternpflichten" nachkommen. Um das zu erreichen, wird der staatliche Bildungssektor dazu verpflichtet, sich aktiv an dieser neuen Rollenbildung zu beteiligen.

Die Zielvorgabe der *statistisch gleichen* Teilhabe von Frauen und Männern in allen Gesellschaftsbereichen zieht sich durch den gesamten Text.[4] Was dies gesellschaftspolitisch bedeutet, zeigt sich vor allem darin, was im

---

[1] Dt. Text nach „Anlage II: Aktionsplattform".
[2] So wird in der „Aktionsplattform" als Aufgabe formuliert: „Erarbeitung von Politiken, unter anderem im Bildungsbereich, mit dem Ziel, diejenigen Einstellungen zu ändern, durch die die geschlechtsbedingte Arbeitsteilung festgeschrieben wird, mit dem Ziel, das Konzept der gemeinsamen Wahrnehmung der Verantwortung für die Arbeit im Haus, insbesondere im Zusammenhang mit den Kindern und der Betreuung älterer Menschen, zu fördern"; § 179d. Der Text erwähnt wiederholt den Auftrag, „bessere Aufteilung der Familienaufgaben zu fördern", vgl. u.a. § 165m.
[3] „Aktionsplattform", § 190i.
[4] Vgl. ebd., § 190 und öfter.

Text *nicht* vorkommt: Auf die soziale Bedeutung der Mutterschaft und den Beitrag der Eltern zur Kindererziehung wird nur an einer einzigen Stelle Bezug genommen. Und das in einem Dokument von immerhin 361 Paragrafen.[5] Die Botschaft ist eindeutig: Das Muttersein und die Familienaufgaben gelten als ursächlich für die Benachteiligung der Frauen im Erwerbsleben.

Als ein Indikator für diese Benachteiligung gilt der geringe Anteil der Frauen in gesellschaftlich relevanten Entscheidungspositionen. Nun ist überhaupt nicht zu bestreiten, dass es einen negativen Zusammenhang zwischen Familiengründung und Karrierechancen gibt. Doch in den Zielbestimmungen von „Peking" wird nicht etwa angestrebt, die Erwerbsarbeit neu zu denken oder die Vereinbarkeit von Familienarbeit mit Führungsaufgaben zu erreichen.[6] Erklärtes Ziel ist, die Vollerwerbstätigenquote von Frauen zu erhöhen. Die weiterhin anfallende Familienarbeit soll zu höherem Anteil von den Männern geleistet werden – wo dies bereits geschieht, ist das den Autoren der Plattform zufolge lobenswert.

Auf den ersten Blick klingen solche Aussagen nach „mehr Papa für die Kinder", eine Vision, die auf eine wachsende Zahl von Vätern (und auf ihre Kinder ohnehin) durchaus anziehend wirkt. Allerdings geht es hier gerade nicht um die Kinder, wie als „strategisches Ziel" der Plattform unter Ziel „F3" unmissverständlich als Auftrag an die Regierungen formuliert wird:

> Bereitstellung erschwinglicher Unterstützungsdienste, wie etwa gute, flexible und kostengünstige Kinderbetreuungsdienste, die sich nach den Bedürfnissen der arbeitenden Männer und Frauen richten.

So deutlich ist selten zu lesen, dass es bei GM vorrangig darum geht, das Ausüben einer Erwerbstätigkeit beider Elternteile zu ermöglichen. Die Bedürfnisse von Kindern (vgl. 8.3) geraten nicht ansatzweise in den Blick.

Die Pekinger Aktionsplattform bewegt sich weitgehend auf der Ebene gesellschaftspolitischer Handlungsdirektiven. Eine genaue Definition dessen, was mit „Gender" gemeint ist, sucht man dagegen vergeblich. In dieser

---

[5] In ebd., § 29 heißt es: „Frauen spielen in der Familie eine entscheidende Rolle. Die Familie ist die Grundeinheit der Gesellschaft und soll als solche gestärkt werden. Sie hat Anspruch auf umfassenden Schutz und Unterstützung. In den verschiedenen kulturellen, politischen und sozialen Systemen gibt es unterschiedliche Formen der Familie. Die Rechte, Fähigkeiten und Verantwortlichkeiten von Familienmitgliedern müssen geachtet werden. [...] Die soziale Bedeutung der Mutterschaft und der Rolle der Eltern in der Familie und bei der Kindererziehung sollte anerkannt werden." Der Text der Plattform insgesamt löst den hier formulierten Anspruch jedoch nicht ein.

[6] Unter 7.4 entfalte ich einige Gedanken zu diesem Ansatz.

Kapitel 2: Gender-Mainstreaming

Unschärfe spiegelt sich das Zerren unterschiedlicher Lobbygruppen hinter den Kulissen der Konferenz wider.[7]

Letztlich gewann die Weltfrauenkonferenz ihre Dynamik aus der Unzufriedenheit über die in vielen Teilen der Welt offensichtlichen und nicht zu rechtfertigenden Formen der Benachteiligung von Frauen. Diese wurden zum Ausgangspunkt einer Bewegung gemacht, die weit über die Überwindung der kritisierten Ungerechtigkeiten hinausgehen soll. Das politische Ziel ist dabei der „geschlechtergerechte" Umbau der Gesellschaft, was bei genauerer Betrachtung bedeuten soll, dass Männer und Frauen sich nicht in tradierte Geschlechterrollen einfügen, sondern ganz frei ihren Lebensentwurf wählen sollen.

Dabei steht das Ergebnis dieser individuellen Entscheidungen allerdings bereits fest: Frauen sollen die Hälfte aller gesellschaftlichen Führungspositionen einnehmen und Männer die Hälfte der Hausarbeit übernehmen (was grundsätzlich mit einer – zumindest annähernden – Vollerwerbsbeschäftigung vereinbar zu sein scheint). So zeigt die Lektüre der Pekinger Erklärung sehr schnell, dass mit der Selbstbestimmung von Frauen und Männern Entscheidungen gemeint sind, die das Ziel der statistischen Gleichverteilung von Familien- und Erwerbsarbeit zwischen Frauen und Männern befördern. In diesem Zielkonflikt liegt der Keim des Problems, dass Gender-Akteure zwar beständig vom selbstbestimmten Individuum sprechen, aber solchen Paaren, die sich für einen Weg entscheiden, der ihrem Ziel der Geschlechtergleichstellung nicht näherkommt, gerne unterstellen, dass sie offenbar nicht selbstbestimmt entscheiden könnten oder wollten (vgl. Kap. 1.3, 2.1 und 8.1). Wer sich auf solche Beschreibungen der Wirklichkeit festlegt, immunisiert sich gegen jede Form vernünftigen Einspruchs.

1996 verpflichtete sich die Europäische Union dazu, GM zur Maßgabe aller ihrer Entscheidungs- und Bewertungsprozesse zu machen. 1997 nahm sie diese Verpflichtung auch in den Vertrag von Amsterdam auf. Die Mitgliedsstaaten begannen sukzessive, die entsprechenden Maßnahmen in ihrem eigenen Hoheitsbereich als „Top-down"-Prozess voranzutreiben.[8] In der Politik sind damit Prozesse gemeint, die zentral gesteuert werden und die Lebenswirklichkeit des Einzelnen erreichen sollen.

---

[7] Die Differenzen zwischen den Verfechtern des Gender-Feminismus einerseits und den (christlichen sowie muslimischen) Vertretern eines komplementär-differenziellen, an tradierten Vorstellungen von Geschlechterpolarität orientierten Familienbildes erwiesen sich als unüberbrückbar; vgl. D. O'Leary, *The Gender Agenda*.

[8] Vgl. A. Ehrhardt, „Gender Mainstreaming".

Streng genommen sind „Top-down"-Prozesse der politische Regelfall, da von den Bürgern gewählte Volksvertreter z.b. im Bund Gesetze verabschieden, die dann auch – je nach Kompetenzlage – die Länder bis hin zu den Kommunen binden und an die sich die Einwohner fortan zu halten haben. Allerdings ist dies nur die halbe Wahrheit, denn diese „Top-down"-Prozesse werden üblicherweise komplementiert von „Bottom-up"-Prozessen, also Bewegungen, die von „unten" von den Bürgern ausgehen und auf die politischen Entscheidungsprozesse einwirken. Das kann durch Petitionen und Lobbyarbeit geschehen, durch Briefe, Demonstrationen oder Volksentscheide, vor allem aber durch Teilnahme an Wahlen. So greifen, wenn es gut demokratisch läuft, beide Bewegungen ineinander und sind *gemeinsam* Faktoren gesellschaftlicher Veränderungen.

In der Europäischen Union lässt sich die Tendenz beobachten, dieses demokratische Wechselspiel durch die Stärkung „technokratischer" Instanzen zu unterlaufen. Die Durchsetzung der Gender-Agenda ist ein anschauliches Beispiel für die Tendenz, dieses demokratische Wechselspiel technokratisch zu unterlaufen. Das bedeutet: Weitreichende Vorschriften werden nicht mehr nach parlamentarischer Debatte von gewählten Volksvertretern verabschiedet, sondern nach Beratung in geschlossenen Expertengremien der Durchsetzung durch Verwaltungsbehörden überlassen. Verwaltungen aber sind dem Wähler keine Rechenschaft schuldig, da sie nicht auf der Grundlage eines politischen Mandats handeln. So verlagert sich

> die Entscheidungsfindung für fundamentale Zeitfragen allmählich in einen angeblich unpolitischen, in Wahrheit aber lediglich der öffentlichen Aufsicht entzogenen hochpolitischen Raum und entwickelt ein immer mächtigeres Eigenleben.[9]

Solche technokratischen sind im Unterschied zu echt demokratischen Entscheidungsprozessen allerdings dezidiert antipluralistisch. Sie suggerieren, dass es in Wirklichkeit nur die *eine* rationale „policy" gebe und es daher die Diskussion unterschiedlicher Auffassungen nicht brauche. Die Stärkung technokratischer Instanzen schwächt die Demokratie. Denn wie auch der Populismus braucht die Technokratie „keine Debatten und keine Parlamente, in denen über unterschiedliche Optionen diskutiert und in denen möglicherweise überraschende Entscheidungen getroffen werden – denn die richtige Antwort steht ja ohnehin schon fest".[10]

---

[9] D. Engels, *Auf dem Weg ins Imperium*, S. 279f.
[10] J.-W. Müller, *Was ist Populismus?*, S. 115.

Exakt diese Entwicklung ist an den geschlechterpolitischen Grundentscheidungen zu beobachten, die mittlerweile das Handeln der staatlichen Behörden auf allen Ebenen der EU-Mitgliedsstaaten bindet. Während man erwarten dürfte, dass solche Entscheidungen dem demokratischen Meinungsbildungsprozess und dem Wettbewerb der Überzeugungen ausgesetzt werden, ist GM tatsächlich weitgehend auf dem *Verwaltungsweg* durchgesetzt worden und wird von Politikern häufig schlicht damit begründet, dass man sich den Realitäten nicht verschließen dürfe.[11]

In der Europäischen Union wurde 1997 zunächst die Europäische Kommission tätig, indem sie 29 *Gender Mainstreaming Officers* einsetzte, die für die Durchsetzung von GM verantwortlich zeichneten. 1998 verabschiedete der Europarat (wiederum kein gewähltes Gremium) ein Dokument, in dem genauer bestimmt wurde, was im Einzelnen unter GM zu verstehen sei. In Deutschland wurde GM durch einen Kabinettsbeschluss am 26. Juli 2000 als Querschnittsaufgabe eingeführt, ohne dass es vorher eine öffentliche, parlamentarische Debatte gegeben hätte.[12] Die Bundesländer haben GM in unterschiedlicher Geschwindigkeit auch für ihre Entscheidungsebene als verbindlich erklärt – eine Wahl hatten sie ohnehin nicht. Seitdem ist die Berücksichtigung von Belangen des GM verpflichtende Maßgabe *allen* politischen Handelns, nicht lediglich in einem bestimmten Bereich, worauf der üblicherweise nicht ins Deutsche übersetzte Ausdruck hinweist: Die *Gender*-Frage soll in den *Mainstream* (also in den „Hauptstrom") gesellschaftlicher Prozesse eingeflochten werden.[13]

Was genau ist damit gemeint? Der Europarat hat sich 1998 in einem für die Umsetzung von GM in Europa grundlegenden Text auf folgende Definition verständigt:

> Gender Mainstreaming besteht in der (Re-)Organisation, Verbesserung, Entwicklung und Evaluierung der Entscheidungsprozesse, mit dem Ziel, dass die an politischer Gestaltung beteiligten Akteurinnen und Akteure den Blickwinkel

---

[11] Das der Humbold-Universität zu Berlin angegliederte GenderKompetenzZentrum bietet übersichtlich die Geschichte der Implementierung von Gender-Mainstreaming auf europäischer, Bundes- und Landesebene. Die Übersicht lässt gut erkennen, dass die Parlamente dieser Ebenen kaum mit der Ein- und Umsetzung befasst waren; vgl. Die Geschichte(n) von Gender-Mainstreaming, http://www.genderkompetenz.info/gendermainstreaming/grundlagen/geschichten/ (aufgerufen am 29.04.2017).
[12] Vgl. M. Hoffmann, „Gender Mainstreaming im Zeitalter der Postmoderne".
[13] Die der Verabschiedung der Aktionsplattform vorausgegangenen Auseinandersetzungen sind dargestellt bei D. O'Leary, *The Gender Agenda*. Ein Buchauszug auf Deutsch findet sich bei C. R. Vonholdt, „Die Gender Agenda Teil I" und „Die Gender Agenda Teil II".

der Gleichstellung zwischen Männern und Frauen in allen Bereichen und auf allen Ebenen einnehmen.[14]

Die im Original englischsprachige Definition,[15] deren genaue Übersetzung ins Deutsche umstritten ist, spricht von der Leitvorstellung der *gender equality perspective*. Man könnte (im Zitat in der vorletzten Zeile) auch übersetzen: „der gleichen Berücksichtigung der Interessen von Männern und Frauen", doch die hier getroffene Wortwahl („Gleichstellung") dürfte nicht zufällig sein.

Der Zusammenhang lässt erkennen, dass der Ausdruck *gender* hier für die biologischen Geschlechter Mann und Frau verwendet wird. Für das weitere Programm, nämlich die gleiche Berücksichtigung der Interessen von Frauen und Männern in allen Bereichen der Gesellschaft, ist dieser Bezug auch unerlässlich, weil ansonsten die Frauen als die traditionell benachteiligte Gruppe, um deren Gleichstellung es geht, sprachlich unsichtbar gemacht würden. Der Begriff *gender* ist also nicht an eine bestimmte Geschlechtertheorie gebunden, auch wenn wir unter 1.4 gesehen haben, dass er (v.a. im Gefolge des Geschlechter-Konstruktivismus) zum Einfallstor für Theorien einer endlosen Vielzahl von Geschlechtern bzw. Geschlechtsidentitäten geworden ist. Er wird deutungsoffen verwendet, da er als Programmbegriff für im Kern gegenläufige feministische Anliegen dienen soll (vgl. 1.5). Folglich muss man stets sehr genau hinsehen, welches Verständnis und welche Anliegen mit ihm jeweils verbunden sind.

Das zeigt auch ein Blick auf die Interpretation von „Gender" auf den Internetseiten der Deutschen Bundesregierung. Das zuständige Ministerium („Bundesministerium für Familie, Senioren, Frauen und Jugend", BMFSFJ) verwendete 2010 den Begriff in einer Weise, die für unterschiedliche Anliegen anschlussfähig ist. So galt es 2010, bei GM

> nicht stereotyp „die Frauen" oder auch „die Männer" in den Blick zu nehmen, sondern Menschen in ihrer Unterschiedlichkeit und Vielfalt zu berücksichtigen. Niemand ist nur männlich oder nur weiblich, aber wir leben in einer Welt, die maßgeblich durch die Zuweisung von Geschlechterrollen geprägt ist. […] Daher ist es wichtig, Geschlechterdifferenzen wahrzunehmen, sie aber nicht […] als tradierte Rollenzuweisungen zu verfestigen. Mit Gender sind also immer auch Vorstellungen von Geschlecht gemeint, die sich ändern lassen.[16]

---

[14] So die Übersetzung in: U. Mückenberger/K. Tondorf/G. Krell, *Gender Mainstreaming*, S. 5. Diese häufig zitierte Übersetzung weicht in der Wiedergabe des Ausdrucks „gender equality perspective" aus der englischsprachigen Originalfassung vom offiziellen deutschen Text ab.

[15] Vgl. Council of Europe, *Gender Mainstreaming*, S. 12.

[16] www.gender-mainstreaming.net/gm/Wissensnetz/was-ist-gm,did=13986.html [05.08.2010]. Diese Webseite ist nicht mehr vorhanden.

2016 heißt es auf der Seite des Ministeriums, dass GM auf der Erkenntnis basiert, „dass es keine geschlechtsneutrale Wirklichkeit gibt und Männer und Frauen in sehr unterschiedlicher Weise von politischen und administrativen Entscheidungen betroffen sein können".[17] Hinter dieser Leitvorstellung ist kein scharf umschriebener Geschlechterbegriff zu erkennen, was nicht verwundert.[18]

Halten wir fest: GM als geschlechterpolitisches Instrument operiert primär auf der Ebene der Veränderung von Geschlechter*rollen* und weniger auf der (auch innerfeministisch umkämpften) Ebene von Geschlechter*theorien*. Zwar lassen sich diese Ebenen nicht voneinander trennen, doch das operative Ziel, wie es die Pekinger Erklärung unzweideutig formuliert, ist die Angleichung männlicher und weiblicher Geschlechterrollen durch paritätische Verteilung von Familien- und Erwerbsarbeit.

In welchem kulturgeschichtlichen Kontext konnte es zur Formulierung solcher Zielvorstellungen kommen? Und welche gesellschaftlichen Weichenstellungen bereiteten den Weg für die weitere Radikalisierung des GM-Konzepts (Kap. 3)? Werfen wir noch einmal einen Blick auf geschichtliche Entwicklungen im 20. Jahrhundert.

2.2 Die „Achtundsechziger" und ihr Erbe
Die Diversifizierung der Geschlechterrollen

Die frühe Frauenrechtsbewegung des 19. Jahrhunderts konnte sich mehrheitlich mit der Vorstellung anfreunden, dass Frauen und Männer im Blick auf das ihnen Gemeinsame gleich und hinsichtlich der ihnen (von Natur aus) eigenen Unterschiede ungleich zu behandeln seien. So trat sie für das Wahlrecht von Frauen und den freien Zugang zu den Universitäten ein, konnte aber auch die Durchsetzung spezifischer Schutzregelungen für Mütter als Erfolg ihrer Bemühungen werten (wie den 1878 erstmalig im Deutschen Reich eingeführten Mutterschutz).

Das Anliegen der frühen Frauenrechtsbewegung lässt sich als das Herstellen von Gleich*berechtigung* bezeichnen (a). Diese Vorstellung von

---

[17] BMFSFJ, *Strategie „Gender Mainstreaming"*.
[18] Gleichwohl identifiziert V. Zastrow als den theoretischen Kern des Gender-Begriffs die These, „dass es biologisches Geschlecht nicht gebe" *(Gender*, S. 17). Dem Urteil von H.-B. Gerl-Falkovitz nach, dem ich hier folge, hat man dagegen mit dem Begriff Gender „eine Art Zauberformel gefunden, um allzu begrifflich spröde Überlegungen fernzuhalten und eher pragmatisch vorzugehen" *(Frau – Männin – Menschin*, S. 190f).

Gleichberechtigung zielte in erster Linie auf die Gleichheit von Mann und Frau vor dem Gesetz, in dem das Anrecht auf Achtung als Mensch einklagbar seinen Ausdruck findet. Im Kern geht es um das Herstellen von *Chancen*gleichheit. Männern und Frauen sollen Freiheitsspielräume eröffnet werden, die sie im Rahmen der das Menschsein grundlegend bestimmenden sozialen Gefüge gestalten können.

Dabei spielen die Begabungen und Lebensziele des Einzelnen eine große Rolle für den letztlich gewählten Lebensentwurf. Menschenrechte wurden als Abwehrrechte gegenüber staatlichen Eingriffen verstanden. So sollte das Familienrecht Ehe und Familie dem Staat gegenüber schützen, der die kleinste soziale Einheit der Gesellschaft als schützenswertes Gut anerkennt und ihr Raum zur Entfaltung bietet.

Aus heutiger Sicht mutet es unverständlich an, dass die großen Kirchen wie auch die (meisten) Freikirchen bis ins 20. Jahrhundert hinein dem Anliegen der Gleichberechtigung von Mann und Frau kritisch bis ablehnend gegenüberstanden. Zwar ließe sich hier positiv die Gründung von Diakonissenmutterhäusern anführen, die beträchtliche emanzipatorische Folgen hatte, da hier unverheirateten Frauen die Möglichkeit eröffnet wurde, die Rolle der fürsorgenden Mutter in einem erweiterten Raum zu übernehmen.[19] Doch Reformbestrebungen, die auf eine Überwindung der gesellschaftlich vorherrschenden Geschlechterverhältnisse zielten, wurden tendenziell eher als Bedrohung des geordneten Staatswesens wahrgenommen und der rechtliche Vorrang des Mannes theologisch zu plausibilisieren gesucht. So erwiesen sich weithin kirchenkritische Emanzipationsbewegungen als die treibenden Kräfte der Gleichberechtigung in Deutschland. Dies dürfte ein Grund dafür sein, dass die schrittweise Durchsetzung der Gleichberechtigung auf christlicher Seite vor allem als Teil der fortschreitenden Säkularisierung gesehen wurde. In einer entsprechend ungünstigen, weil vor allem auf Entwicklungen *reagierenden,* Position befanden sich viele Christen dann auch, als die Geschlechterdiskussion in den 1960er-Jahren in eine neue Phase eintrat.

Mit dem 1949 in Kraft getretenen Grundgesetz der Bundesrepublik Deutschland (Artikel 3, Absatz 2) wurde die Gleichberechtigung von Mann und Frau nun auch in der Verfassung verankert. Die sich neu formierenden feministischen Bewegungen wollten sich von soweit erstrittenen Erfolgen jedoch nicht blenden lassen. Sie verwiesen auf die anhaltende Kluft zwischen verfassungsrechtlich kodifizierter Gleichberechtigung und der weiterhin bestehenden gesellschaftlichen Benachteiligung von Frauen.

---

[19] Vgl. U. Gause, „Friederike Fliedner und die ‚Feminisierung des Religiösen' im 19. Jahrhundert"; sowie U. Treusch, „Mitarbeiter und Mitarbeiterinnen Gottes".

Als Wurzel dieser gesellschaftlichen Benachteiligungen machten sie zum einen das strafrechtliche Verbot der Abtreibung aus, zum anderen das ihrer Auffassung nach patriarchale Familienbild und Familienrecht, das im Letztentscheidungsrecht des Ehemannes in allen ehelichen Fragen gipfelte. Der neuere Feminismus verschob den Fokus von der Zielvorstellung der Gleich*berechtigung* (a, sie wurde vorausgesetzt) zu der der Gleich*stellung* der Geschlechter (b).

Nun ging es um Gleichheit von Männern und Frauen in zweierlei Hinsicht: Zum einen sollten beide die Möglichkeit zur freien Sexualität haben, also Sex auch außerhalb der Ehe haben, und das ohne Rücksicht auf die mögliche Folge eines Kindes (das abgetrieben werden konnte). Zum anderen sollten die Lebensläufe von Männern und Frauen in einer Partnerschaft quasi austauschbar, die tradierte Zuordnung der Geschlechterrollen also überwunden werden. Welche geistig-kulturellen Entwicklungen standen hinter diesen Forderungen? Nur einige wenige Aspekte können hier skizziert werden.

Die legendären „Achtundsechziger", also die späten 1960er- und dann vor allem die 1970er-Jahre, brachten tief greifende Umwälzungen in den Staaten der westlichen Welt mit sich. Das bekannteste Schlagwort ist sicherlich die „sexuelle Revolution", auf deren tief greifende Folgen neben vielen anderen Autoren auch Charles Taylor in seinem Buch *Ein säkulares Zeitalter* verweist: Sie setzte ihrerseits das Wirtschaftswunder der Nachkriegszeit voraus, das erstmalig in der (west-)deutschen Geschichte breite Schichten der Bevölkerung an einer ganz neuen Konsumkultur teilhaben ließ.[20] Die Werbung trug maßgeblich dazu bei, sich der schier unbegrenzten Verfügbarkeit von Konsumartikeln bewusst zu werden und die Entscheidung für ein bestimmtes Produkt (einer bestimmten Marke) zum Element der Selbstinszenierung zu machen. „Ich zeige, wer ich bin, durch das, was ich mir leiste."

In diesem Zusammenhang wird auch die Jugendlichkeit entdeckt, und zwar sowohl als eigene Lebensphase zwischen Kindheit und Erwachsensein wie auch als ein Lebensmodell, das Trends setzt und an dem man sich orientiert, selbst wenn man kein Jugendlicher (mehr) ist. Es entwickelt sich eine „Kultur der Authentizität" (Charles Taylor), in der es wichtig ist,

> den eigenen Stil zu finden und auszuleben, im Gegensatz zur Kapitulation vor der Konformität mit einem von außen – seitens der Gesellschaft, der vorigen

---

[20] Für meine Interpretation vernachlässige ich hier die sich deutlich unterscheidende Entwicklung der Lebensbedingungen in der DDR.

Generation oder einer religiösen oder politischen Autorität – aufoktroyierten Modell.[21]

Genau darum ging es in der Revolte der jungen Generation in den „Sechzigern": Die als starr empfundenen Gefüge sollten zerbrochen und der Herrschaft zweckrationalen Denkens (das freilich durch Erfindungen und Effizienzsteigerungen den breiten Wohlstand erst möglich gemacht hatte) die Herrschaft der Sinne, der Primat der Sinnlichkeit, entgegengesetzt werden.

Diese Neubewertung der Werte wurde dadurch vorbereitet, dass ein Lebenswandel, der bis dato (anrüchiges) Privileg einiger weniger war[22], nun zur Option für breite Bevölkerungsschichten wurde. So ermöglichte die 1960 eingeführte Antibabypille es allen in der Gesellschaft, seine Sexualität entfesselt, also bindungslos ausleben zu können. Diese Option bedeutet allerdings bis heute nicht, dass dies auch durchgehend geschieht. Untersuchungen zeigen, dass der „Mainstream" der Bevölkerung in einem „Mittelfeld" zwischen restriktivem und lockerem Lebenswandel liegt. So steht z.B. Treue in der Partnerschaft weiterhin sehr hoch im Kurs, doch heute bezieht sich dieser Anspruch meistens auf sukzessiv monogame Beziehungen („Lebensabschnittspartnerschaften"), weil Partnerschaften und Ehen in die Brüche gehen und dann eine neue Beziehung eingegangen wird.[23]

Zwei von Taylor genannte Aspekte dieser „Revolution" sind für unseren Zusammenhang wichtig. Der Siegeszug der Sinnlichkeit führte erstens dazu, dass Sexualität zum Element der persönlichen *Identität* wurde. Der Begriff „sexuelle Identität" hätte bis dahin überhaupt keinen Sinn ergeben. Sexualität galt als etwas, das ein Paar miteinander verbindet. Sie war mit Lust verbunden, doch diese Lust galt als eine Form von Sinnlichkeit, die der Mensch zu beherrschen hatte, da sie, wenn sie andersherum den Menschen beherrschte, Beziehungen zerstören konnte. Der von seinen Sinnen berauschte Mensch galt für Jahrhunderte gerade nicht als freier Mensch, sondern als Sklave seiner Sinne.

Mit den „Achtundsechzigern" wurde das Ausleben der eigenen sexuellen Impulse und Wünsche zu einer Frage der Authentizität. Immerhin verhieß die breite Verfügbarkeit der „Pille" Sex ohne Folgen. Was einen hinderte, seinem sexuellen Empfinden den gewollten Ausdruck zu geben,

---

[21] Ebd., S. 791f.
[22] So blieben sexuelle Untreue gegenüber dem Ehepartner oder sogar sexuelle Übergriffe in der ständisch strukturierten Gesellschaft für hochstehende oder (in Zeiten des Kapitalismus) vermögende Männer im Umgang mit von ihnen z.B. wirtschaftlich abhängigen Frauen häufig für sie selbst folgenlos, wogegen Frauen insgesamt eine restriktive Moral abverlangt wurde.
[23] Vgl. H. Bode/A. Heßling, *Jugendsexualität 2015*.

wurde nun als Angriff auf seine Identität interpretiert. Die „freie Liebe" war kein Mittel, um (auf Dauer) verbunden zu sein, sondern eine Form der *Selbst*erfahrung an einer anderen Person, die letztlich austauschbar war.

Als zweiter Aspekt ist der moralische *Relativismus* zu nennen. Lebensentwürfe galten nicht länger als Gegenstand einer moralischen Beurteilung von Gut und Böse, gerecht oder ungerecht. Sie waren nun Ausdruck einer frei zu treffenden *Wahl*. Anders gesagt: Die persönliche Wahl rückt in den Rang „eines obersten Werts, unabhängig davon, zwischen welchen Alternativen oder in welchem Bereich gewählt wird".[24] Die Kultur der Authentizität geht also mit einem *Relativismus* einher, der besagt, dass jeder tun darf, was er mag, und dass die „Werte" des anderen nicht kritisiert werden dürfen. „Intoleranz ist die Sünde, die nicht toleriert wird".[25]

Minimalbedingung dieser wechselseitigen Anerkennung ist das Prinzip, dem anderen (und auch sich selber) nicht zu schaden. Dabei geht es im Kern darum, den Körper möglichst lange gesund und leistungsfähig zu erhalten, um sein Leben „authentisch" führen zu können, das heißt nach den selbst gesteckten Zielen.

Die freie Sexualität legt die Axt an die Wurzel von Ehe und Familie als Beziehungsgefüge, die aufeinander hin geordnet sind und vom Treueversprechen und der Übernahme von Verantwortung füreinander leben. Das „verstaubte" Familienrecht der Nachkriegsära mit dem Ehemann als Familienvorstand sollte überwunden werden. Problematisch daran war nicht die Infragestellung des männlichen Familienvorstandes in seiner tradierten Form und Funktion, sondern die Ablehnung jeglicher Autorität sowie die Vorstellung, dass erst die autoritäts- (und traditions-)lose Gesellschaft frei und gerecht sei. Wie ich in Kapitel 9 ausführen werde, mündet die rigorose Ablehnung jeglicher Autorität stets darin, dass eine kleine Gruppe der Mehrheit ihre Überzeugung von der autoritätslosen Gesellschaft aufzwingen will und so – durch die Hintertür – weit ungerechtere, da verschleierte Autoritätsstrukturen implementiert.

Im Sinne einer Einordnung lässt sich festhalten: Die Achtundsechziger brachten also einen massiven Individualisierungsschub, der Impulse der Aufklärung radikalisierte. Bestand zunächst der Freiheitsgewinn für den Einzelnen darin, seine Identität in Beziehungen zu bilden und Sicherheit für die eigene Identitätsbildung in den sozialen Gefügen zu finden, die das Miteinander in der Gesellschaft stabilisieren, so suchte sich das ungebundene, entfesselte Ich nun selbst den Raum der Anerkennung, den es

---

[24] C. Taylor, *Ein säkulares Zeitalter,* S. 797.
[25] Ebd., S. 807.

braucht. Ehe und Familie galten dabei nicht mehr als Freiheitsgewinn, sondern als Gefährdung der individuellen Freiheit. In den folgenden Jahrzehnten wurden mit der Pluralisierung der Lebensformen und der beschleunigten Anpassung der Gesetzgebung[26] an diese neue Wirklichkeit auch Forderungen nach Gleichstellung der Geschlechter laut.

Soweit es auf die Gleichstellung der Geschlechter vor dem Gesetz zielte, handelte es sich um eine wichtige Errungenschaft, die ungerechtfertigte Benachteiligungen beseitigt hat, indem sie Ehepartnern ermöglichte, ein partnerschaftliches Modell von Ehe zu leben. Zugleich begann sich die Tendenz abzuzeichnen, Ehe und Familie nicht mehr als soziale *Gefüge* wahrzunehmen, sondern als Gesetzgeber die Einzelakteure – und hier v.a. die Frauen – in den Blick zu nehmen, mit dem Ziel, ihre Stellung gegenüber anderen „Akteuren" wie Arbeitgeber, Ehemann und Kind zu stärken. An der (Forderung nach) Legalisierung der Abtreibung wird die Problematik dieser Neuausrichtung besonders deutlich.

2.3 „Gleichstellung von Frauen und Männern"
Ergebnisgleichheit als Zielvorstellung

Das Anliegen der Gleichstellung zielt – wie an der Aktionsplattform von Peking gesehen (vgl. 2.1) – auf die Ausgestaltung sowohl der häuslichen Verhältnisse als auch der Erwerbsbedingungen. Doch ist die Hinwendung zur Zielvorstellung der Gleichstellung der Geschlechter nun tatsächlich eine weitere Etappe auf dem Weg zu einer benachteiligungsfreien und geschlechtergerechten Gesellschaft? Die Antwort lautet Nein, weil die Person hier entgegen allen anderslautenden Beteuerungen gerade nicht als zur Freiheit berufenes Wesen anerkannt wird. Die persönliche Freiheit, den eigenen Lebensentwurf zu wählen, ist unvereinbar mit einer Vorgabe, die die Gleichverteilung von Familien- und Erwerbsarbeit von vornherein festschreibt. Dieser Ansatz impliziert nicht länger die Eröffnung von *Chancen*gleichheit, sondern will eine politisch-ideologisch bestimmte *Ergebnis*gleichheit herstellen.

Diese geforderte Ergebnisgleichheit bedingt aber nicht nur weniger Freiheit, sondern auch weniger Gerechtigkeit. Denn hinter dieser Gleichheitsformel steht die (wie ich zeigen will: falsche) Annahme, dass Frauen

---

[26] Z.B. die Entkriminalisierung sexueller Handlungen (Abschaffung des „Kuppelei"-Paragrafen) und Legalisierung homosexueller Akte oder die erleichterte Möglichkeit der Scheidung durch den Übergang vom Schuld- zum Zerrüttungsprinzip.

durchschnittlich in gleichem Maße Führungspositionen anstreben, wie Männer dies insgesamt tun. Dass es zwischen den beiden Geschlechtern eine sogenannte „Ambitionsdifferenz gibt" (unterschiedlich hoher Ehrgeiz, in höhere Positionen aufzusteigen), Frauen also durchschnittlich weniger in Führungsaufgaben drängen als Männer, ist soziologisch unbestritten (vgl. 8.1). Gestritten wird lediglich über die Ursachen. Protagonisten der Ergebnisgleichheit sagen, dass diese Ambitionsdifferenz nur den Status quo beschreibt und Ausdruck tief verwurzelter Geschlechterstereotypen sei, die überwunden werden müssen. Von Männern und Frauen soll also nicht mehr als Gruppen die Rede sein, für die sich verallgemeinernde Zuschreibungen treffen lassen (wie die vom erwerbsorientierten Mann und der häuslich orientierten Frau).

In der Zielvorstellung von der Ergebnisgleichheit liegt jedoch ein Moment der Unfreiheit, da sich Männer und Frauen, Paare und Ehepaare in der überwiegenden Mehrheit nicht so steuern lassen, wie die Sozialingenieure der Gleichstellung sich das wünschen (vgl. 1.3 und 2.1). Eine partnerschaftlich ausgehandelte Aufgabenteilung und die damit oft einhergehende finanzielle Abhängigkeit vom Partner scheinen viel weniger Leidensdruck zu generieren, als Regierung und Interessenverbände es permanent suggerieren.

Weil der angezielte Wandel sich nicht in der erhofften Weise einstellt, müssen folglich die Stellschrauben so angezogen werden, dass es leichter wird, eine Entscheidung in die vom politischen Willen gewiesene Richtung zu treffen als in die Gegenrichtung. Das lässt sich an konkreten Gesetzesmaßnahmen und -vorhaben praktisch zeigen. Die stärksten und nachhaltigsten Umbaumaßnahmen sind vom Gesetzgeber in den zurückliegenden Jahrzehnten im Scheidungsrecht sowie im Bereich der Kinderbetreuung ergriffen worden: So hat die damalige Justizministerin Zypries 2005 mit einem im Bundestag verabschiedeten Gesetz die Unterhaltsansprüche geschiedener Ehepartner massiv zurückgefahren. Der (noch nachvollziehbare, man könnte auch sagen: geschickt gewählte) Ausgangspunkt ihrer Gesetzesinitiative war die bis dato Ungleichbehandlung der Kinder von verheirateten und unverheirateten Paaren nach einer Trennung der Eltern. Kinder Verheirateter waren in ihren Ansprüchen bessergestellt, ohne dass das Kind für die Umstände seiner Herkunft verantwortlich zu machen wäre. Das sollte (zu Recht) geändert werden. In diesem Zug stellte die Ministerin jedoch auch die Ehefrau der Geliebten oder Lebenspartnerin gleich, indem sie ihre Unterhaltsansprüche gegenüber dem wirtschaftlich stärkeren Partner nun auf ein einheitlich niedriges Niveau absenkte. Der oft zitierte Satz „einmal Chefarztgattin, immer Chefarztgattin" sollte hinfort nicht mehr gelten.

Die Diskussion um das Gesetzesvorhaben ließ keinen Zweifel daran, welches Anliegen sich hinter der von der Ministerin beschworenen „Anpassung an die Realitäten" verbarg: Ihr ging es vor allem um die Durchsetzung eines modernen Frauenbildes, bei dem sich die Frau durch eigene Erwerbsarbeit von ihrem Mann wirtschaftlich unabhängig hält und die Scheidung als eventuelle Option von Anbeginn an einkalkuliert ist. Verzichtet die Frau darauf, so das Signal, ist sie selber schuld und hat die Folgen zu tragen. So wird die Ehe zu einem Vertragsverhältnis, das anscheinend ohne langfristige Folgen kündbar ist. Welche negativen Folgen dieses technokratische Verständnis von Ehe und Familie für die Trennungs- und Scheidungskinder hat, lassen Langzeitstudien erkennen, in denen die weitreichenden psychosozialen Auswirkungen dokumentiert sind.[27]

In die gleiche Richtung weist die Entschlossenheit, mit der verschiedene Bundesregierungen den Ausbau von Betreuungseinrichtungen für Kinder ab dem ersten Lebensjahr vorangetrieben und im gleichen Atemzug die Leistungsansprüche von Eltern, die ihre Kinder zu Hause betreuen, zurückgefahren haben. Das Tempo ist atemberaubend: Zunächst erfolgte zum Jahresbeginn 2007 die Umstellung des Erziehungsgeldes auf das Elterngeld. Wurde das Bundeserziehungsgeld einkommensunabhängig dem Elternteil ausgezahlt, das ein eigenes Kind zu Hause betreute, so bemisst sich das an seine Stelle getretene Elterngeld nach der Höhe des zuvor erzielten Erwerbseinkommens. Auf den letzten Metern des Gesetzgebungsverfahrens setzte die bayrische CSU noch einen einkommensunabhängigen Mindestbetrag von 300 Euro durch. Für Hausfrauen (oder Hausmänner) brachte die Neuregelung eine glatte Halbierung der Ansprüche mit sich, weil die 300 Euro statt zuvor 24 Monate jetzt nur noch zwölf Monate ausgezahlt werden. Stark subventioniert wird demgegenüber ein flächendeckendes Netz an Kinderbetreuungseinrichtungen.

Auch dieser Ansatz erweist sich als familienpolitisch ungerecht. Denn der Ausbau des Kita-Netzes wird aus dem allgemeinen Steueraufkommen bezahlt; zugute kommen diese Mittel jedoch nur denen, die sich dafür entscheiden, ihr Kind (möglichst früh) in die Kita zu geben. Wer sein Kind zu Hause betreut, geht leer aus. In der Diskussion, wie gerecht dieser Ansatz der Familienförderung ist, wird mit harten Bandagen gekämpft. So erklärte Sigmar Gabriel es für „absurd", Eltern ein Betreuungsgeld zu zahlen, wenn

---

[27] Vgl. J. S. Wallerstein/J. M. Lewis/S. Blakeslee, *Scheidungsfolgen;* E. Marquardt, *Kind sein zwischen zwei Welten.*

sie die Segnungen des flächendeckenden Ausbaus von Kindertagesstätten nicht für ihre Kinder in Anspruch nehmen. Nach dieser Logik müsse dann auch jedem Geld überwiesen werden, der auf den Besuch eines staatlich subventionierten Theaters verzichte oder das Angebot des öffentlichen Nahverkehrs nicht nutze.

Leider ist dieser Einwand überhaupt nicht logisch. Denn der Staat stellt ja nicht nur das Angebot des öffentlichen Nahverkehrs bereit, sondern auch die Infrastruktur für Autofahrer, er subventioniert nicht nur Theater, sondern auch Schwimmbäder, Leihbibliotheken etc., bietet den Bürgern also ein breites Angebot an öffentlicher Grundversorgung, aus dem *ausgewählt* werden kann. Genau diese *Wahlfreiheit* macht Gabriel jedoch Eltern streitig. Ihnen bietet der Staat an, die Fremdbetreuung der Kinder zu subventionieren, während der Ausstieg aus dem Erwerbsleben zugunsten der Kinderbetreuung auf eigene Kosten und eigenes Risiko (wie spätere Altersarmut aufgrund nicht erworbener Rentenansprüche) erfolgt. Gerecht ist das mit Sicherheit nicht.

Den Vogel schoss jedoch die rheinland-pfälzische Bildungsministerin Vera Reiß (SPD) ab, als sie feststellte: „Keine Mutter kann ihrem Kind das bieten, was eine Krippe bietet."[28] Galt der Anspruch, die Hoheit über die Kinder haben zu wollen, lange als Kennzeichen totalitärer Staaten, so scheint diese Sichtweise inzwischen in der Mitte des Parteienspektrums der Bundesrepublik angekommen zu sein. Erschreckend aber ist vor allem, dass der Aufschrei nach solchen Äußerungen ausbleibt.

Umso heftiger tobte der Streit um das oben erwähnte Betreuungsgeld.[29] Dem monatlichen Auszahlungsbetrag von 150 Euro steht die staatliche Subventionierung eines Kitaplatzes in Höhe von rund 1000 Euro pro Monat gegenüber. Die erfolgreich verwirklichte Absicht, diese Leistung aus formalen Gründen zu Fall zu bringen, zeigt, wie vehement jeder so verstandene Fehlanreiz unterbunden werden soll, der das Erreichen der gewünschten Ergebnisgleichheit zu behindern droht. Kaum ist das Betreuungsgeld gekippt, bringt die Familienministerin einen Gesetzentwurf auf den Weg, demzufolge Eltern, die *beide* ihre Vollerwerbstätigkeit um 10-20

---

[28] M. Hanfeld, „Der Krippensong".
[29] Geklagt hatte die Stadt Hamburg mit der Begründung, dass der Bund damit in die Kompetenzen der Länder eingreife. Das Bundesverfassungsgericht ist dieser Einschätzung in seiner Entscheidung gefolgt. Nicht zu erwarten steht allerdings, dass ein Kläger konsequenterweise dagegen angeht, dass die Bundesregierung mit der Förderung des Ausbaus von Kitas in die Kompetenzen der Kommunen eingreift, denen die Bereitstellung von Kinderbetreuungseinrichtungen obliegt.

Prozent reduzieren, 300 Euro pro Monat erhalten sollen.[30] Deutlicher kann die Ansage nicht ausfallen, welchem Familien- und Betreuungskonzept dem politischen Willen nach die Zukunft gehört.

Selbst bei an sich wertneutralen Steuerungsinstrumenten wie den Vätermonaten scheint die politisch-ideologische Stoßrichtung durch; sind sie doch erkennbar auf die Gruppe der einkommensstarken Doppelverdienerpaare zugeschnitten, die sich diesen Rollentausch auch tatsächlich leisten können. Stets geht es darum, auf unterschiedlichen Wegen und durch das Anziehen verschiedener Stellschrauben die Bevölkerung zum Modell der Vollerwerbstätigkeit von Männern und Frauen hin zu erziehen. Dabei bleibt die Wahlfreiheit auf der Strecke – natürlich nicht durch das Aussprechen von Verboten, sondern durch das stille Aushungern bestimmter Lebensentwürfe wie dem traditionellen Ernährermodell, bei dem ein Partner die eigenen Kinder in den ersten Lebensjahren zu Hause betreut.

Wenn aber Gleichstellung der Geschlechter als Leitvorstellung bedeutet, dass die Bedürfnisse von Frauen *und* Männern gleiche Berücksichtigung finden sollen, dann müsste dies konsequent gedacht eigentlich heißen, dass in manchen Bereichen die (weitere) Frauenförderung sachgemäß erscheinen kann, während es in einem anderen Bereich geboten scheint, „Maßnahmen zur Förderung von Männern zu ergreifen"[31]. Die Grundlagentexte von GM bezeichnen auch solche Maßnahmen ausdrücklich als erwünscht – allerdings unter der Maßgabe, dass sie die oben definierte Ergebnisgleichheit herzustellen befördern. Wer das übersieht oder eben anders sieht, wird schnell unter Beschuss genommen, wie es die Gleichstellungsbeauftragte der Stadt Goslar, Monika Ebeling, erfahren musste. Sie hatte GM tatsächlich in der Weise interpretiert, dass vorhandene Benachteiligungen von Frauen *und* Männern, Mädchen *und* Jungen, abgebaut werden sollten. Folglich galt ihre Aufmerksamkeit nicht allein Maßnahmen der Frauenförderung, sondern sie widmete sich auch den Problemen von Männern wie Nachteilen von Vätern im Sorge- und Umgangsrecht, den Nachteilen des Bildungswesens für Jungen, der mangelnden Aufmerksamkeit für Männergesundheit sowie einer Gruppe, die es nach feministischer Lesart gar nicht geben darf: männlichen Gewaltopfern.

Die Geschichte ihrer Abberufung hat sie in einem Buch niedergeschrieben.[32] Woran sie scheiterte, legte Doris Juranek, Grünen-Abgeordnete im

---

[30] Gehen Elternpaare, in denen nicht beide Eltern bislang Vollzeit arbeiten, leer aus, so ist an Alleinerziehende gedacht, denn auch sie kommen in den Genuss der 300 Euro, doch nur *sofern* sie vorher voll erwerbstätig waren.
[31] GenderKompetenzZentrum, *Gender Mainstreaming*.
[32] M. Ebeling, *Die Gleichberechtigungsfalle*.

Stadtparlament von Goslar, unverblümt offen: „Benachteiligung von Männern aufzeigen und beseitigen – dies ist nicht unser politischer Wille".[33] So geht es bei GM nur vordergründig um die Bedürfnisse von Männern. Von Belang sind sie nur insofern, als sie die angestrebte statistische Parität in der Familien- und Erwerbsarbeit fördern. Für alles andere fehlt der politische Wille.[34]

Auch Gleichheitsfeministinnen wie Alice Schwarzer fürchten, dass die (zumindest verbale) Fokussierung auf die Bedürfnisse von Frauen *und* Männern die Tatsache verschleiert, dass Frauen ungleich stärker als Männer gesellschaftliche Benachteiligung erführen. Die realen Machtverhältnisse privilegierten doch eher die Männer und in den Machtpositionen der Gesellschaft seien unverändert vor allem Männer zu finden.[35] Dagegen gelänge es den Frauen nicht, ihren schulischen Leistungsvorteil in Karrierechancen zu überführen: Ist die Schule beziehungsweise das Studium vorbei, ziehen die jungen Männer beruflich an ihnen vorbei. Das Gebot der Stunde sei unverändert die Förderung von Frauen, nicht von Männern.

Daneben gibt es die dezidiert antikapitalistische Kritik an GM. Das Konzept habe doch einen erkennbar „marktförmigen" Charakter, der symptomatisch für die allgegenwärtige Gefahr der „Ökonomisierung von Geschlechterpolitik" stehe.[36] Das weibliche Geschlecht werde hier als eine schon aus volkswirtschaftlichen Gründen zu mobilisierende Humanressource betrachtet und „die Ungleichheit zwischen den Geschlechtern als eine betriebswirtschaftliche Größe".[37] GM wird hier also nicht als eine Station auf dem Weg zur Frauen-Befreiung gesehen, sondern als geschickt plakatierter Versuch, Fraueninteressen für die Zielsetzungen des militärisch-wirtschaftlichen Komplexes zu instrumentalisieren. Viele Frauen-Aktivist(inn)en würden dieses Spiel aber nicht durchschauen (wollen).

---

[33] Zitiert nach F. Drieschner, „Hexenverbrennung".
[34] So werden „Väter"-Preise an Männer vergeben, die zugunsten der Betreuung eines Kindes aus dem Beruf aussteigen. Prämiert wird nicht die pflegerische und erzieherische Leistung als solche, denn sonst hätten auch Mütter eine Auszeichnung verdient. Prämiert wird der Beitrag dieser Väter zu einer von der Ergebnisgleichheit her definierten geschlechtergerechten Gesellschaft.
[35] In der Tat postuliert GM „einen differenzierenden Blick auch auf männliche Lebenszusammenhänge, ohne allerdings die Machtrelation aus dem Auge zu verlieren", M. Meuser, „Gender Mainstreaming", S. 326.
[36] So kritisch M. Bereswill, „,Gender' als neue Humanressource?", S. 53.
[37] Ebd., S. 55f. Weiter schreibt sie: „Einerseits wird Geschlecht auf eine marktförmige Ressource reduziert, die die Wettbewerbsfähigkeit einer Gesellschaft steigern soll. Fragen sozialer Ungleichheit im Geschlechterverhältnis treten dabei gänzlich hinter die Betonung von Kosten-Nutzen-Relationen zurück".

Aus der Perspektive der Gender-Konstruktivisten wird vor allem kritisiert, dass in der GM-Perspektive permanent die Differenzen zwischen den biologisch verstandenen Geschlechtern „Frau" und „Mann" problematisiert werden, während der radikale Konstruktivismus ja genau diese Wahrnehmung von binärer Geschlechtlichkeit als Illusion entlarven will (vgl. 1.4). Indem GM „Geschlecht überall als eine Beobachtungskategorie einführt (in jeder Organisation, bei jeder Maßnahme), bekräftigt es die ‚Omnirelevanz' [allgegenwärtige Bedeutung] der Geschlechterdifferenzierung"[38] nach Mann und Frau. Die Möglichkeit, dass es soziale Räume gibt, in denen diese Differenz der Geschlechter überhaupt nicht von Bedeutung ist oder die Rede von den zwei Geschlechtern nicht ausreicht, sei im Konzept des GM gar nicht vorgesehen. Von daher wird verständlich, dass Angelika Wetterer zu dem Schluss gelangt: Wenn GM „eines mit Sicherheit *nicht* ist, dann dekonstruktivistisch"[39].

In der wissenschaftlichen Diskussion gehen die Wogen also hoch. Doch in der politischen Umsetzung zieht man an einem Strang und entwickelt eine enorme politische Stoßkraft. Im öffentlichen Raum hat das Ziel Vorrang, die Gesellschaft im Sinne der Geschlechtergerechtigkeit umzubauen und dabei die Anliegen der verschiedenen Richtungen des Feminismus durchzusetzen. Zwar führt das in der Praxis zu den genannten Wertungswidersprüchen (warum sind ausgerechnet Frauenquoten wichtig, wenn es doch mehr als sechzig Geschlechtsidentitäten geben soll?), aber Widerspruchsfreiheit ist im politischen Geschäft noch nie ein strenges Kriterium gewesen.

GM ist also noch längst nicht am Ende, sondern geht nun noch einen Schritt weiter, den wir uns im nächsten Kapitel genauer ansehen werden: von der Gleichstellung von Mann und Frau (b) zur Gleichbehandlung aller geschlechtlichen Identitäten (c).

Fassen wir vorher noch einmal zusammen, was bisher auf unserer Entdeckungsreise deutlich wurde:

(1) GM als gesellschaftspolitischer Handlungsansatz ist um die Einbindung möglichst vieler feministischer und gesellschaftlicher Akteure bemüht: Die formulierten Zielvorstellungen sollen auf breite Akzeptanz in der Bevölkerung stoßen, denn sie beziehen sich auf den Kernbereich von privaten Partnerschaften, wo ausgehandelt wird, wer welche – beruflichen und häuslichen – Aufgaben übernimmt. Beworben wird die paritätische Gleichverteilung von Familien- und Erwerbsarbeit zwischen Männern und Frauen, während

---

[38] M. Meuser, „Gender Mainstreaming", S. 330.
[39] A. Wetterer, „Strategien rhetorischer Modernisierung", S. 144.

die Maximalmaxime des Gender-Konstruktivismus, nämlich die Auflösung der Zweigeschlechtlichkeit, im Hintergrund bleibt.[40]
(2) Der verwendete unscharfe Gender-Begriff, die Orientierung an den zwei Geschlechtern männlich und weiblich sowie die kaum verschleierte wirtschaftliche Zwecksetzung von GM haben diesem Handlungsansatz massive Kritik unterschiedlicher feministischer Strömungen eingebracht. Mehrere Selbstwidersprüche werden deutlich: Zum einen möchte GM der tatsächlichen Lebenswirklichkeit jener beiden Geschlechter gerecht werden, deren Vorhandensein der radikale Konstruktivismus auf der theoretischen Ebene verneint. Zum anderen möchte GM der Lebenswirklichkeit *beider* Geschlechter gerecht werden, obwohl nach feministischer Überzeugung die tatsächliche Lebenswirklichkeit mit der tradierten und zementierten Privilegierung des Mannes auf absehbare Zeit allein die Bevorzugung der Frau rechtfertigen soll.
(3) Der Fokus von GM liegt nicht auf dem Erreichen von Chancengleichheit für Frauen und Männer, sondern auf einer quantitativ scharf gefassten Ergebnisgleichheit. Das gewünschte Ergebnis ist die (nahezu) Vollerwerbstätigkeit sowie die paritätische Verteilung der Hausarbeit auf Männer und Frauen bei gleichzeitiger (ganztägiger) Fremdbetreuung für Kinder vom ersten Lebensjahr an. Um dieses Ziel zu erreichen, müssen angesichts der starken Beharrungskräfte, die in Partnerschaften wirksam zu sein scheinen, die gesetzlichen Stellschrauben entsprechend angezogen werden. Natürlich wird auch weiterhin niemand gezwungen, sich dem neuen Leitbild von Partnerschaft und Familie zu unterwerfen. Wer sich ihm verweigert, zahlt aber einen immer höheren Preis dafür, der eigenen Präferenz gemäß zu leben und erfährt – wie Mütter und Väter, die ihre Kinder in den ersten Lebensjahren zu Hause betreuen möchten – Benachteiligungen, für die sich keine Antidiskriminierungsstelle interessiert.
(4) In der Umsetzungskultur von GM scheint es gleichwohl Ermessensspielräume zu geben, die sowohl Chance als auch Risiko für die beteiligten Akteure sind. Weil sich GM mit sehr unterschiedlichen Erwartungshaltungen bei Geschlechtertheoretikern, bei Politikern, bei Unternehmen und schließlich bei den Bürgern (Vereinen, Kirchen etc.) verbindet, kann der Ansatz unterhalb der für alle verbindlichen Gesetze und Verordnungen unterschiedlich ausge-

---

[40] Ähnlich in der Einschätzung H. Seubert, „Gender Mainstreaming oder: Lasst uns einen neuen Menschen machen", S. 73.

legt und angewendet werden. Eine mögliche Konsequenz aus dieser Bedeutungsambivalenz wäre: In der Praxisanwendung ermöglicht sie, auch auf der Basis des christlichen Menschenbildes nach den spezifischen Bedürfnissen von Männern und Frauen zu fragen, dabei aber die Lebensentscheidungen der Menschen tatsächlich ernst zu nehmen und sie nicht einer verordneten statistischen Ergebnisgleichheit unterzuordnen.

Kapitel 3: Sexuelle Vielfalt
Die Radikalisierung von Gender-Mainstreaming

Seit den 1990er-Jahren kam in den USA der Gender-Konstruktivismus auf (vgl. 1.4) und schwappte auch nach Westeuropa. Damit bekam der Gleichheitsfeminismus, dem sich die Zielvorstellungen von GM bis dahin am ehesten zuordnen ließen, eine starke und deutlich radikalere Konkurrenz. Die bereits genannte Judith Butler entwickelte ihre für viele Vertreter der „Gender-Studies" an den Universitäten maßgeblich gewordene These, dass ungerechte Geschlechterverhältnisse nachhaltig nur durch die grundsätzliche Infragestellung der heteronormativen Zweigeschlechtlichkeit überwunden werden könnten. Für die meisten Menschen handelt es sich um eine alltagsferne, kontraintuitive und deshalb nur schwer vermittelbare Zielvorstellung, da sie sich dessen bewusst sind, dass sie ihren natürlichen Eltern das Leben verdanken. So haben Butlers Vorstellungen außerhalb der Mauern universitärer Institute und radikal-feministischer Zirkel kaum eine nennenswerte Resonanz gefunden. Gleichwohl haben sie den Durchmarsch durch die Institutionen angetreten und werden heute von einflussreichen politischen und gesellschaftlichen Akteuren in Entscheidungsprozesse eingespeist. Wie konnte es dazu kommen und woran ist die Ausbreitung dieses Ansatzes ablesbar?

Bereits in den gesellschaftspolitischen Auseinandersetzungen der 1970er-Jahre hatte sich abgezeichnet, dass das Anliegen der Geschlechtergerechtigkeit einen allgemein positiv konnotierten Programmbegriff benötigt, um eine breite Wirkung entfalten zu können. Dieser Begriff war und ist die Idee der Menschenrechte. Die Menschenrechte werden allgemein als unteilbar beschrieben und sind damit immer auch Frauenrechte.

Diese Strategie hat sich als außerordentlich erfolgreich erwiesen. Auch hier schlägt die von mir bereits mehrfach angedeutete Ambivalenz zu Buche: So wurden in der Tat ungerechtfertigte Benachteiligungen von Frauen sukzessive überwunden, z.B. im Familienrecht. Im gleichen Zuge erfuhr die Menschenrechtsidee allerdings eine Umdeutung: Es ging nicht mehr um das Anrecht jedes Menschen, in der *ihm gemäßen* Weise an der Gesellschaft teilzuhaben (ein Schüler hat demgemäß kein Anrecht, an der Lehrerkonferenz teilzunehmen, für die Aufnahme in den Polizeidienst braucht es eine bestimmte Mindestkörpergröße usw.), sondern um ein abstraktes *Gleichheitsideal*. Eine problematische Folge dieser Umdeutung ist z.B. die

Rede von den „reproduktiven Rechten" der Frau: So wie der „Vater" eines Kindes sich faktisch gegen das Kind entscheiden kann (indem er verschwindet oder keinen Unterhalt zahlt), so soll auch die Frau das Recht haben, sich gegen das Kind entscheiden zu können, es also abtreiben zu lassen. Auf eine abstrakte Weise ist damit Gleichheit zwischen Frauen und Männern hergestellt. Der Unterschied liegt jedoch darin, dass in der Entscheidung der Frau zur Abtreibung unmittelbar das Lebensrecht des Kindes missachtet wird (und viele Frauen auch selbst an den körperlichen und seelischen Folgen des Eingriffs zu tragen haben), weil das Kind dabei getötet wird. Die Durchsetzung eigener Persönlichkeitsrechte gegen das Lebensrecht einer anderen Person aber ist ein Missbrauch der Menschenrechtsidee, die ihrem ursprünglichen Sinn zuwiderläuft.

Die starke Bezugnahme auf die Menschenrechte ist nicht überraschend. In der medial hochvernetzten Gesellschaft ist es heute mehr denn je nötig, für das eigene Anliegen positiv besetzte Programmbegriffe in Anspruch zu nehmen, um die eigenen Zielvorstellungen vermitteln und durchsetzen zu können. Programmforderungen wie die „Abschaffung der Familie" oder Sprüche wie „mehr Sex – weniger Kinder" sind daher weniger zu erwarten. Stattdessen wird die positiv eingeführte und in den Verfassungen der westlichen Staaten verankerte Menschenrechtsidee aufgegriffen und für die eigenen Anliegen in Anspruch genommen.

Das ist legitim und wird auch von Gender-Kritikern so gemacht. Die Frage ist: Lässt sich das eigene Anliegen überzeugend den Menschenrechten zuordnen oder handelt es sich um eine Überdehnung, ja Entstellung der Menschenrechtsidee? Im Folgenden werde ich auf die Leitbegriffe des Programms der sexuellen Vielfalt eingehen und die Radikalisierung von GM durch die besonders politisierte radikal-konstruktivistische Spielart des Feminismus erläutern.

3.1 Die „Yogyakarta"-Prinzipien
Sexuelle Vielfalt als Menschenrecht

Der Bezug auf die *Menschenrechtsidee* als zentralen Leitbegriff hat seine deutlichste Ausprägung in den 2007 verabschiedeten „Yogyakarta"-Prinzipien gefunden.[1] Dabei handelt es sich um einen Text, der in der gleich-

---

[1] Der Originaltext ist auf Englisch verfasst. Für die deutsche Übersetzung vgl. Hirschfeld-Eddy-Stiftung (Hg.), *Die Yogyakarta-Prinzipien*.

namigen indonesischen Stadt von Menschenrechtsexperten aus verschiedenen Ländern erarbeitet wurde und sich als „die erste systematische Gesamtschau auf die Menschenrechtsgewährleistung für Lesben, Schwule, Bisexuelle und Transgender"[2] versteht. Obwohl die Prinzipien nicht formal von der UN angenommen wurden, haben sie einflussreiche Fürsprecher auf internationaler und europäischer Politikebene gefunden.

So hat Heiner Bielefeld, damals Direktor des *Instituts für Menschenrechte* und heute auch Sonderberichterstatter für Religions- und Weltanschauungsfreiheit des UN-Menschenrechtsrats, ein Geleitwort zur deutschen Ausgabe verfasst. Darin hebt er den „innovativen" Charakter der „Yogyakarta"-Prinzipien hervor, weil nun erstmals auch die „sexuelle Identität" unter den vollen Schutz der Menschenrechte gestellt würde. Bis dato seien „Diskriminierungen und Exklusionen [...] faktisch im Namen der Menschenrechte legitimiert worden – ein eklatanter Widerspruch zum Anspruch des menschenrechtlichen Universalismus".[3] Damit behauptet er, dass die Menschenrechtsidee bislang missverstanden, auf jeden Fall aber missbraucht worden sei (was sie eigentlich keinen guten Kandidaten sein lässt, um zukünftig die Bedürfnisse sexueller Minderheiten besser zu schützen). Doch Bielefeld möchte diese Einschätzung nicht gegen die Menschenrechtsidee an sich wenden und fügt sogleich an, dass die „Yogyakarta"-Prinzipien in Kontinuität „zur jüngeren Interpretationspraxis" der Menschrechtskonventionen stünden.

Auf den ersten Blick erweckt der Text den Eindruck, als ginge es um Selbstverständlichkeiten (die allerdings nicht in allen Teilen der Welt gleichermaßen selbstverständlich sind). So wird in den „Prinzipien" gefordert, dass die sexuelle Identität kein Grund sein dürfe, um einem Menschen das Recht auf Leben, auf Freiheit von Folter und unmenschlicher oder erniedrigender Behandlung, auf Bildung oder Gedanken-, Gewissens- und Religionsfreiheit vorzuenthalten. Wer möchte dem guten Gewissens widersprechen?

Die Tücke liegt in der Leitvorstellung, die diesen Forderungen ihre Richtung gibt und in dem ausdrücklich an die Staaten der Welt gerichteten Appell ihren Ausdruck findet, ihre Gesellschaften radikal umzubauen.[4] Es soll genügen, diesen im Kern totalitären Anspruch der „Yogyakarta"-Prinzipien an zwei Punkten zu belegen:

---

[2] Ebd., S. 7 (Vorwort).
[3] Ebd., S. 9.
[4] Deutlich herausgearbeitet ist dies bei G. Kuby, *Die globale sexuelle Revolution*, S. 107–132.

Kapitel 3: Sexuelle Vielfalt

Erstens wird die „geschlechtliche Identität" (in Verbindung mit „sexueller Orientierung") zu einer Personenzuschreibung, die in ihrer konkreten Äußerungsform *uneingeschränkt* zu akzeptieren und von jeglicher Kritik freizuhalten ist. Als „Diskriminierung aufgrund der sexuellen Orientierung oder geschlechtlichen Identität zählen auch jegliche Art von Unterscheidungen, Ausgrenzungen, Beschränkungen oder Bevorzugungen aufgrund der sexuellen Orientierung" vor dem Gesetz.[5] Dem staatlichen Recht wird also die Möglichkeit bestritten, überhaupt Bewertungen aussprechen und Unterscheidungen vornehmen zu dürfen. Unklar bleibt, welche Mittel der staatlichen Rechtsordnung dann überhaupt noch bleiben, z.B. Sex mit Minderjährigen, Kinderehen oder Inzesthandlungen als illegitime Ausdrucksformen von Sexualität zu behandeln, wenn alle Menschen das uneingeschränkte Recht haben, in ihrer individuellen geschlechtlichen Identität und Orientierung respektiert zu werden. Authentizität und Wahlfreiheit waren nach Charles Taylor (vgl. 2.2) die Höchstwerte einer Weltsicht, die sich moralfrei gibt und die eigenen Ansprüche zugleich mit höchstem moralischen Pathos unterlegt. Die geschlechtliche Identität wird hier zu einer in absoluter Selbstbestimmung wurzelnden Kategorie erklärt, die nicht mehr mit den moralischen Kategorien von Gut und Schlecht greifbar ist. Sie wird durch das Subjekt bestimmt und generiert den Rechtsanspruch, dass der Staat die freie Entfaltung dieser Identität sicherzustellen habe.

In amtlichen Dokumenten soll folglich die betroffene Person selbst bestimmen dürfen, welches Geschlecht eingetragen wird. Ehe und Familie müssen allen Menschen offenstehen, auch gleichgeschlechtlichen Paaren. Transsexuelle sollen Anspruch auf eine staatlich finanzierte geschlechtsumwandelnde Operation haben. Kurz: Das subjektive Empfinden wird zur Basis von Rechten und Ansprüchen, denen sich der Staat und die Gesellschaft zu beugen haben. Gleichberechtigung heißt nun endgültig: Gleichbehandlung von an sich Ungleichem, ein gravierender Paradigmenwechsel der Rechts- und Sozialgeschichte.[6]

---

[5] Hirschfeld-Eddy-Stiftung (Hg.), *Die Yogyakarta-Prinzipien,* S. 15.
[6] Im Englischen wird üblicherweise der Ausdruck *equality* verwendet. In deutschen Übersetzungen wie überhaupt in der Literatur zum Thema fällt auf, dass seit den 1990er-Jahren statt „Gleichstellung" eher von „Gleichbehandlung" geschrieben wird. Möglicherweise soll damit ausgedrückt werden, dass es nicht nur um die Anpassung von Rechtsnormen geht, sondern um den Umbau der Gesellschaft in allen Lebensbereichen.

Dieses Beharren auf absolute (d.h.: keiner Bewertung zugängliche) Gleichbehandlung führt nun zum Zweiten faktisch zur *Privilegierung sexueller Minderheiten,* die häufig abgekürzt als LSBTTIQ[7] bezeichnet werden. Sehr deutlich wird dies im Prinzip 21, dem Schutz der Meinungs- und Religionsfreiheit, wo jedem Menschen „das Recht auf Gedanken-, Gewissens- und Religionsfreiheit, unabhängig von seiner sexuellen Orientierung oder geschlechtlichen Identität" zugeschrieben wird, der Staat sich jedoch „zur Rechtfertigung von Gesetzen, Maßnahmen oder Praktiken, die Personen aufgrund ihrer sexuellen Orientierung oder geschlechtlichen Identität diskriminieren oder ihnen rechtlichen Schutz vorenthalten, nicht auf diese Rechte berufen" darf.[8] Nicht nur der Wortlaut dieses Prinzips, sondern auch die Rechtspraxis in verschiedenen Staaten der westlichen Welt zeigt, dass es hier darum geht, jede Auffassung (ob sie nun religiös oder anderweitig begründet wird) vonseiten des Staates zu unterbinden bzw. zu bestrafen, die sich nicht zur unterschiedslosen Gleichheit aller sexuellen Äußerungsweisen bekennt. Solche Überzeugungen werden – hier wird nun die moralische Wertung eingeführt – als „Vorurteile" bezeichnet, die aus dem Bogen der Meinungsfreiheit herausfallen. Handlungen, die solchen Haltungen entsprechen, sind per se „diskriminierend".[9] Gabriele Kuby gibt zu bedenken, dass die Autoren hier

> ... die Begründung schuldig [bleiben], warum gerade Minderheiten, die sich durch nicht-heterosexuelles Verhalten definieren, eine besondere Fürsorgepflicht des Staates durch neu zu schaffende Gesetze, Maßnahmen und Überwachungsinstitutionen zukommen soll.[10]

Faktisch handelt es sich hierbei um eine nicht zu rechtfertigende Privilegierung, mit der abweichende Haltungen nicht nur schlechter gestellt, sondern zum Schweigen gebracht werden sollen.

Die von den „Yogyakarta"-Prinzipien ausgehenden rechtlichen Auswirkungen sind weitreichend. So sind in den USA und in Großbritannien mehrfach Christen auf die Zahlung von Schmerzensgeld verklagt worden, weil sie es für unvereinbar mit ihrem Glauben ansahen, einem gleichgeschlechtlichen Paar Räumlichkeiten für die Trauzeremonie oder zur Übernachtung im Rahmen von „Bed & Breakfast" zur Verfügung zu stellen.[11]

---

[7] Lesben, Schwule, Bisexuelle, Transsexuelle, Transgender, Intersexuelle, Queer; vgl. Kap. 4.
[8] Hirschfeld-Eddy-Stiftung (Hg.), *Die Yogyakarta-Prinzipien,* S. 31.
[9] Ebd., S. 16.
[10] G. Kuby, *Die globale sexuelle Revolution,* S. 117.
[11] Für eine eingehende kritische Analyse dieser Entwicklung im europäischen Recht vgl. S. Eldridge, „Gleichstellung als ein europäischer Wert mit besonderem Bezug

Das solchen Urteilen zugrunde liegende zivilrechtliche Benachteiligungsverbot habe, so der Jurist Wolfgang Zöllner, „etwas fundamentalistisch Eiferndes, wenn aus dem Nichtabschluss eines Vertrages mit einer Partei auf eine Diskriminierung geschlossen wird".[12] Das „Eifernde" ist hier aber gerade ein Indiz für den von einer Minderheit erhobenen Anspruch auf eine vordergründig wertneutrale, tatsächlich aber die Freiheitsrechte Andersdenkender radikal einschränkende Gleichbehandlung.

Ein verfassungsrechtliches Beispiel ist die Entscheidung des Obersten Gerichtshofs der Vereinigten Staaten, die Ehe in allen Bundesstaaten für gleichgeschlechtliche Paare zu öffnen. In ihrer Urteilsbegründung hält die Richtermehrheit fest, dass religiöse Gemeinschaften aus Lehrgründen die gleichgeschlechtliche Lehre weiterhin ablehnen dürfen.[13] In seinem von der Mehrheitsentscheidung abweichenden Votum hebt der vorsitzende Richter C. J. Roberts hervor, dass die Richtermehrheit den religiösen Gegnern der gleichgeschlechtlichen Ehe lediglich das Recht einräume, ihre eigene Auffassung auch weiterhin zu *vertreten,* während die amerikanische Verfassung auch das Recht aller Amerikaner anerkenne, ihre Religion *auszuüben* („to exercise"), religiösen Überzeugungen also in alltäglicher Lebenspraxis Gestalt zu geben.[14] Er sagt voraus, dass Christen, die ihren Glauben in einer Weise ausüben, die sie mit dem neuen Recht in Konflikt bringt, harten Zeiten entgegengehen. Wo immer sie unter Berufung auf ihren Glauben ein Verhalten zeigten, das eine Missbilligung der gleichgeschlechtlichen Ehe zum Ausdruck bringt, sei dies nach der Entscheidung des obersten Gerichts als Herabwürdigung und Missachtung der betroffenen homosexuellen Menschen zu bewerten – und folglich zu bestrafen. Genau darauf zielen die „Yogyakarta"-Prinzipien. Sie sind zwar nie durch die Regierungen formal angenommen worden, aber dennoch wirksam, da inzwischen in mehreren westlichen Staaten Gesetze verabschiedet wurden, die die Meinungsfreiheit durch Maßgabe der Antidiskriminierung einschränken.

---

zu sexueller Ausrichtung". Eine Zusammenstellung je aktueller Fälle findet man auf der Seite www.IntoleranceAgainstChristians.eu.

[12] Zitiert nach: H. Honsell, „Die Erosion des Privatrechts durch das Europarecht", S. 625.
[13] Wörtlich heißt es: "religions, and those who adhere to religious doctrines, may continue to advocate with utmost, sincere conviction that, by divine precepts, same-sex marriage should not be condoned", *Obergfell v. Hodges,* Supreme Court, No. 14-556, slip opinion, Opinion of the Court, S. 27.
[14] *Obergfell v. Hodges,* Supreme Court, No. 14-556, slip opinion, C. J. Roberts, dessenting, S. 27f.

An dieser Stelle schlägt der im Ansatz legitime Menschenrechtsgedanke ins Totalitäre um. Menschenrechte beziehen sich – schon von ihrem geschichtlichen Ursprung her – nicht ausschließlich auf den Schutz individueller Freiheiten, sondern verbinden das Freiheitspostulat mit der Gleichheit und Solidarität (früher: „Brüderlichkeit").[15] Erst in dieser Trias können Freiheitsrechte das Zusammenleben in einer (pluralistischen) Gesellschaft begründen. Wer seine Freiheit als Recht zu absoluter Selbstverwirklichung und Gleichheit so abstrakt auffasst, dass wesentliche Unterschiede zwischen Personen von vornherein unberücksichtigt bleiben müssen, zerschneidet die sozialen Bande einer Gesellschaft. Denn das Wohl einer Gemeinschaft hängt daran, dass die Bürger die wechselseitige Begrenzung ihrer eigenen und der Rechte der anderen anerkennen. Daher lässt sich mit den Menschenrechten weder begründen, dass wesentlich Ungleiches wie heterosexuelle, gleichgeschlechtliche oder polyamore Partnerschaften vom Staat gleich behandelt werden müssen, noch das Recht einer Person darauf, von niemand anderem in einem Aspekt seiner Lebensführung kritisiert zu werden.

3.2 Die Tyrannei der Antidiskriminierung

Als ein weiterer zur Instrumentalisierung freigegebener Leitbegriff ist die *Diskriminierung* zu nennen, die sich mit der Selbstzuschreibung als Opfer verbindet. Die „Yogyakarta"-Prinzipien" nehmen auf diesen Begriff in exzessiver Deutung und kritischer Absicht Bezug. Die Europäische Menschenrechtskonvention formuliert in Artikel 14 ein Diskriminierungsverbot „on any ground such as sex, race, colour, language, religion, political or other opinion, national or social origin, association with a national minority, property, birth or other status".[16]

In der Praxis dürfte es schon bei dieser Anzahl von schutzwürdigen Personenmerkmalen schwierig sein, sich bei Personalentscheidungen nicht den Vorwurf unterlegener Bewerber einzuhandeln, in irgendeinem Persönlichkeitsmerkmal diskriminiert worden zu sein. Gleichwohl erweiterte die Bundesregierung bei der Überführung dieser Bestimmung in nationales Recht die betreffenden Bestimmungen noch um die Kategorie der „sexuellen Identität".[17] Diese Ausweitung folgt der Tendenz, die sexuelle Identität

---

[15] Vgl. W. Huber, *Gerechtigkeit und Recht*, S. 279–285.
[16] European Court of Human Rights/Councel of Europe, *European Convention of Human Rights*.
[17] „Ziel des Gesetzes ist, Benachteiligungen aus Gründen der Rasse oder wegen der ethnischen Herkunft, des Geschlechts, der Religion oder Weltanschauung, einer

in einen Rang zu heben, der sie gegen jeden Einspruch immunisiert, und führt damit zu einer generellen Privilegierung des Sexuellen.

Die Erweiterung um dieses Schutzmerkmal ist zwar konsequent, sofern man berücksichtigt, dass Menschen sich in ihrer Identität als Person stark über ihre Sexualität definieren (was geschichtlich ein sehr junges Phänomen ist, vgl. 2.2). Doch die Wirkung ist paradox: Eine Gruppe von Menschen, die in vielerlei Hinsicht sehr verschieden sind (Alter, Herkunft, Bildung, Beruf etc.), beteuert unablässig, dass hinsichtlich Gleichbehandlung die sexuelle Identität keinen Unterschied machen dürfe, präsentiert sich aber permanent als Gruppe, die sich über ihren Status als sexuelle Minderheit definiert und für sich schon aufgrund dieser Gruppenzugehörigkeit eine besondere Schutzbedürftigkeit behauptet.

Grundsätzlich erscheint es nicht überzeugend, wenn losgelöst von konkreten Problemen behauptet wird, dass man bereits als *Angehöriger* der Gruppe sexueller Minderheiten einen (erhöhten) Schutz vor Diskriminierung benötige. Denn in irgendeiner Hinsicht gehört jeder Mensch zu einer Minderheit (z.B. wenn er einen Beruf ergreift – die Mehrheit der Bevölkerung hat diesen Beruf nicht ergriffen), ohne dass dies ein besonderes Eingreifen des Staates begründen würde.[18] Sexuelle Minderheiten beklagen öffentlich, dass sie ständig auf ihre Sexualität reduziert würden, doch mit ihrer betonten *Selbstthematisierung* der sexuellen Identität arbeiten sie letztlich diesem Eindruck stark zu.

Problematisch ist aber nicht nur die Sexualisierung des Diskriminierungsdiskurses. Es bleibt auch undurchschaubar, was genau als diskriminierendes Verhalten zu gelten hat. Leider hat es sich auch die dafür zuständige *Antidiskriminierungsstelle des Bundes* bislang nicht zur Aufgabe gemacht, den Ausdruck „Diskriminierung" präzise zu definieren. Im Gegenteil: Die Veröffentlichungen tragen eher zur vorherrschenden Unschärfe im Begriffsgebrauch bei.

Hier zunächst nur ein Beispiel: Als eine „unmittelbare (direkte oder offene) Benachteiligung" definiert die Stelle auf ihrer Homepage, „wenn eine Person eine weniger günstige Behandlung als eine Vergleichsperson erfährt, erfahren hat oder erfahren würde".[19] Was bringt solch eine Definition

---

    Behinderung, des Alters oder der sexuellen Identität zu verhindern oder zu beseitigen", Antidiskriminierungsstelle des Bundes (Hg.), *Allgemeines Gleichbehandlungsgesetz*, § 1.

[18] Vgl. K. F. Gärditz, „Verfassungsgebot Gleichstellung?", bes. S. 115ff.

[19] Antidiskriminierungsstelle des Bundes (Hg.), *Beratung. Was ist Diskriminierung?* Auf derselben Seite findet sich der Hinweis, dass nicht jede Diskriminierung (also

eigentlich? Bei begrenzten Gütern und Ressourcen werden Menschen andauernd weniger günstig als Vergleichspersonen behandelt: Nur ein Bewerber bekommt die begehrte Stelle, alle anderen erfahren sich als weniger günstig behandelt (z.b. weil sie kleiner als vorgeschrieben sind oder eine Legasthenieschwäche mitbringen). Jeder Wettbewerb richtet sich an Vergleichspersonen, die dann unterschiedlich behandelt werden, denn sonst wäre es kein echter Wettbewerb. Vor dem Hintergrund solch unklarer Begriffsdefinitionen verwundert es nicht, wenn Menschen sogar die Abschaffung der Bundesjugendspiele fordern, mit der Begründung, dass es sich dabei für Schüler um einen Pflichtwettbewerb handelt, „bei dem Einzelne schon vorher wissen, dass sie chancenlos sind".[20]

Mit dieser Begründung könnten auch die Arbeitsagenturen ihre Tätigkeit einstellen, zumal sie Arbeitslose verpflichtend dazu anhalten, sich auf Stellen zu bewerben. In einer Welt, die eine Vielfalt an Begabungen hervorbringt und darin jeden Einzelnen in einer bestimmten Weise vor anderen auszeichnet, hat jeder Mensch in irgendeinem Bereich zunächst einmal weniger Aussicht darauf, ein nur begrenzt verfügbares Gut erlangen zu können. Es gibt kein Menschenrecht darauf, nicht der Erfahrung ausgesetzt zu sein, ungünstiger als andere behandelt zu werden. Solche Definitionen helfen nicht dabei, reale Benachteiligungen zu identifizieren und abzubauen, sondern tragen dazu bei, „dass sich die Schar derer, die sich gesellschaftlich benachteiligt sehen, größer wird, je mehr die Gleichberechtigung voranschreitet".[21] Jan Fleischhauer fährt fort: „Je sensibler sich eine Gesellschaft für die Kränkungen und Zurücksetzungen ihrer Mitglieder zeigt, desto mehr ermutigt sie, auch geringste Verfehlungen zur Anzeige zu bringen."[22]

Die *Antidiskriminierungsstelle des Bundes* ermutigt dazu mit mächtiger Stimme. Auf der Basis einer Umfrage im Jahr 2015 stellt sie fest, dass in Deutschland 31,4 Prozent aller Menschen nach eigenen Aussagen bereits

---

Unterscheidung) auch eine „Benachteiligung" im rechtlichen Sinne sei. Umso verwunderlicher ist es, dass die Antidiskriminierungsstelle in zahlreichen Publikationen beide Ausdrücke synonym gebraucht. Zumeist wird von Diskriminierung gesprochen und damit eine ungerechtfertigte Benachteiligung gemeint.

[20] Zitat einer Bloggerin nach J. Hungermann, „Gehören Bundesjugendspiele abgeschafft?".
[21] J. Fleischhauer, „Die Erfindung des Opfers", S. 15.
[22] Ebd.

Diskriminierungserfahrungen gemacht haben.[23] Worin genau diese Erfahrungen bestanden, wird in dieser (ersten) Auswertung nur angedeutet: Im Erwerbsleben werden „eine schlechtere Bewertung der eigenen Leistungen" (schlechter als wer?) oder eine verweigerte Beförderung genannt. Für die Antidiskriminierungsstelle reicht allein das *Gefühl* der Betroffenen aus, diesbezüglich benachteiligt worden zu sein, um eine tatsächliche Diskriminierung zu registrieren.

Bei der Diskriminierung aus ethnischen Gründen „spielen in vielen Fällen Beleidigungen und Beschimpfungen eine Rolle".[24] Wer einmal aufgrund seiner Rasse oder ethnischen Zugehörigkeit beschimpft und beleidigt worden ist, wird dies so schnell nicht wieder vergessen und hat die Solidarisierung und Hilfe der Zivilgesellschaft verdient. Doch wenn allein die Selbsteinschätzung der Befragten zur Grundlage für eine Diskriminierungserfahrung wird, ohne den jeweiligen Situationskontext zu beachten, wird das Gut mitmenschlicher Anteilnahme überbeansprucht. So zählen für die Diskriminierungsstatistik z.B. auch verbale, der Sache nach rassistische, Entgleisungen, die einem Straftäter entgegengeschleudert werden, der vor dem Schulhof Drogen verkauft. Die Frage ist, wie aussagekräftig solche Zahlen sind.

3.3 Toleranz und Akzeptanz

Dass die Zahl der gefühlt benachteiligten Menschen noch weiter zunehmen wird, steht zu erwarten. Dafür wird ein weiteres Schlagwort sorgen, das mit dem Ziel der Gleichbehandlung aller Menschen verbunden wird: die vordergründig relativistische, im Kern jedoch autoritäre Forderung nach *Toleranz und Akzeptanz,* die regelmäßig als Bildungsziel der „Sexualpädagogik der Vielfalt" angegeben wird (vgl. 5.1).

In den Bildungsplänen und den dazugehörigen einschlägigen Texten habe ich keine begriffliche Unterscheidung der beiden Ausdrücke finden können. Beide Begriffe werden vielmehr häufig gemeinsam genannt und austauschbar (synonym) verwendet; sie scheinen entweder das Gleiche zu meinen oder aber nur in der permanenten Koppelung das ganze Anliegen zu bezeichnen.

---

[23] Antidiskriminierungsstelle des Bundes (Hg.), *Diskriminierungserfahrungen in Deutschland,* S. 1. Es bleibt unklar, warum die Publikation im Titel als „repräsentative" Erhebung bezeichnet wird, während auf S. 3 eingeräumt wird, dass die Ergebnisse zumindest der Betroffenenbefragung nicht repräsentativ sind.

[24] Ebd., S. 17.

Damit hat der Begriff der Toleranz allerdings eine Bedeutungsverschiebung durchlaufen. Ursprünglich bezeichnete er das Dulden und Gewährenlassen anderer Überzeugungen, die man selbst nicht teilt (von lat. *tolerare,* „erdulden, ertragen"). Dagegen beruht das „neue" Toleranzverständnis auf der Ansicht, dass die *Wahrheit* jeder Überzeugung zu akzeptieren sei. Diese Forderung geht ganz offensichtlich an dem logischen Grundsatz der Widerspruchsfreiheit vorbei, nachdem A und Nicht-A nicht identisch sein können. Mehr noch: Der Anspruch, jede Überzeugung sei als Wahrheit zu akzeptieren, ist selber eine Wahrheitsbehauptung, die absolut gelten soll, weil *sein* Gegenteil („es sind nicht alle Überzeugungen gleichermaßen wahr") nicht gelten darf. Akzeptanz zu verweigern heißt für die Verfechter dieser These, zu diskriminieren.

Auch die Kategorie der Akzeptanz bleibt im Antidiskriminierungsdiskurs weithin unaufgeklärt. Schauen wir einmal im *Aktionsplan Für Akzeptanz und gleiche Rechte*[25], welche Diskriminierungserfahrungen Schüler in Baden-Württemberg melden können: Erklärtes Ziel ist der Abbau von Diskriminierung aufgrund der sexuellen Identität und die Akzeptanz von schwulen, bisexuellen etc. Menschen im Sinne des Gedankens der „Vielfalt und Weltoffenheit".[26]

Da der Aktionsplan die verwendeten Begriffe nicht systematisch einführt, muss sich der Leser selbst die Logik der Kategorien rekonstruieren, die hinter ihrer Verwendung steht. Dabei wird deutlich, dass der Leitbegriff des Aktionsplans die „Gleichstellung" (oder auch Gleichbehandlung) von LSBTTIQ[27]-Menschen auf der Grundlage eines „wertschätzenden Umgangs mit Verschiedenheit" ist. Was genau steht nun der so verstandenen Gleichstellung entgegen? Folgende Stichwörter lassen sich im Text finden:

- „gelegentliche[s] Getuschel" (S. 32)
- abwertende Äußerungen (S. 26)
- „negative Reaktionen in der Öffentlichkeit" (S. 29)
- eine nicht „gendersensible Schreibweise" (S. 6)
- „Ausgrenzungen, Bedrohungen und Gewaltanwendungen" (S. 26 und 32)
- homophobe Hassreden (S. 10)
- der Ausschluss von Partnern des gleichen Geschlechts von der Ehe (S. 6)

---

[25] Ministerium für Arbeit und Sozialordnung, Familie, Frauen und Senioren (Hg.), *Aktionsplan Für Akzeptanz und gleiche Rechte Baden-Württemberg.*
[26] Ebd., S. 2.
[27] Lesben, Schwule, Bisexuelle, Transsexuelle, Transgender, Intersexuelle, Queer; vgl. 3.1 und Kap. 4.

- das Fehlen der Möglichkeit, den amtlichen Geschlechtseintrag durch ein rasches, auf Selbstbestimmung beruhendes Verfahren ändern zu dürfen (S. 10)

Akzeptanz von Vielfalt heißt dem Aktionsplan zufolge, sich um die Überwindung aller hier aufgeführten Barrieren auf dem Weg zu einer sexuellen Vielfalt akzeptierenden Gesellschaft zu bemühen und diesen Weg vollumfänglich zu bejahen.

Den Aktionsplan gibt es nur als Ganzes. Wer ihn ablehnt, weil ihm z.B. nicht einleuchtet, worin die Benachteiligung liegen soll, wenn zwei Partnern das konstitutive Merkmal der Ehe fehlt (nämlich verschiedenen Geschlechts zu sein), ist automatisch „homophob", weil er sich der Gleichbehandlung der Lebensformen widersetze und Menschen herabwürdige. Wer es umgekehrt richtig findet, gegen „Ausgrenzungen, Bedrohungen und Gewaltanwendungen" unter Schülern vorzugehen, wird wiederum für das komplette Programm vereinnahmt.

Das Problem ist hier die unscharfe Verwendung der Gleichheitsidee. Dabei handelt es sich nicht nur um ein theoretisches Problem, denn diese diffuse, aber erkennbar instrumentalisierende Verwendung des Diskriminierungsvorwurfs ist für die Gesellschaft zutiefst schädlich, zumal bei der inflationären Verwendung des Begriffs allein auf das subjektive Gefühl des Betroffenen abgehoben wird und sich keine für Dritte überprüfbaren Kriterien mehr angeben lassen (vgl. 3.2). „Wenn sich jeder als Opfer stilisieren kann, der sich so fühlt, dann gibt es bei fortschreitender Sensibilisierung für Kränkungen aller Art schlussendlich nur noch Opfer, aber keine Täter mehr. Der Gestus des wehrlosen Opfers suggeriert, auf der Seite des Guten zu stehen und ohnmächtig dem Bösen ausgeliefert zu sein, sodass der Staat als Beschützer der Betroffenen um Hilfe angerufen wird. „Je beleidigter und empörter eine Gruppe ist, desto sicherer sind ihr die Aufmerksamkeit der Öffentlichkeit und die Schutzangebote des Staates."[28] Unter dem Vorzeichen unbedingter Gleichheit entsteht so eine neue Hierarchie von Opfern, die sich mehr oder eben weniger medienwirksam mit ihren Forderungen in Szene setzen können.

Für den Einzelnen wie für die Gesellschaft hat dies weitreichende Folgen. Für einzelne Menschen kann dies bedeuten, dass ihre überprüfbare Benachteiligung im großen Meer der subjektiven Diskriminierungserfahrungen verschwimmt und sie einfach deshalb nicht zu ihrem Recht kommen, weil es ihnen nicht gelingt, genügend öffentliche Aufmerksamkeit zu

---

[28] J. Fleischhauer, „Die Erfindung des Opfers", S. 17.

gewinnen. Für andere Menschen bedeutet es, sich überraschend dem Vorwurf der Diskriminierung ausgesetzt zu sehen, denn nach der Definition der *Antidiskriminierungsstelle des Bundes* setzt eine Benachteiligung keine *Absicht* beim Täter voraus (entscheidend ist ja allein, dass der Betroffene sich schlechter behandelt *fühlt* als andere).

In der Gesellschaft insgesamt schwächt es die Bindekräfte, wenn Menschen, ermutigt von Antidiskriminierungs-Akteuren, sich vor allem über ihr Anderssein definieren und hervorheben, was sie von anderen unterscheidet, anstatt „sich auf Verbindendes zu besinnen und den Ausgleich unterschiedlicher Interessen über den Weg der Verhandlung und Benennung gemeinsamer Anliegen zu suchen".[29]

Menschenrechte, Nichtdiskriminierung, Toleranz/Akzeptanz – diese weithin positiv besetzten Programmbegriffe sollen helfen, der Agenda der Dekonstruktion von Geschlecht zum Durchbruch zu verhelfen. Um der Klarheit in der Sache willen ist es wichtig, diesen Ansatz vom Gender-Mainstreaming der ersten Stufe (Kap. 2, Gleichstellung von Mann und Frau) zu unterscheiden. Denn faktisch handelt es sich hierbei um eine *Radikalisierung* von Gender-Mainstreaming.[30] Trotzdem wird das Ziel der Dekonstruktion der Zweigeschlechtlichkeit von Kritikern regelmäßig mit dem Programm von GM identifiziert. Obwohl dies sachlich nicht ganz korrekt ist, lassen sich dafür Gründe erkennen:

Zum einen bemühen sich die Verfechter der radikalen Gender-Agenda, den durch Gesetze und Verordnungen auf allen Ebenen bereits implementierten Ansatz von GM für sich einzunehmen, indem sie behaupten, dass ihre Forderungen durch das abgedeckt seien, was GM von Anfang an beabsichtigt habe. Das aber ist dem Wortlaut der Grundtexte nach falsch. So unscharf die Geschlechterbegrifflichkeit an manchen Stellen der betreffenden Texte auch sein mag, sowohl die „Pekinger Erklärung" (vgl. 2.1) als auch der Basistext des Europäischen Rates setzen zwei biologische Geschlechter voraus (Mann und Frau),[31] auch wenn ihr Ziel darin besteht, ein stereotypes Verständnis von Geschlechterrollen aufzubrechen.

---

[29] Ebd.
[30] In diesem Punkt teile ich die von Uwe Sielert vertretene Meinung: „Von allen Teilaspekten der sexuellen Identität hat die Flexibilisierung der Geschlechtsrollen bisher die größte und breiteste Akzeptanz gefunden. [...] Die zweite Stufe der dekonstruktivistisch begründeten Arbeit gegen den Zwang, sich überhaupt als Junge oder Mädchen, Mann oder Frau definieren zu müssen und damit klare Inklusionen und Exklusionen vorzunehmen, wird überzeugend nur von einer kleineren Gruppe unter das Gender-Mainstreaming-Programm subsumiert" („Gender Mainstreaming im Kontext einer Sexualpädagogik der Vielfalt", S. 24).
[31] Diese Einschätzung wird – kritisch – gerade auch von Gender-Dekonstruktivisten wie N. Degele geteilt; vgl. ihr Buch *Gender/Queer Studies*, S. 155.

Heute wird GM, vor allem auf der Ebene des Europäischen Parlaments, für alle Forderungen in Anspruch genommen, die irgendetwas mit Geschlecht zu tun haben: völlige Freigabe der Abtreibung, frühkindliche Sexualerziehung, Antidiskriminierungsgesetze etc. Dass bei den entsprechenden Resolutionen regelmäßig die Kompetenzen der EU überschritten werden, weil diese Regelungsbereiche in die Zuständigkeit der Mitgliedsstaaten fallen, lässt die Antragsteller und (meisten) Abgeordneten ungerührt. Zwar entfalten diese Resolutionen keine unmittelbare Bindungswirkung, doch sollten ihre Auswirkungen auf die Lebensgestaltung der Bürger nicht unterschätzt werden.

Ein zweiter Grund, warum GM und die radikale Gender-Agenda häufig miteinander identifiziert werden, liegt darin, dass Aktivisten, die eine radikal-konstruktivistische Geschlechtertheorie oder emanzipatorische Sexualpädagogik verfechten, in der politischen Auseinandersetzung auch solchen Gleichstellungsforderungen keine Steine in den Weg legen, die die Zweigeschlechtlichkeit nicht grundsätzlich infrage stellen, sondern sich damit begnügen, wenn als stereotyp geltende Geschlechterrollen hinterfragt werden. Erst dadurch wird überhaupt der Eindruck einer gemeinsamen Gender-Agenda möglich, doch sollten die Stufen der politischen Umsetzung unterschieden werden.

Wir haben damit gesehen, dass GM in seiner radikalisierten Variante die Angleichung von Geschlechterrollen im Sinne der Gleichstellung von Frauen und Männern nicht genügt. Auf der zweiten Stufe wird GM nun geschlechtertheoretisch konkreter und zeigt sein konstruktivistisches Gesicht. Die heteronormative Zweigeschlechtlichkeit wird zugunsten der Behauptung einer Vielfalt von geschlechtlichen Identitäten bestritten. Allerdings geht es nicht um eine theoretische Debatte, sondern um die lebensweltlich greifbare Durchsetzung absoluter Gleichbehandlung. Für die Gleichbehandlung werden positiv besetzte Programmbegriffe wie Menschenrechte, Anti-Diskriminierung sowie Toleranz und Akzeptanz in Anspruch genommen und einer weitreichenden Umformung unterzogen. Damit stellt sich die Frage: Wie tragfähig ist die Behauptung sexueller Vielfalt im Zeichen des Regenbogens? Und sind die Anliegen und Probleme der unter dem Kürzel LSBTTIQ zusammengefassten Menschen tatsächlich so homogen wie Gender-Advokaten suggerieren? Um diese Fragen soll es im nächsten Kapitel gehen.

Kapitel 4: Ende der Heteronormativität?
Die Vergleichgültigung aller Geschlechtsidentitäten

Wie wir gesehen haben, wendet sich der radikale Gender-Konstruktivismus gegen die Einteilung der Geschlechter in Männer und Frauen und gegen ihre sexuelle Zuordnung aufeinander. Damit will er die vorherrschende „Heteronormativität" der Gesellschaft aufbrechen. Heteronormativität meint dabei „ein binäres, zweigeschlechtlich und heterosexuell organisiertes und organisierendes Wahrnehmungs-, Handlungs- und Denkschema", das den Eindruck erzeugt, dass es sich bei der heterosexuellen Zweigeschlechtlichkeit um etwas Natürliches handele und von daher das „Normale" sei.[1] Diese „sozial konstruierte Illusion" soll nachhaltig dekonstruiert und schließlich möglichst überwunden werden. Das geschieht, indem die „Dominanzkultur" in ihren „unreflektierten" Gewissheiten erschüttert wird und der Vielfalt geschlechtlicher Identitäten und sexueller Orientierungen als neuer Selbstverständlichkeit und Normalität zu allgemeiner Akzeptanz verholfen wird.

In diesem Kapitel werfen wir einen Blick auf einige Ausdrucksformen dieser sexuellen Vielfalt: Homosexualität, Intersexualität, Transsexualität.

4.1 Sexuelle Vielfalt I: Homosexualität

Die Homosexualität wird in dem Kürzel „LSBTTIQ" mit den Buchstaben „L" **(Lesben)** und „S" **(Schwule)** erfasst. Schon immer hat es Menschen gegeben, die sich nicht im binären heterosexuellen Geschlechtercode wiederfinden konnten. Einzelne Menschen wie auch ganze Gesellschaften sind damit unterschiedlich umgegangen. Dabei ragt die männliche Homosexualität insofern heraus, als homosexuelle Handlungen unter Männern bis in die 1970er-Jahre hinein strafbar waren und auch bestraft wurden. Die „sexuelle Revolution" entfaltete ihre Wirkung in einem gesellschaftlichen Klima, das insgesamt von wachsender Toleranz gegenüber „alternativen" Lebensentwürfen geprägt war – und damit auch gegenüber homosexuell lebenden Menschen.

---

[1] N. Degele, *Gender/Queer Studies*, S. 89.

Als homosexuell empfindender und lebender Mensch sein Leben selbstbestimmt zu gestalten ist heute in den westlichen Staaten einfacher als je zuvor in der Geschichte. Dennoch messen Umfragen regelmäßig eine latente, zum Teil sogar wachsende „Homophobie". Dies liegt daran, dass nicht nur verbale und körperliche Angriffe auf Homosexuelle gemessen werden, sondern als entscheidender Indikator gilt, ob Homosexualität für etwas „Normales" gehalten wird. 46 Prozent der Befragten stimmten 2008 der Aussage zu: „Wenn zwei Homosexuelle sich in aller Öffentlichkeit küssen, fühle ich mich provoziert", und machten sich bereits damit einer Form „gruppenbezogener Menschenfeindlichkeit" schuldig.[2]

Innerhalb weniger Jahrzehnte hat sich der Kurs um 180 Grad gedreht. Nun werden nicht mehr die Homosexuellen kriminalisiert, sondern die Kritiker, und zwar unabhängig davon, ob die kritische Haltung in Gewalthandlungen oder überhaupt in Handlungen Ausdruck findet. Kritik an der Gleichbehandlung als solche (an den „gay rights") gilt als diskriminierend und wird der neu geschaffenen Kategorie der „Hasskriminalität" zugerechnet, gegen die nach dem Willen des Europäischen Parlaments mit den Mitteln des Strafrechts vorgegangen werden soll.[3]

Die Umsetzung erfolgt in den europäischen Staaten nicht einheitlich. Doch mehren sich Beispiele für die Tendenz, den freien Austausch von Überzeugungen in öffentlichen Diskursen, ja selbst an Universitäten, die ihrer Aufgabe nach Horte der Geistesfreiheit sein sollten, zu behindern.[4] Interessant zu sehen ist, warum z.B. Großbritannien eine sehr hohe Zahl an Hassverbrechen (gegen Fremde, sexuelle Minderheiten etc.) verzeichnet: Wer ein Hassverbrechen anzeigen will, ruft die Internetseite der Polizei auf und trägt den Vorfall in ein Formular ein. Dabei kann bereits Unfreundlichkeit zur Anzeige gebracht werden und es zählt allein die Wahrnehmung des Opfers. Der Journalist Jochen Buchsteiner schreibt:

> Die Anzeige darf anonym verschickt werden, Belege sind nicht erforderlich. Es macht „klick", und die Statistik ist um einen Fall reicher. So wird aus einer eigentlich ganz vernünftigen Nation ein Volk von Hassverbrechern.[5]

---

[2] Vgl. Schule der Vielfalt (Hg.), *Homophobie*.
[3] So die Forderung im *Bericht über den EU-Fahrplan zur Bekämpfung von Homophobie und Diskriminierung aus Gründen der sexuellen Orientierung und der Geschlechtsidentität*.
[4] Vgl. G. Thomas, „Es wird eng mit der Denkfreiheit auf dem Campus"; J. Zenthöfer, „Der enttäuschte Autor lässt seinen Anwalt schreiben".
[5] J. Buchsteiner, „Hassverbrechen auf englische Art".

Doch bereits der Ausdruck „Homophobie" ist unscharf gewählt. Denn bei „Phobien" handelt es sich im medizinischen Sprachgebrauch um krankhafte Angststörungen, an denen ein Mensch leidet. Tatsächlich wird von einigen Autoren inzwischen ein Zusammenhang zwischen einer Abneigung gegenüber Schwulen und psychischen Störungen hergestellt.[6] Dabei erweist sich die so erreichte (allerdings auch sehr umstrittene) Pathologisierung von Kritikern freilich als zweischneidiges Schwert, denn kranke Menschen verdienen Rücksichtnahme und sind möglicherweise für ihr Handeln nicht verantwortlich, da die Ursache in ihrer psychischen Erkrankung liegt. Dann aber liefe auch der Versuch, Menschen zu größerer Toleranz und Akzeptanz zu erziehen, ins Leere, denn psychisch Kranken ist mit guten Argumenten nicht beizukommen.

Weitgehend akzeptiert ist inzwischen in den westlichen Staaten die Sicht, wonach Homosexualität keine Krankheit sei, sondern eine (wenn auch statistisch selten vorkommende) sexuelle Orientierung. Umstritten ist demgegenüber, ob die sexuelle Neigung hin zum gleichen Geschlecht angeboren ist oder nicht. Radikale Konstruktivisten wie Judith Butler lehnen die These von der „konstitutionellen" (also angeborenen) Homosexualität entschieden ab, weil sie die sozialen Konstruktionsfaktoren der Geschlechtsidentität verschleiere. Die Behauptung, eine Anziehung zum gleichen Geschlecht sei angeboren, erweckt für radikale Gender-Konstruktivisten wieder den Eindruck, hier solle Geschlecht naturalisiert werden.

Ein Problem bleibt die Homosexualität für die These von der sexuellen Vielfalt aber auch, wenn sie nicht angeboren ist. Die Rede von der Homosexualität ist eigentlich nur auf dem Hintergrund der Heterosexualität verständlich, von der sie abweicht. Stabilisiert jemand, der vom schwulen Mann spricht, der einen Mann liebt, oder der lesbischen Frau, die eine Frau liebt, nicht damit auch das Schema der Zweigeschlechtlichkeit? Und andererseits: Wie viele Geschlechtsidentitäten darf es geben, um noch eine andere Person des *gleichen* Geschlechts identifizieren zu können?

Anderen Autoren dient die These der angeborenen Homosexualität dazu, ihren Widerstand gegen eine „Umpolung" homosexuellen Empfinden zu artikulieren. Was angeboren ist, bleibe unveränderbar. Interessant: Biologie ist doch Schicksal. In den Aufklärungsmaterialien, die LSBTTIQ-Gruppen in den Schulen einsetzen, wird dieser auch innerhalb der „Community" heikle Punkt der Ursachen meist offen oder unscharf formuliert,

---

[6] A. Kröning, „Lesben- und Schwulenhasser sind oft psychisch krank".

um eine Festlegung zu vermeiden.[7] In der Tat dürfte es angemessen sein, die Ursache für ein so komplexes Phänomen wie die sexuelle Neigung im Ineinandergreifen von biologischen und sozialen Faktoren zu sehen und seine Beurteilung der Homosexualität nicht von einer speziellen Verursachungstheorie abhängig zu machen. Sicheres Wissen ist hier bislang nicht zu gewinnen.

LSBTTIQ-Aktivisten konzentrieren sich folglich auch nicht in erster Linie darauf, eine bestimmte Theorie hinsichtlich der Ursachen von Homosexualität zu verfechten. Ihr primäres Anliegen ist es, die Bevölkerung von der grundsätzlichen Gleichheit hetero- und homosexueller Liebe zu überzeugen und aus dieser Gleichheit die Forderung nach der Öffnung der „Ehe für alle" (übrigens eine sehr missverständliche Formel) und das volle Adoptionsrecht für gleichgeschlechtliche Paare abzuleiten.

Die seit den späten 1980er-Jahren lauter vernehmbar werdende Gleichheitsbehauptung ist relativ jung und kann als Anzeichen dafür verstanden werden, dass Teile einer sich ursprünglich als alternativer Protest verstehenden Bewegung die Annäherung an bürgerliche, etablierte Milieus zu suchen begannen. Ob die Öffnung der lange Zeit mit Verachtung belegten Institution Ehe für gleichgeschlechtliche Paare wirklich als Fortschritt zu beurteilen sei, ist vor diesem Hintergrund nicht nur gesamtgesellschaftlich, sondern gerade auch innerhalb der schwul-lesbischen Community umstritten. Über Jahrzehnte hinweg wurde schließlich, nicht zuletzt von schwulen und lesbischen Forschern selbst, der Nachweis zu führen versucht, dass gleichgeschlechtliche Partnerschaften etwas anders seien als heterosexuelle Paare, allein schon deshalb, weil in der Homosexualität von Natur aus Sex und Fortpflanzung voneinander entkoppelt sind und das „patriarchale" Element ausfällt. Nach Udo Rauchfleisch, der sich als Befürworter der Schwulenbewegung bezeichnet, besteht ein wesentlicher Unterschied zur heterosexuellen Beziehung darin, dass viele homosexuell lebende Männer neben ihrer festen Partnerbeziehung gleichzeitig sexuelle Nebenbeziehungen „flüchtiger, unverbindlicher Art" haben.[8]

---

[7] Vgl. R. Bak/S. Trinius/C. Walther, *Coming-out im Klassenzimmer*, S. 7, wo es heißt: „Warum Menschen homosexuell werden, weiß man bis heute nicht. Wahrscheinlich spielen mehrere biologische, kulturelle und soziale Faktoren eine Rolle und wirken miteinander". Sehr ähnlich: Bildungs- und Sozialwerk des Lesben- und Schwulenverbandes Berlin-Brandenburg (Hg.), *90 Minuten für sexuelle Vielfalt*, S. 5.1. Zur theoretischen Begründung dieser Tendenz vgl. E. Stein, *The Mismeasure of Desire*.

[8] U. Rauchfleisch, *Die stille und die schrille Szene*, S. 57.

Während einige Autoren argumentieren, dass dies der sozialen Stigmatisierung und Diskriminierung Homosexueller geschuldet sei, denen die Möglichkeit der Eheschließung vorenthalten wird, erklärte der Grünen-Politiker Volker Beck (maßgeblicher Mit-Initiator der Einführung der Eingetragenen Lebenspartnerschaft in bundesdeutsches Recht) bereits 1991, dass eine „positive rechtliche Regelung homosexueller Lebensgemeinschaften" dem Wunsch „nach einer gesellschaftlichen Einbindung auf der politischen Ebene entgegen[käme], ohne dass dem Gesetzgeber dafür eine Verhaltensänderung im Sinne abnehmender Promiskuität angeboten werden könnte".[9] Innerhalb des Gender-Diskurses und der homosexuellen Community ist daher auch hochumstritten, ob die „Verbürgerlichung" homosexueller Beziehungen durch Eheschließung nicht eher ein Rückschritt sei als ein Schritt nach vorne.[10] Ungeachtet dieser widersprüchlichen Einschätzungen wird die Öffnung der Ehe für gleichgeschlechtliche Paare mit dem Argument gefordert, dass es wesensmäßig *keine* Unterschiede zur bestehenden Ehe gebe: Zwei Menschen lieben einander.[11]

Die Verklärung der lange Zeit als überlebt und patriarchal stigmatisierten Lebensform Ehe kommt überraschend zu neuen Ehren, wenn auch in der modifizierten Begründung, dass Ehe und Familie (also das Vorhandensein von Kindern) nicht aufeinander hin geordnet seien. Das wird gerne mit dem Hinweis auf kinderlos bleibende Ehen untermauert. Doch der wesentliche Unterschied ist nicht zu übersehen: Während Ehen zwischen Mann und Frau eine *statistische* Wahrscheinlichkeit haben, (aus unterschiedlichen Gründen) kinderlos zu bleiben, ist es bei zwei homosexuellen Partnern *prinzipiell* ausgeschlossen, miteinander (leibliche) Kinder zu haben. Die Behauptung, hetero- und homosexuelle Partnerschaften seien der Sache nach gleich, löst das Eheverständnis vollständig vom generativen Aspekt ab, also der Offenheit für Kinder – und damit im Prinzip auch von den Wurzeln der Partner. Denn auch *ihr* Dasein verweist auf die natürlichen Anfangsbedingungen des Lebens zurück.

Die ebenfalls erhobene Forderung nach voller Gleichstellung im Adoptionsrecht wäre eine weitere *Gleichbehandlung von Ungleichem,* denn das Kind eines gleichgeschlechtlichen Paares findet in seinen sozialen Eltern

---

[9] V. Beck, „Legalisierung schwuler und lesbischer Lebensgemeinschaften", S. 457.
[10] Nach N. Degele schafft es die „Homo-Ehe" vielleicht, „den Bereich des `Normalen´ und Anerkannten auszudehnen, jedoch geschieht dies zulasten all derjenigen, die weder traditionelle, zweigeschlechtliche Identitätsangebote annehmen wollen noch ihre Liebe als eine dauerhaft angelegte, ausschließliche Zweierbeziehung gründen lassen wollen", *Gender/Queer Studies,* S. 54.
[11] www.ehefueralle.de.

niemals die Zweigeschlechtlichkeit repräsentiert, die seiner Existenz zugrunde liegt, während das heterosexuelle Elternpaar (auch als Adoptiv- oder Stiefeltern) diese Zweigeschlechtlichkeit abbildet.

Auch hier findet sich ein Widerspruch in der Begründung: Einerseits wird behauptet, dass die für Kinder so wichtigen verlässlichen Bezugspersonen genauso gut zwei Frauen oder zwei Männer sein könnten, während auf der anderen Seite die Gleichverteilung von Familien- und Erwerbsarbeit zwischen Frauen und Männern oft damit begründet wird, dass Kinder für eine gesunde Entwicklung den Umgang mit Mutter *und* Vater bräuchten.

Weil dies nachweislich zutrifft (vgl. 8.3), ist im Interesse der Kinder daran zu erinnern, dass es kein Recht auf ein eigenes Kind gibt. Einem solchen behaupteten Recht fehlt außerdem der Adressat, den dieses Recht verpflichten könnte. Denn kein Mensch, auch kein Arzt und keine Leihmutter, kann Wunscheltern ein Kind garantieren. Andreas Lombard hat von daher recht, wenn er schreibt:

> Es ist jedem erlaubt, sich mit aller Kraft Kinder zu wünschen. Es ist aber ein Unterschied, ob ich mich bei einer Vermittlungsstelle um ein Adoptivkind bewerbe oder ob ich versuche, aus der schmerzvollen Kinderlosigkeit meines homosexuellen Lebens mit Buchungstricks und viel Getöse einen Zugzwang der „homophoben" Gesellschaft hervorzuzaubern.[12]

Weil die Debatte um das volle Adoptionsrecht sich vor allem um das Kindeswohl dreht, sind die diesbezüglichen Studien ein Schlachtfeld. Jede der beiden Seiten führt Untersuchungen an, die zeigen sollen, dass Kinder, die in gleichgeschlechtlichen Partnerschaften aufwachsen, entweder schlechtere oder sogar günstigere Bedingungen vorfinden.

Auffallend sind die methodischen Schwächen, die viele der von Befürwortern zitierten Studien aufweisen. So wurden für eine von der Bundesregierung in Auftrag gegebene Studie,[13] die zu einem überwiegend positiven Urteil über gleichgeschlechtliche Elternschaft kommt, neben 1059 Erwachsenen lediglich 95 „von den Eltern ausgewählte" Kinder befragt, die zudem im Durchschnitt die ersten fünf Lebensjahre bei ihren beiden leiblichen Eltern verbracht hatten, zu 66 Prozent immer noch Umgang mit dem leiblichen Vater hatten und nur zu 2 Prozent von der Lebenspartnerin der biologischen Mutter adoptiert worden waren. Verlässliche Rückschlüsse auf das Wohl von Kindern, die von Geburt an bei

---

[12] A. Lombard, *Homosexualität gibt es nicht*, S. 194.
[13] M. Rupp (Hg.), *Die Lebenssituation von Kindern in gleichgeschlechtlichen Lebensgemeinschaften.*

einem gleichgeschlechtlichen Paar aufwachsen, lassen sich daraus nicht ziehen.[14] Die Studie vermag daher nicht zu leisten, was die Auftraggeber sich von ihr erhofften, nämlich mit wissenschaftlichen Befunden dem vollen Adoptionsrecht für gleichgeschlechtliche Paare den Weg zu ebnen.

In seiner Vergleichsuntersuchung[15] von mehreren Studien kommt Douglas Abbott zu dem Ergebnis, dass in vielen Studien zu lesbischen Elternpaaren das Bild positiv verzerrt sei:

> Die Stichproben sind meist sehr klein und es handelt sich um keine Zufallsauswahl. Die meisten homosexuellen Paare stammen aus einem städtisch geprägten Mittelschichtsniveau und auch die hohe Instabilität der Beziehungen wird fast immer ausgeblendet.[16]

Sowohl das Fehlen der Vergleichsgruppen als auch die Tatsache, dass die (positive) Beurteilung des Kindeswohls vor allem auf Aussagen von Eltern beruht, tragen dazu bei, dass der „grundlegende Mangel an repräsentativer Aussagekraft" für fast alle zu einem positiven Ergebnis kommenden Studien gilt.[17]

Verlässliche Ergebnisse sind am ehesten von Langzeitstudien zu erwarten, die auf einer repräsentativen Auswahl beruhen und Alleinerziehende, heterosexuelle und gleichgeschlechtliche Paare miteinander vergleichen. Eine Auswertung vier solcher Langzeitstudien führt zu dem Ergebnis, dass Kinder, „die in einem Haushalt gemeinsam mit ihren beiden biologischen Eltern aufwachsen", die im Vergleich mit allen anderen Lebensformen besten Entwicklungsverläufe aufweisen.[18]

Im Interesse des Kindeswohls sollte der Staat also Bedingungen fördern, in denen die leiblichen Eltern gemeinsam das Kind aufziehen. Die

---

[14] Vgl. C. R. Vonholdt, „Das Kindeswohl nicht im Blick"; vgl. weiter H. Hopf, *Die Psychoanalyse des Jungen,* S. 233f.

[15] D. A. Abbott, „Do Lesbian Couples Make Better Parents than Heterosexual Couples?".

[16] Die deutsche Zusammenfassung zitiert nach R. Peuckert, *Das Leben der Geschlechter,* S. 194. Peuckert selbst stützt sein abschließendes Urteil, wonach gleichgeschlechtliche Eltern genauso gut geeignet seien, ein Kind großzuziehen, auf diese Studie: R. H. Farr/C. J. Patterson, „Coparenting Among Lesbians, Gay, and Heterosexual Couples". Positiv an dieser Studie ist der Vergleichsaspekt, problematisch bleibt, dass die Kinder unabhängig von ihrem Alter nicht in die Befragung einbezogen wurden, schon gar nicht in einer Langzeitperspektive.

[17] J. Rasmussen, „Gleichgeschlechtliche Elternschaft auf dem Prüfstand", S. 32.

[18] S. McLanahan/G. Sandefur, *Growing Up with a Single Parent,* S. 1 (Übersetzung C. R.). Das methodische Vorgehen ist auf S. 4ff. erläutert. Der Studie zufolge gilt dies unabhängig davon, ob die Eltern zum Zeitpunkt der Geburt des Kindes miteinander verheiratet waren.

Öffnung der Ehe für gleichgeschlechtliche Paare bewirkt das Gegenteil. Sie eröffnet über kurz oder lang auch gleichgeschlechtlichen Paaren die legale Inanspruchnahme von Methoden der Reproduktionsmedizin (Samenspender, Eizellspenderin oder Leihmutter) und schafft so eine Gruppe von Kindern, über die vorab verfügt wird, dass sie nicht bei ihren leiblichen Eltern aufwachsen dürfen. Dass dies die Kinder für ihr Leben prägt, belegt eine wachsende Zahl an Untersuchungen, in denen v.a. die betroffenen Kinder selbst befragt werden.[19]

Die damit unvermeidlich verbundene Trennung von sozialer und biologischer Elternschaft ist Folge einer Logik der Machbarkeit, wonach der *Wunsch* eines Paares nach einem Kind genügt, um Anspruch auf die künstliche Herstellung eines Kindes zu erheben. Ging es in der Praxis der Adoption ursprünglich darum, Eltern für *Kinder* zu finden, so dreht sich die Perspektive jetzt um. Gesucht werden Kinder für *Eltern,* die natürlicherweise niemals miteinander Kinder bekommen können. Der Publizist Andreas Lombard schließt: „Vater zu werden, ohne dass es eine Mutter gibt, und Mutter zu werden, ohne dass es einen Vater gibt, heißt, Unvereinbares um jeden Preis zu vereinbaren".[20]

4.2 Sexuelle Vielfalt II: Intersexualität

Die Intersexualität wird in dem Kürzel „LSBTTIQ" mit dem Buchstaben „I" erfasst. Intersexuelle sind Menschen mit einer Geschlechtsentwicklung, die auf der Ebene der Chromosomen, der Keimdrüsen oder der Geschlechtsanatomie uneindeutig ist. Die Ursache ist in genetischen Anomalien oder in Störungen der hormonellen Entwicklung zu sehen.

Die früher so bezeichneten „Hermaphroditen" galten lange Zeit in vielen Kulturen als „Launen der Natur", bevor ihnen gegen Ende des 19. Jahrhunderts eine erhöhte Aufmerksamkeit seitens der Medizin zuteilwurde. Der Begriff der „Intersexualität" entstand erst zu Beginn des 20. Jahrhunderts und bezieht sich auf eine Vielzahl von Erscheinungsformen, die medizinisch als Störung der Geschlechtsentwicklung verstanden werden und zuweilen mit einem Krankheitsbefund (höhere Neigung zur Tumorbildung) und Unfruchtbarkeit einhergehen. In der Folge kam es zu einer um sich greifenden Medikalisierung von intersexuellen Menschen" und in der

---

[19] Vgl. R. O. Lopez/B. Klein (Hg.), *Jephthah's Children.*
[20] A. Lombard, *Homosexualität gibt es nicht,* S. 180.

Regel wurden in den ersten Lebensjahren geschlechtsvereindeutigende Operationen vorgenommen.

Die Praxis dieser früh nach der Geburt vorgenommenen chirurgischen Eingriffe ist geschichtlich mit dem Namen des amerikanischen Psychologen John Money (1921–2006) verbunden. Money war davon überzeugt, „dass die Geschlechtsidentität eines Menschen hauptsächlich sozial geprägt wird und man daher die Geschlechtlichkeit eines Kindes zumindest bis zum dritten Lebensjahr formen kann, ohne ihm Schaden zuzufügen",[21] weil sich die Geschlechtsidentität erst später ausbilden würde. Money ging also davon aus, dass für die Entwicklung der Geschlechtsidentität soziale Faktoren wichtiger als biologische seien. Seine Überzeugung, dass sich das soziale Geschlecht ohne Berücksichtigung des natürlichen Geschlechts ausbilden könne, rückt ihn in die Nähe konstruktivistischer Gendertheorien. Doch in der genderkritischen Literatur wird oft nicht beachtet, dass die Schlussfolgerungen, die er daraus zog, nicht dem radikalen Gender-Konstruktivismus entsprechen.

Bekannt (heute würden wir eher sagen: berüchtigt) wurde John Money durch den Fall des kanadischen Jungen Bruce Reimer (1965–2004). Zur Behandlung seiner Vorhautverengung wurde der Junge sieben Monate nach seiner Geburt einer Beschneidung unterzogen, wobei der behandelnde Arzt den Penis des Jungen mit einem elektrischen Gerät so stark verbrannte, dass das Glied irreparabel beschädigt wurde und schließlich abfiel. Als die Eltern in einer Fernsehsendung den in Baltimore praktizierenden Money erzählen hörten, dass er aus Männern operativ Frauen machen könne, schöpften sie Hoffnung und setzten sich mit ihm in Verbindung. Dabei dürften sie kaum geahnt haben, dass sie ihren Sohn für ein Experiment zur Verfügung stellten, mit dem Money beweisen wollte, dass ein eindeutig als männlich geborener Mensch in der gefestigten Geschlechtsidentität eines Mädchens aufwachsen könne. Bruces eineiiger Zwillingsbruder Brian sollte die „Kontrollgruppe" bilden.

Die Geschichte um Bruce Reimer, der nach seiner „Geschlechtsumwandlung" als Brenda aufwuchs, ist vielfach erzählt worden.[22] Das Kind, das weder früher noch später über diesen Eingriff hätte informiert werden sollen, konnte sich in die ihm zugewiesene weibliche Geschlechtsidentität nicht einfinden. Als es mit 15 von seiner Vorgeschichte erfuhr, wollte es als Junge leben und nannte sich fortan „David". Nach einem Leben, das

---

[21] M. Wunder, „Intersexualität, Leben zwischen den Geschlechtern", S. 36.
[22] Für eine umfassende Einordnung des Falles und seiner Rezeption vgl. M. Lenz, *Anlage-Umwelt-Diskurs*, S. 263–296.

Reimer selbst als eine „unendliche Qual" bezeichnete, schied er 2004 durch Suizid aus dem Leben.

Der Fall Reimer ist in unserem Zusammenhang in zweierlei Hinsicht bedeutsam. Zum einen sorgte Money für großes Aufsehen und befeuerte die geschlechtertheoretischen Debatten sowohl mit seiner äußerst umstrittenen Person als auch mit den von ihm verfochtenen Vorstellungen.[23] Moneys derbe und sexualisierte Sprache, seine Akzeptanz von Pädophilie und seine Weigerung, sich angesichts des „Experiments" Reimer in irgendeiner Form zu entschuldigen, machten ihn als Person leicht angreifbar.

Zum anderen sind Moneys Auffassungen vielen intersexuellen Menschen zum Schicksal geworden, obwohl die „Geschlechtsumwandlung" des Jungen mit Intersexualität nicht unmittelbar zu tun hatte, da Bruce Reimer sich biologisch klar dem männlichen Geschlecht zuweisen ließ. Moneys gewissermaßen pragmatischer Umgang mit (angeborenen) Geschlechtsambiguitäten wurde seinerzeit in der Medizin mit Interesse rezipiert. Tatsächlich setzte sich die Praxis auf beiden Seiten des Atlantiks rasch durch, einem Kind bei uneindeutigen Geschlechtsmerkmalen bald nach der Geburt operativ ein Geschlecht zuzuweisen.[24]

Dies führte immer wieder dazu, dass sie das ihnen zugewiesene Geschlecht nicht für sich annehmen konnten. Der nicht nur von Money praktizierte ärztliche Paternalismus, der bis ins späte 20. Jahrhundert gängig war, tat sein Übriges: Betroffene Eltern wurden weder ausreichend über den Charakter des medizinischen Eingriffs aufgeklärt noch in die Entscheidungsfindung einbezogen.

In der Diskussion wird heftig darum gestritten, ob es einen sachlichen Zusammenhang zwischen Moneys Überzeugungen und dem radikalen Gender-Konstruktivismus gibt – und wenn ja, worin dieser genau besteht. Der Journalist Volker Zastrow hat Money als Ideengeber radikaler Gendertheorien ausgemacht und die sich auf seine Sicht stützende „politische Geschlechtsumwandlung", also die Verabschiedung des biologischen zugunsten des sozialen Geschlechts, als eines der Projekte von Gender-

---

[23] Um eine differenzierte Sichtweise bemüht sich T. Goldie, *The Man Who Invented Gender*.
[24] Ein Umdenken setzte erst zu Beginn des 21. Jahrhunderts ein, maßgeblich auf Druck betroffener Familien bzw. Personen. Die *Chicago Consensus Conference* 2005 empfahl, chirurgische und hormonelle Eingriffe an Kindern mit uneindeutigem Geschlecht nur noch unter bestimmten Bedingungen vorzunehmen (wie vollständiger Aufklärung und bei bestimmten Diagnosen, vgl. I. A. Hughes u.a., „LWPES/ESPE Consensus Group").

Mainstreaming eingeordnet,[25,] während dieser Zuordnung vonseiten der Gender-Akteure vehement widersprochen wird.[26] Sind Gender-Konstruktivisten nun Seelenverwandte Moneys oder nicht?

In Deutschland bezog sich zunächst Alice Schwarzer auf Money, der für sie zu den wenigen Wissenschaftlern gehörte, „die nicht manipulieren, sondern dem aufklärenden Auftrag der Forschung gerecht werden"[27] – eine heute nicht mehr nachvollziehbare Fehleinschätzung. Money galt ihr als vorbildlicher Forscher, der die Wissenschaft nicht dazu missbraucht hätte, um die Herrschaft des Mannes über die Frau zu legitimieren. Nichts anderes nämlich sei die auch in der Psychologie üblich gewordene Unterscheidung zwischen dem „Wesen" von Männern und Frauen. Schwarzer, die den Fall Reimer ohne genauere Kenntnis der Umstände eher beiläufig erwähnt (und von ihm nahtlos zur Transsexualität übergeht), zog Moneys Behandlungsergebnisse als Beleg dafür heran, dass nicht biologische, sondern psychologische Faktoren für die Geschlechtsidentität ausschlaggebend seien.

Ihr Seitenblick auf Money machte sie aber nicht gleich zur einer Gender-Konstruktivistin. Im Sinne des erläuterten Gleichheitsfeminismus wollte sie zeigen, dass nicht der zwischen Männern und Frauen bestehende „kleine Unterschied" in ihrer biologischen Disposition die weitreichenden Folgen für die Geschlechterverhältnisse mit sich bringe, sondern das zwischen ihnen bestehende soziale Machtgefälle. In einem 2007, also nach Bruce Reimers Tod erschienenen Buch distanziert sich Schwarzer von Moneys Behandlungsmethoden, die sie nun ähnlich kritisch beurteilt wie auch Judith Butler. Butlers Interpretation des Falls wenden wir uns nun zu.[28]

Im Unterschied zu Schwarzer hat Judith Butler sich eingehend mit Moneys Theorie und Praxis auseinandergesetzt.[29] Ihren radikalen Konstruktivismus präsentiert sie als Lösungsweg angesichts der Probleme, die Money

---

[25] V. Zastrow, *Gender*. Vgl. auch V. Zastrow, „Der kleine Unterschied".
[26] Vgl. R. Frey, „Von Mythen und Vermischungen".
[27] A. Schwarzer, *Der kleine Unterschied und seine großen Folgen*, S. 192.
[28] A. Schwarzer, *Die Antwort*, S. 31–37. Die Verantwortung für Reimers Suizid sieht sie nicht in erster Linie bei Money, sondern bei dem „Enthüllungsjournalisten" Colapinto, der die Geschichte der „Geschlechtsumwandlung" groß herausbrachte. Ohne J. Butler zu erwähnen, referiert sie fast wörtlich deren Interpretation des Falls: „Es ist eher der Beweis für die gnadenlose Konstruktion dieser ganzen Geschlechtsnormen – und für die Absurdität einer Welt, in der ein Mensch ohne Penis eine Frau sein muss" (S. 35).
[29] J. Butler, *Undoing Gender*, S. 57–74.

sich mit seinem Ansatz eingehandelt habe:[30] Erstens stehe Money für die „Macht des Messers", also für die Anmaßung des Arztes, ein „Problem" chirurgisch lösen zu können. Butler plädiert demgegenüber dafür, intersexuelle Menschen ohne deren Einwilligung grundsätzlich keiner Operation zu unterziehen, sondern die spätere Entscheidung der betroffenen Person abzuwarten. Zweitens kritisiert sie, dass Money letztlich immer noch dem Schema der biologischen Zweigeschlechtlichkeit gefolgt sei. Auf operativem Wege habe er versucht, Geschlechtseindeutigkeit herstellen, also zwischengeschlechtliche Ambiguitäten (Mehrdeutigkeiten) einfach „wegschneiden" zu wollen. Butler zufolge liegt das tiefer liegende Problem genau darin, dass die Gesellschaft solche Ambiguitäten nicht zu akzeptieren bereit ist – wie auch Bruce Reimer selbst nicht.

Seinen kurz vor Erscheinen des Buches *Undoing Gender* bekannt gewordenen Suizid kommentiert Butler in einem Nachtrag, in dem sie ausführt, dass die herrschenden Normen es ihm nicht erlaubt hätten, ein lebenswertes Leben zu führen. Dies ist dann auch der Appell, auf den ihre Reflexionen zum Fall Reimer hinauslaufen: Überwindet die Norm der Zweigeschlechtlichkeit, die Menschen dazu treibt, sich oder andere grausamen Operationen zu unterziehen, die Eindeutigkeit herstellen sollen, und lasst jeden Menschen – unabhängig von Geschlechtschromosomen oder Geschlechtsanatomie – über die eigene Geschlechtsidentität entscheiden!

Butlers Kritik hebt darauf ab, dass Money immer noch der Vorstellung verhaftet geblieben sei, dass die Geschlechtsidentität sich am Genital entscheide (auch wenn er sich die Freiheit nahm, dieses Genital ohne Rücksicht auf das biologische Geschlecht chirurgisch zu formen). Genau diese Sichtweise will Butler aber überwinden. Für die Geschlechtsidentität ist ihr zufolge die anatomische Ausbildung der Geschlechtsorgane *unerheblich*. So gehört Money zwar in den heterogenen Strom von Autoren und Akteuren im 20. Jahrhundert, die in der angeborenen Biologie des Menschen kein Schicksal sehen – und die zudem medizinischen Eingriffen eine große Bedeutung für die Ausbildung der Geschlechtsidentität zusprechen. Doch solche Auffassungen müssen sich heute nicht mehr auf ihn berufen – und tun dies aus verständlichen Gründen auch nicht mehr.

Die tragischen Konsequenzen des Falls Reimer hatten maßgeblich damit zu tun, dass Money extrem paternalistisch agierte, indem er es ablehnte, die Einwilligung der Eltern und des betroffenen Kindes für die Behandlung

---

[30] Die Kritiker der radikalen Gender-Agenda haben das entweder übersehen oder sich der Herausforderung entziehen wollen, mit diesem komplexen Interpretationsbefund umzugehen.

einzuholen. In diesem gewichtigen Punkt grenzen sich Gender-Akteure heute entschieden von Money ab, wenn sie (vom Vorliegen einer medizinischen Indikation abgesehen) auf die Zustimmung des Betroffenen als Voraussetzung für einen operativen Eingriff bestehen. Deshalb wird inzwischen ein Eingriff erst in Erwägung gezogen, wenn das heranwachsende Kind bzw. der Jugendliche selbst (mit-)entscheidungsfähig ist.[31]

Aufs Ganze gesehen scheint es mir nicht sinnvoll, eine direkte Verbindung zwischen John Money und dem heutigen Gender-Konstruktivismus herzustellen. Zwar gibt es in der theoretischen Grundlegung Berührungspunkte (v. a. die These, dass das soziale Geschlecht unabhängig vom biologischen Geschlecht bestimmt werden könne), doch der Gegensatz könnte nicht größer sein, wenn diese Wahlentscheidung bei Money in den Händen eines paternalistisch agierenden Arztes liegt, während Butler die unbedingte Selbstbestimmung des Betroffenen hervorhebt.

In den Gender-Debatten soll der Hinweis auf intersexuelle Menschen oft belegen, dass es mehr als zwei (biologische) Geschlechter gibt. Diese Auffassung vermag überhaupt nur dann an Plausibilität zu gewinnen, wenn man den (intersexuellen) Menschen als Individuum losgelöst von seinen Eltern betrachtet, deren heterosexueller Zweigeschlechtlichkeit er sein Leben verdankt (vgl. 6.3). Auch er selbst kann (sofern keine Unfruchtbarkeit vorliegt) bei der Zeugung eines Kindes nur entweder als Träger einer Samenzelle *oder* als Trägerin einer Eizelle in Erscheinung treten.[32]

Schon biologisch gesehen besteht also kein Grund, über eine Vielzahl an Geschlechtsidentitäten zu spekulieren, die Menschen dazu verleitet, sich über die Bedingungen ihres eigenen Daseins täuschen zu lassen. Dagegen lassen sich gute Gründe dafür angeben, dass die Behörden bei Minderjährigen, die aus biologischen Gründen keinem der beiden Geschlechter zugeordnet werden können, bis zum Erreichen der Volljährigkeit auf einen Eintrag im Personenstandsregister verzichten.

Zu diskutieren wäre auch, ob der Personengruppe der Intersexuellen (und nur ihr) die Möglichkeit eröffnet wird, auf Dauer den Geschlechtseintrag „anderes" für sich zu wählen. Dies würde allerdings die Konsequenz

---

[31] Auch wenn ich kritisch darauf hinweise, dass das Konzept der Selbstbestimmung zu zerbrechlich ist, um weitreichende Entscheidungen allein davon abhängig zu machen, spricht dies nicht gegen das Konzept an sich. Stattdessen plädiere ich für die *Erweiterung* des Konzepts, nämlich um die Berücksichtigung der sozialen und natürlichen Bezüge, in denen eine Person steht, sowie der damit verbundenen Verpflichtungen.

[32] Darin liegt der Unterschied zwischen intersexuellen Menschen und Hermaphroditen im Tierreich, die als Individuum beide Geschlechtsanlagen in sich tragen (können); vgl. U. Kutschera, *Das Gender-Paradoxon*, S. 219.

nach sich ziehen, dass eine grundlegende Ehevoraussetzung fehlt.[33] Leider besteht kaum Aussicht darauf, dass eine solche Diskussion sich an den Wünschen und Interessen Intersexueller orientieren würde, weil diese sofort für das Ziel einer im Sinne des radikalen Gender-Konstruktivismus umgebauten Gesellschaft instrumentalisiert würden.

Der Anspruch der LSBTTIQ-Lobbyisten, die Interessen intersexueller Menschen zu vertreten, ist mit erheblichen Vereinnahmungstendenzen verbunden, wie der Beratungsprozess im Deutschen Ethikrat gezeigt hat. Es gibt einfach zu viele Gruppen, die die Träger bestimmter Ausprägungen von Intersexualität vertreten, als dass sich ein gemeinsames Anliegen dieser Gruppen identifizieren ließe (z.b. die Möglichkeit eines amtlichen dritten Geschlechts).

Vor allem aber erweist sich der stetige Verweis auf die angeborene Intersexualität als Bruch in der Logik der radikalen Gendertheoretiker: Während sie auf der einen Seite argumentieren, dass Geschlecht (*gender*) eine *soziale* Konstruktion sei, soll die Intersexualität ihrerseits die These von der sexuellen Vielfalt stützen, obwohl es sich hier definitiv nicht um eine konstruierte, sondern eine *angeborene, also natürliche* Zwischengeschlechtlichkeit handelt. Die These von der nicht begrenzbaren Vielfalt sozialer Geschlechtsidentitäten wird also mit einem durch und durch biologischen Argument begründet. Solche widersprüchlichen Argumentationsweisen, die mit ihren eigenen Voraussetzungen im Streit liegen, können nicht die Basis für Regeln und Gesetze liefern, die den Anspruch haben, Menschen in ihrem Handeln zu verpflichten.

4.3 Sexuelle Vielfalt III: Transsexualität/Transgender

Von weit größerem Gewicht als die Gruppe der Intersexuellen sind in der radikalen Gender-Agenda die Transsexuellen und Transgender, die in dem Kürzel LSBTTIQ mit „TT" enthalten sind. Für das Programm der sexuel-

---

[33] In einer Stellungnahme zur Intersexualität hat der Deutsche Ethikrat hinsichtlich möglichen Änderungen im Personenstandsrecht vorgeschlagen: Neben der Eintragung „männlich" oder „weiblich" soll auch der Eintrag „anderes [Geschlecht]" oder der Verzicht auf einen Geschlechtseintrag möglich sein, entweder bis zum Erreichen eines festzulegenden Höchstalters oder aber sogar generell; Deutscher Ethikrat (Hg.), *Intersexualität. Stellungnahme*, S. 177f. Letzteres wäre ein Paradigmenwechsel mit weitreichenden Konsequenzen.

len Vielfalt steht keine zweite Gruppe so paradigmatisch wie diese. Außerdem ist bedeutsam, wie sich der Fokus von der Transsexualität auf die weiter gefasste Kategorie des Transgender verschoben hat.

Transsexualität gilt immer noch in fast allen Staaten als psychische Erkrankung bzw. Störung, deren Definition sich im internationalen Verzeichnis ICD 10 (*International Classification of Diseases*) findet. Danach bezeichnet Transsexualität den

> Wunsch, als Angehöriger des anderen Geschlechts zu leben und anerkannt zu werden. Dieser geht meist mit Unbehagen oder dem Gefühl der Nichtzugehörigkeit zum eigenen anatomischen Geschlecht einher. Es besteht der Wunsch nach chirurgischer und hormoneller Behandlung, um den eigenen Körper dem bevorzugten Geschlecht soweit wie möglich anzugleichen.

Hier geht es also um Menschen mit eindeutigen Geschlechtsmerkmalen, die sich nicht dem Geschlecht zugehörig fühlen, das ihrem Körper entspricht, und darunter psychisch leiden. Ihre Zahl ist sehr klein; der Anteil an der Bevölkerung der Bundesrepublik dürfte bei ca. 0,01 Prozent liegen.[34] Sieht man genau hin, stellt diese Gruppe das Konzept der Zweigeschlechtlichkeit gar nicht infrage, sondern bestätigt es. Denn ein transsexueller Mann, der sich im „falschen Körper fühlt", wünscht sich, in einem weiblichen Körper zu leben. So spricht auch die zitierte Definition vom Wunsch, „als Angehöriger *des* anderen Geschlechts" zu leben. Von einem dritten oder endlos vielen Geschlechtern ist hier nichts zu erkennen.

Doch mittlerweile lassen sich Tendenzen erkennen, diese geschlechterbinären Voraussetzungen zu umgehen.[35] In der Neufassung des amerikanischen Handbuchs DSM (*Diagnostic and Statistical Manual of Mental Disorders*, § 5) ist der betreffende Paragraf an entscheidenden Stellen revidiert worden. So ist hier nicht länger von einer „gender identity disorder" die Rede, sondern von „gender dysphoria", übersetzt: von einem Geschlechterunbehagen. Es geht also nicht länger um ein Krankheitsbild, sondern um ein Unbehagen des Betroffenen. Das Krankheitsbild wäre objektiv beschreibbar, während das „Unbehagen" rein subjektiv definiert ist".

---

[34] Genaue Zahlen sind schwer zu ermitteln. Die im Text genannte Angabe stammt von der Selbsthilfegruppe TransIdent e.V. (vgl. *Wie viele Transsexuelle gibt es in Deutschland?*). Die Gruppe bezieht sich auf die amtlich gemeldeten Personen, die ein Verfahren nach dem Transsexuellengesetz durchlaufen, also z.B. die Änderung des Namenseintrags im Personenstandsregister beantragt haben. Die von anderen Selbsthilfe- und politischen Initiativgruppen „in Umlauf gesetzten Zahlen von angeblich 40.000 bis 400.000 in Deutschland lebenden Transsexuellen haben keine empirische Basis", so H.-J. Möller u.a., *Allgemeine Psychiatrie*, S. 1020.

[35] Vgl. M. A. Yarhouse, *Understanding Gender Dysphoria*.

Außerdem ist an die Stelle des biologischen Geschlechts (engl. „sex") der Ausdruck „assigned gender" („zugeschriebene Geschlechtsidentität") getreten. Damit hat sich auch hier die Vorstellung durchgesetzt, Geschlecht sei nicht biologisch vorgegeben, sondern sozial konstruiert. Eine Folge davon ist, dass die eigentlich sauber unterscheidbaren Kategorien Transsexualität und Intersexualität (wo der Ausdruck „assigned gender" sinnvoll ist) miteinander vermischt werden.

Das subjektive „Unbehagen" greift deutlich weiter als der bislang medizinisch eng gefasste Befund der Transsexualität. Viele Formen des Unbehagens werden nie Gegenstand einer medizinischen Begutachtung oder Behandlung. So regulieren Menschen ihr Unbehagen, indem sie zeitweilig oder permanent Kleidung tragen, die für das andere Geschlecht typisch ist („cross dressing")[36], oder geben dem Verlangen nach, die Geschlechterrolle des anderen Geschlechts (auch in sexueller Hinsicht) auszufüllen. Nur wenige Transsexuelle tragen sich mit der Absicht, sich einer geschlechtsverändernden chirurgischen Behandlung zu unterziehen, um permanent als dem anderen Geschlecht zugehörig erscheinen zu können.

Das „Unbehagen" äußert sich also in vielerlei Spielarten von Transgender: Menschen bewegen sich (z.B. als Transvestiten) quasi *zwischen* den Geschlechtern oder im anderen als dem eigenen biologischen Geschlecht, wobei sie ihr Äußeres entsprechend verändern, jedoch keine vollständige Angleichung des Körpers an ein anderes Geschlecht wünschen. Um die angestrebte Überwindung der „Zwangsmatrix" zweigeschlechtlicher Heterosexualität zu illustrieren, bieten sich Transgender-Menschen als ideale Protagonisten an, denn sie inszenieren sich als lebender Widerspruch gegen starre Geschlechternormen, ohne durch das Beharren auf eine operative Geschlechts*umwandlung* die Norm der Zweigeschlechtlichkeit zu bestätigen.

Doch auch hinter diesen beiden Buchstaben „TT" stehen letztlich widersprüchliche Forderungen der LSBTTIQ-Gruppen. So wird einerseits darauf hingearbeitet, Transsexualität nicht länger als psychische Störung zu klassifizieren (was als Diskriminierung der Betroffenen empfunden wird).[37] Gleichzeitig aber verlangt man, dass jeder Mensch Anspruch auf Kostenübernahme bei geschlechtsumwandelnden Operationen durch den

---

[36] Im deutschen Sprachraum ist die Bezeichnung „Transvestiten" geläufiger, die allerdings nicht völlig identisch mit „cross dressing" ist.
[37] Vgl. die Kampagne „WHO: Transsexualität ist keine psychische Krankheit #notsick".

Staat hat – was eigentlich voraussetzen würde, dass allgemein einsehbare medizinisch klassifizierbare Gründe vorliegen.[38] Problematisch ist auch das der Transsexualität zugrunde liegende Menschenbild. Die Vorstellung von der Seele, die sich im „falschen Körper" befindet, setzt einen schroffen Dualismus von Körper und Geist voraus, wie er bereits in der Antike von gnostisch beeinflussten Gruppen vertreten wurde. Die Einheit der menschlichen Person als ein sowohl geistiges als auch leibliches Wesen wird hier preisgegeben. Das „Ich" wird nicht mit der Person, sondern allein mit ihrem Geist identifiziert, wobei der Körper zur Verfügungsmasse degradiert wird. Erst aufgrund einer solchen Trennung von Körper und Geist ist es möglich, das Unbehagen am eigenen Körper als ein Wohnen im „falschen Körper" zu artikulieren.[39]

Ein solcher Dualismus im Menschenbild liegt auch den (eher seltenen) Körperintegritätsidentitätsstörungen zugrunde, bei denen ein Mensch ein Körperteil (z.B. ein Bein) als nicht zu seinem Körperkonzept gehörig empfindet und (ohne dass dies medizinisch geboten wäre) darauf besteht, dass es entfernt wird.[40] Auch die Magersucht (deutlich stärker verbreitet, v. a. unter jungen Mädchen) kann als Ausdruck der Distanzierung vom eigenen Körper gelesen werden. Dabei empfindet sich ein Mensch als so übergewichtig, dass es zu schweren, auf Dauer lebensgefährdenden Essstörungen kommt, obwohl dieses subjektive Empfinden völlig im Widerspruch zum Körpergewicht steht. Was ist hier los? Auch hier geht es im Kern um eine Distanzierung des „Ich" vom Körper, der ganz oder teilweise nicht zu ihm gehören oder passen will.

Der Umgang mit diesen Auffälligkeiten unterscheidet sich allerdings stark je nach Phänomenbereich. Solchen Menschen, die mit einer Körperintegritätsidentitätsstörung oder Bulimie auffällig werden, wird dringend zum Besuch eines Arztes oder Psychologen geraten, da sie offenbar kein gesundes Verhältnis zu einem Körperteil oder ihrem Körperumfang zu entwickeln vermögen. Doch diese Maßgaben gelten nicht länger für Menschen, die ein Problem mit ihrem *Geschlechts*körper haben. Hier wird eine andere Logik anerkannt, und die lautet: Hier ist ein Mensch, der seine Geschlechts*identität* ohne jeden Rekurs auf seinen Geschlechts*körper*, also „unmittelbar" erkennt. Dieser Mensch weiß, dass sein Körper falsch ist und dass sich sein wahres Geschlecht in seinem Geist findet. Doch wie weiß

---

[38] Vgl. die verlangten Präzisierungen des Kampagnentextes, auf den die vorangehende Fußnote Bezug nimmt.
[39] Eine differenzierte Auseinandersetzung findet sich bei O. O'Donovan, *Transsexualism*.
[40] Vgl. S. Müller, „Body Integrity Identity Disorder (BIID)". Für eine Reportage über einen Betroffen vgl. R. Landgrebe, „Es muss weg".

ein Mensch unmittelbar um sein Geschlecht? Was am Geist des Menschen ist wesentlich männlich oder weiblich, sobald man vom Leib absieht? Die Verwendung der Begriffe täuscht hier: Es gibt kein *Bewusstsein* des eigenen Geschlechts losgelöst von der Leiblichkeit, ohne die ein Mensch auch gar nicht in der Lage wäre, sich zu äußern. Was es gibt, sind transsexuelle Geschlechts*identitäten*, also ein bestimmtes Verständnis der eigenen Geschlechtlichkeit.

Über dieses Verständnis müsste gesprochen werden. Und hier ist in der Vergangenheit sicherlich manches nicht gut gelaufen. Wo Menschen ein Unbehagen über ihren Geschlechtskörper artikuliert haben, wurde sehr schnell auf Normalisierung hingewirkt: Der Geist hat mit dem Körper in Einklang zu kommen, denn einen Widerspruch zwischen beiden kann und darf es nicht geben. Heute ist es leichter, sich diesem Normalisierungsdruck zu entziehen, allerdings wird die von Betroffenen empfundene Spannung nun in die umgekehrte Richtung aufgelöst: Der Körper wird operativ dem Geist, also dem Geschlechtsempfinden gemäß, umgestaltet. Auch hier wird also kein Weg gewiesen, mit der Spannung umzugehen, sie wird operativ gelöst. Ziel der Begleitung Transsexueller müsste es jedoch sein, ihnen zu helfen, mit den Zerklüftungen ihrer Seele so umzugehen, dass ihrem Körper dabei keine Gewalt angetan wird.

Aber ist das nicht genau der Weg, den Transgender-Menschen gehen? Bei genauerer Betrachtung zeigt sich, dass hier ein noch tiefer gehender Dualismus als bei der Transsexualität wirksam ist. Denn Transsexuelle schenken ihrem – zur Verfügbarkeit des Geistes bestimmten – Körper immerhin erhebliche Aufmerksamkeit, sonst wäre das Verlangen nach chirurgischen Eingriffen nicht erklärbar. Bei Transgender dagegen wird der Körper zum reinen „Artefakt": Der empfangene Leib *verschwindet* hinter der (wechselnden) Inszenierung von Geschlecht. Die Verfügung über den Körper erreicht in einer Inszenierung ihren Höhepunkt, bei der die Gabe der Zweigeschlechtlichkeit keinerlei Bedeutung mehr hat. Sie wird einfach parodistisch unterlaufen.

In den skizzierten Entwicklungen finden wir Spuren der von Charles Taylor diagnostizierten Politisierung des Sexuellen: Es soll ein einklagbares Recht sein, in allem, was mit dem Geschlechtsleben zu tun hat, von normativen Wertungen freigestellt zu sein. Die Deutungshoheit über die geschlechtliche Identität liegt allein beim Betroffenen.[41] Zuordnungen (wie

---

[41] Auch hier tut sich ein Widerspruch auf, der die politisierte Sonderstellung der geschlechtlichen Identität belegt. Während die Deutungshoheit über die geschlechtliche Identität allein beim Betroffenen liegt, scheint das für die religiöse Identität von

sie im Personenstandsregister erfolgen) oder Voraussetzungen, die der Gesetzgeber z.B. für Geschlechtsumwandlungen formuliert, werden als Missachtung der sexuellen Identität interpretiert.

Die viel beschworene sexuelle Vielfalt lässt sich, so viel wurde deutlich, nicht einfach an der Wirklichkeit ablesen. Denn selbst die Existenz der Menschen, die sich nicht in die heterosexuelle Zweigeschlechtlichkeit einfinden können, verweist auf diese Grundgestalt geschlechtlicher Identität, die einzig neues Leben ermöglicht. Die Heteronormativität, an der sich die Protagonisten der sexuellen Vielfalt mit Verve abarbeiten, steckt auch ihnen in den Gliedern. Die Norm der Zweigeschlechtlichkeit macht sich bis in den Transvestismus hinein beharrlich vernehmbar, auch wenn man hier die Kleidung des *anderen* Geschlechts trägt.

Daher widerspricht die These von der sexuellen Vielfalt auch dem Lebensgefühl der übergroßen Mehrheit der Bürger. Sie ist kontraintuitiv und folglich kaum zu vermitteln. Umso nachdrücklicher wird darauf hingearbeitet, vor allem auf dem Weg durch die Rechtsinstanzen auf die Veränderung der etablierten Normen hinzuwirken.

Die geschlechtertheoretische Begründung für die moralische Vergleichgültigung aller Geschlechtsidentitäten erweist sich bei genauerem Hinsehen als wenig schlüssig. Die Argumente werden gewendet, wie man sie braucht: So kann die Forderung nach Anerkennung aller sexuellen Identitäten auf der einen Seite allein mit dem subjektiven Empfinden des Betroffenen begründet werden (so bei der Transsexualität), auf der anderen Seite mit natürlichen, biologischen Gegebenheiten (so bei der Intersexualität). So bleibt das behauptete Prinzip der sexuellen Vielfalt sowohl in den theoretischen Annahmen als auch den praktischen Konsequenzen hochgradig anfechtbar. Derweil tun sich in der Praxis immer mehr geschlechterpolitische Konfliktfelder in der Gesellschaft auf, die wir uns nun ansehen wollen.

Menschen nicht (gleichermaßen) zu gelten. Das lässt sich sehr gut an der Medienberichterstattung und den Erklärungen von Regierungsvertretern zu islamistischen Terroranschlägen beobachten. Eine strenge Befolgung des Koran im täglichen Leben, ein auf den Islam Bezug nehmendes Bekennerschreiben oder das Deklamieren des Bekenntnisses „Allahu akbar" beim Zünden des Sprengsatzes dürften danach keinesfalls als Hinweise auf eine religiöse Motivation des Täters gelten. Dem Attentäter wird die Deutungshoheit über sein religiöses Empfinden also vollständig abgesprochen. Was auch immer er tut, um sein Selbstverständnis, ein strenggläubiger Muslim zu sein, zu bekunden, die politischen Stellungnahmen identifizieren ihn nicht als (was möglich wäre: fehlgeleiteten) Muslim, sondern als Terroristen, dessen Motive im Dunkeln bleiben.

Kapitel 5: Konfliktfelder sexueller Vielfalt
Auf dem Weg zur diskriminierungsfreien Gesellschaft

Nachdem wir uns in Kapitel vier mit einigen grundlegenden Formen nichtheteronormativer Sexualität beschäftigt haben, wenden wir uns nun verschiedenen Konfliktfeldern der Gender-Politik zu: (5.1) die Schule, (5.2) der akademisch-öffentliche Raum und (5.3) die Sprache.

5.1 Konfliktfeld Schule
Sexualpädagogik der Vielfalt

Kein zweites Konfliktfeld hat so viel öffentliche Aufmerksamkeit gefunden wie der weithin erfolgreiche Versuch, in den Bildungsplänen der Länder die „Sexualpädagogik der Vielfalt" zu verankern. Manfred Spieker sieht hier dann auch „das eigentliche Schlachtfeld des Gender-Mainstreaming".[1] Ein wesentlicher Grund dafür dürfte sein, dass Schule in Deutschland eine Pflichtveranstaltung ist, sodass man sich bzw. seine Kinder ihr nicht entziehen kann.

Die Auseinandersetzung zwischen Verfechtern und Gegnern der Sexualpädagogik der Vielfalt ist emotional außerordentlich aufgeladen. Durch die Berichterstattung der Medien ist eine breite Bevölkerung erreicht, sensibilisiert und zum Teil auch mobilisiert worden. Befürworter und Kritiker sehen sich wechselseitig entweder falsch verstanden, verzerrt wiedergegeben oder sogar geschmäht. Umso wichtiger ist es, zur Versachlichung der Debatte beizutragen.

Wer die Sexualpädagogik der Vielfalt in ihrer aktuellen Ausprägung verstehen will, muss in die Zeit der „sexuellen Revolution" zurückgehen (vgl. 2.2). Ihre Protagonisten verstanden sich als eine emanzipatorische Bewegung zur Befreiung der Menschen aus sexueller Unmündigkeit. Die tiefere Basis dieser sexuellen Unmündigkeit wurde in dem „restriktiven" christlichen Moralkodex gesehen. Obwohl es sich bei dieser Befreiungsbe-

---

[1] M. Spieker, *Gender-Mainstreaming in Deutschland*, S. 26.

wegung nicht um eine homogene Gruppe handelte, sondern um eine Vielzahl an Initiativen, Aktionsgruppen und „Kommunen", hatten sie doch eine gemeinsame Stoßrichtung, nämlich die Ermöglichung einer, wie sie es nannten, „befreiten" oder „emanzipativen" Sexualität. Ihre zentrale Forderung war eine weitreichende Strafrechtsreform bis hin zur gänzlichen Abschaffung des Sexualstrafrechts.

Eine zentrale Figur der sogenannten „emanzipierenden Sexualerziehung" war Helmut Kentler.[2] Ihm war es ein besonderes Anliegen, Kinder und Jugendliche von Anfang an als sexuelle Wesen wahrzunehmen und sie zum Ausleben ihrer sexuellen Bedürfnisse zu ermutigen. Kentler entwickelte die Vorstellung vom „sexuell befriedigten" Kind, das Autor seiner eigenen Sexualentwicklung sei.[3] Er setzte sich nicht nur für die Legalisierung „gleichberechtigter" sexueller Beziehungen zwischen Erwachsenen und Kindern ein, sondern vermittelte auch verwahrlosten Jugendlichen, die er Anfang der 1970er-Jahre bei sich aufgenommen hatte, pädophile „Pflegeväter".

Mit seinem Eintreten für straffreien Sex mit Minderjährigen stand Kentler nicht allein. So gab es innerhalb der damals noch jungen Partei *Die Grünen* Strömungen, die forderten, dass einvernehmliche pädophile Handlungen straffrei gestellt würden,[4] und deren Anliegen z.B. Volker Beck noch 1988 bejahte.[5] Während viele Parteimitglieder diesen Teil ihrer Parteigeschichte gerne verdrängen, erklärt die Grünen-Politikerin Eva Quistorp selbstkritisch: „Wir gingen offenbar davon aus, dass wir an einer neuen großen Idee arbeiten, dass wir eine ganz neue Generation sind. Daran haben wir keine Kritik zugelassen".[6] So ließ man Pädophilen-Aktivisten in der Partei zu lange gewähren. Letztlich setzten sich aber sowohl bei den *Grünen* als auch insgesamt in der feministischen Bewegung diejenigen

---

[2] Vgl. A. Späth/M. Aden (Hg.), *Die missbrauchte Republik,* S. 137–148.
[3] Vgl. H. Kentler, *Sexualerziehung.* Kentler setzt sich in diesem Buch u.a. kritisch mit den von ihm identifizierten „repressiven Tendenzen in der Sexualerziehung" auseinander.
[4] F. Walter u.a. (Hg.), *Die Grünen und die Pädosexualität,* und C. Füller, *Die Revolution missbraucht ihre Kinder,* S. 131–140.
[5] A. Leopardi (Hg.), *Der pädosexuelle Komplex.* Beck schreibt dort: „Eine Entkriminalisierung der Pädosexualität ist angesichts des jetzigen Zustandes ihrer globalen Kriminalisierung dringend erforderlich, nicht zuletzt, weil sie im Widerspruch zu rechtsstaatlichen Grundsätzen aufrechterhalten wird" (S. 266). Beck behauptete zunächst, der Herausgeber habe seinen Beitrag an dieser Stelle verfälscht, bei Recherchen des SPIEGEL fand sich jedoch das handschriftliche Manuskript Becks, das diese Behauptung widerlegte.
[6] C. Füller, *Die Revolution missbraucht ihre Kinder,* S. 199.

Kräfte durch, die bereits seit den 1970er-Jahren vor der Gefahr des sexuellen Kindesmissbrauchs gewarnt hatten. Zu Beginn der 1990er-Jahre kam es zur endgültigen Trennung der pädophilen Gruppen von der Homosexuellenbewegung.

Wer die Protagonisten und Akteure der Sexualpädagogik der Vielfalt unter die Lupe nimmt, stößt schon bald darauf, dass auf Kentlers emanzipatorischen Ansatz bis heute positiv Bezug genommen wird. Doch das allein dürfte nicht genügen, um der Sexualpädagogik der Vielfalt pädophile Tendenzen zu unterstellen. Prüfen wir einmal, auf welche Aspekte seines Konzepts genau Bezug genommen wird.

Kentlers bekanntester Schüler ist der an der Universität Kiel lehrende Uwe Sielert, der seinen neo-emanzipatorischen Ansatz als "Sexualpädagogik der Vielfalt" bezeichnet. Sielert arbeitete von 1989 bis 1992 für die *Bundeszentrale für gesundheitliche Aufklärung,* die bei den Themen "Sexualaufklärung und Familienplanung" sowie "Jugendgesundheit" weithin seinen Grundüberzeugungen folgt. Weitere wichtige Akteure dieser Sexualpädagogik sind die von ihm mitbegründete *Gesellschaft für Sexualpädagogik,* sein privates *Institut für Sexualpädagogik,* das *Institut für Angewandte Sexualwissenschaft* der Hochschule Merseburg sowie *pro familia*.

Bei aller positiven Bezugnahme auf Kentler hat Sielert sich in einem Interview von den pädophilen Übergriffen der 1970er-Jahre distanziert. Dabei führt er aus, dass damals Dinge "naiv" gesehen und erst später problematisiert wurden. Über sich selbst sagt er:

> Wir Sozialpädagogen wussten erstens, dass man Kindern keine volle Verantwortung und kein "erwachsenes" Bewusstsein über ihre eigene Sexualität zusprechen kann, und zweitens, dass man sie in sexueller Hinsicht nicht auf eine Augenhöhe mit Erwachsenen stellen kann.[7]

Bis heute wird das Argument des Machtgefälles zwischen Kindern und Erwachsenen immer dann genannt, wenn der Vorwurf abgewiesen werden soll, dass sexuelle Emanzipation logisch zur Legalisierung der Pädophilie führen müsse. Gleichwohl spielt der Vorwurf, dass hier pädophilen Übergriffen der Weg bereitet würde, in den heftig geführten Debatten um die schulische Frühsexualisierung von Kindern eine starke Rolle.[8] Im Folgenden soll versucht werden, ohne diesen in der Regel als Diskussionskiller dienenden Topos auszukommen und zu prüfen, worum es den Akteuren der Sexualpädagogik der Vielfalt ihrem *heute* formulierten eigenen Anspruch nach geht.

---

[7] Zitiert nach A. Fähnle, "Sielert".
[8] Für eine diesbezüglich kritische Darstellung vgl. K. M. Kämpf, "Eine ‚Büchse der Pandora'?".

Als Anliegen seiner Pädagogik bezeichnet Sielert es, „Heterosexualität, Generativität und Kernfamilie zu `entnaturalisieren´",[9] sie also als soziale Konstruktionen zu dekonstruieren. Das emanzipatorische Motiv liegt für Sielert darin, dass Lust, Zärtlichkeit und Erotik auch unabhängig von Ehe und Liebe in allen Altersphasen für die Entwicklung eines Menschen von Bedeutung sein sollen. Wichtig ist ihm, den Begriff „Sexualität" möglichst weit zu fassen, ihn also nicht lediglich auf sexuelle Handlungen zu beschränken, sondern als „allgemeine, auf Lust bezogene Lebensenergie" aufzufassen, die sich des ganzen Körpers bedient, die unterschiedlichsten Ausdrucksformen kennt und „in verschiedener Hinsicht sinnvoll ist".[10] Sielert bezieht sich damit primär auf das Lusterleben des Einzelnen, das sich sowohl aus dem körperlichen Lustbegehren als auch aus der Sexualisierung eigentlich nicht sexueller Bedürfnisse speist.

Diesem umfassenden Verständnis entsprechend ist die Sexualität die Perspektive, unter der Sielert alle menschlichen Lebensäußerungen betrachtet. Wenn er als einen weiteren sinnstiftenden Aspekt von Sexualität das Herstellen von Beziehungen nennt, dann erläutert er diesen (im ausdrücklichen Anschluss an Kentler) sogleich wieder *selbst*-bezogen, wenn er sagt: „Die sexuellen Fähigkeiten werden eingesetzt, um Anerkennung und Selbstbestätigung zu bekommen, um Wünsche und Sehnsüchte zu erfüllen, um Liebe, aber auch Hass und Wut auszudrücken".[11] In der Sexualität sieht er die Ebene, die den Menschen seiner individuellen Besonderheit gewahr werden lässt. Damit bestätigt Sielert auf seine Weise die oben angeführte Analyse Taylors, dass im Zuge der „sexuellen Revolution" Sexualität den Charakter des mich mit jemandem *Verbindenden* verliert und zum Ausdruck dessen wird, was mich vom anderen *unterscheidet,* kurz: meiner Identität.

Worin liegt nun bei dieser Art Sexualpädagogik der Aspekt der Vielfalt? Wenn man in diesem Zusammenhang von einem „Credo" sprechen kann, dann ist es der Grundsatz von der *wertfreien und bejahenden Haltung* gegenüber allen Geschlechtsidentitäten, sexuellen Orientierungen und Lebensweisen. Weil Sexualität konstitutives Moment der persönlichen Identität sei, dürften ihre Äußerungsweisen nicht kritisiert werden, sondern müssten für gleichwertig geachtet werden. Das schließt logisch ein,

---

[9] U. Sielert, „Gender Mainstreaming im Kontext einer Sexualpädagogik der Vielfalt".
[10] U. Sielert, *Einführung in die Sexualpädagogik,* S. 41.
[11] Ebd., S. 51.

„gleichgeschlechtliche Liebe nicht nur zu akzeptieren, sondern aktiv für eine Vielfalt der sexuellen Orientierung[en?] einzutreten".[12]

Ohne Zweifel: Die Sexualpädagogik will die Abwertung und Ausgrenzung von LSBTTIQ-Menschen überwinden (sowie durch Aufklärung für die Gefahr von Geschlechtskrankheiten und sexueller Gewalt sensibilisieren). Doch dieser vordergründig bewertungsfreie Umgang mit Sexualität enthält deutliche Bewertungen: So sollen Sexualität und Fruchtbarkeit voneinander entkoppelt werden, tradierte „patriarchale" Lebensformen wie Ehe und Familie (in ihrer natürlichen, triangulären Gestalt, vgl. 1.1) infrage gestellt und letztlich die „Enttabuisierung, Entpathologisierung und Normalisierung aller Formen sexueller Praktiken, Orientierungen und Identitäten" vorangetrieben werden.[13]

Der konzeptionelle Anspruch geht damit weit hinaus über die Erziehung zu einem respektvollen und gewaltfreien Miteinander in der pluralen Gesellschaft. Die Sexualpädagogik der Vielfalt erwartet vielmehr, dass sich alle Menschen den Grundsatz des moralischen Relativismus zu eigen machen – also darauf verzichten, von ihrem Standpunkt aus die Einstellungen und Lebensweisen anderer mit Bewertungen zu versehen (die auch negativ ausfallen können). Die vordergründige Grundlage eines bewertungsfreien Gleichheitsgrundsatzes setzt selbst eine fundamentale Unterscheidung voraus, nämlich zwischen denjenigen, die bereit sind, den dahinter stehenden weltanschaulichen Relativismus zu akzeptieren, und denjenigen, die dies verweigern, weil sie den zutiefst weltanschaulichen Charakter dieses Relativismus erkannt haben und ihn ablehnen. Diese Unterscheidung findet in dem Slogan Ausdruck: „Keine Toleranz für die Intoleranten". Von Werteneutralität kann daher keine Rede sein.

Deshalb wird der Vorwurf erhoben, dass dieses Konzept im Kern totalitär sei (vgl. 3.1).[14] Dieser Vorwurf findet auf besorgniserregende Weise seine Bestätigung: Die Aussage, dass alle sexuellen Äußerungsformen unterschiedslos gleich zu behandeln seien, wird als *alternativlos* hingestellt. Wer ihr die Zustimmung verweigert, hat sich selbst aus dem Kreis der Subjekte, die ein Anrecht auf Achtung als Person haben, ausgeschlossen und darf daher verächtlich gemacht und ausgegrenzt werden.[15] Vor diesem

---

[12] U. Sielert, „Gender Mainstreaming im Kontext einer Sexualpädagogik der Vielfalt".
[13] N. Franke, *Sexuelle Vielfalt im Unterricht?*, S. 9.
[14] So z.B. V. Lengsfeld, „Sexuelle Vielfalt und neue Unisex-Toiletten".
[15] Die Journalistin Regina Mönch schreibt nach ihrer Lektüre des Koalitionsvertrages, der der Arbeit des 2016 gebildeten rot-rot-grünen Berliner Senats zugrunde liegt, von einem „sektenartige[n] Eifer", mit dem „die Mehrheitsgesellschaft zur bedingungslosen Akzeptanz dieser Seltenheiten [LSBTTIQ-Personen] erzogen werden"

Hintergrund ist es zwar nicht überraschend, aber dennoch erschütternd, wenn gewalttätige Gegendemonstranten im Namen von Freiheit und Toleranz die „Gender-Kritiker" in der Ausübung ihrer Freiheitsrechte behindern, wenn diese friedlich für ihre Ansichten demonstrieren, wie es verschiedentlich bei der „Demo für alle" geschehen ist.[16]

„Keine Toleranz für die Intoleranten" – das ist genau das richtige Motto, wenn es um Feinde unserer demokratischen Grundordnung geht. Hier aber wird es gegen Bürger gewendet, die nicht zu akzeptieren bereit sind, dass der Grundsatz des moralischen Relativismus an die Stelle unserer durchaus wertegebundenen *staatlichen Grundordnung* tritt, die einen solchen Relativismus gerade nicht voraussetzt, sondern sich am Leitbild von Ehe und Familie orientiert. Ein solcher Angriff auf die Fundamente der Gesellschaft kann nicht unwidersprochen bleiben.

Kennzeichnend für die Sexualpädagogik der Vielfalt ist weiterhin eine spezifische Auffassung von der *sexuellen Entwicklung* des Menschen. Weil Sexualität alle Lebensphasen des Menschen einschließe, müsse die kindliche Sexualität enttabuisiert werden. Eltern würden die Sexualität ihrer Kinder regelmäßig unterdrücken statt sie dazu zu ermutigen, „ihrer Sexualität Ausdruck zu verleihen". Dabei sollten die Eltern der noch ungeformten kindlichen Sexualität Raum geben und nicht ständig intervenieren, weil ihnen das Unbekannte oder Ungewohnte fremd oder gar gefährlich erscheint. Gefragt sei vielmehr eine befreite Sexualität, die die sexuelle Lust aller Beteiligten befriedige. So heißt es in einer viele Jahre von der BzgA vertriebenen Broschüre zum Umgang der Väter mit dem zweijährigen Kind:

> Für die Entwicklung ist es wichtig, dass der Vater mit seiner Tochte spielt und ihr dabei zeigt, wie lieb er sie hat und wie stolz er auf sie ist! Und dies tun sie am liebsten handgreiflich. Wer mit seiner Tochter bzw. seinem Sohn einmal in dieser Phase gemeinsam gebadet oder sich länger nackt mit ihr/ihm beschäftigt

---

soll. Für die Autorin ist dies „nur ein Beispiel von vielen für eine Minderheitenpolitik, die Herkunft oder Geschlecht betont und wie die Erlösung vom Bindekraftmangel daherkommt, aber das Gegenteil, die Spaltung, bewirkt"; R. Mönch, „Diese Koalition will Berlin umerziehen".

[16] Der amerikanische Philosoph Stanley Fish beschreibt in „The Trouble With Tolerance" die gedanklichen Voraussetzungen, die solchen Gewaltäußerungen den Weg bereiten: Liberal gesinnte Bürger „will be tolerant of any group so long as its members subordinate their cultural commitments to the universal dictates of reason, as defined by liberalism. But once a group has rejected tolerance as a guiding principle and opted for the cultural imperatives of the church or tribe, it becomes a candidate for intolerance that will be performed in the name of tolerance; and at that moment any action against it – however violent – is justified".

hat, wird dies bestätigen können. Da ist keine Körperregion vor intensivster Erkundung sicher und natürlich auch nicht die Genitalien, die manchmal Erregungsgefühle bei den Erwachsenen auslösen.[17]

Während die Empfehlungen für sexuelle Körpererkundungen recht konkret ausfallen, bleiben die Hinweise auf das sexuelle Selbstbestimmungsrecht des Kindes unscharf: Das Kind habe wie jeder Mensch ein Recht auf körperliche Unversehrtheit, „die sich auch darin ausdrückt, dass niemand ein Kind (nicht mal einen Säugling) berühren darf, wenn es das offensichtlich nicht will."[18] Eltern werden hier eingehend dazu angeleitet, das Verhalten ihres Kindes durch die Brille der Sexualität zu sehen, selbstevident scheint dagegen zu sein, wenn ein Kind (zumal ein Säugling) etwas offensichtlich nicht will. Mit solchen Annahmen wird das im Grundsatz anerkannte Machtgefälle zwischen Erwachsenen und Kindern in der Praxis dann doch wieder unterlaufen.

Bereits Sigmund Freud hat Beobachtungen zur Sexualentwicklung beim Kind zusammengetragen und interpretiert. Wenn Sielert auch anerkennt, dass viele Auffassungen Freuds inzwischen widerlegt seien, so bleibt er doch in dessen Spur, wenn er die Entwicklung des Kindes konsequent durch die Linse der *Sexual*entwicklung betrachtet. Seine Entwicklungslehre beruht ebenso wie bei Freud nicht einfach auf offenkundigen Beobachtungen, sondern ist Resultat einer in der Fachwissenschaft sehr umstrittenen Theorie[19], nach der bestimmte kindliche Verhaltensweisen dem Schema „Sexualität" *zugeordnet* werden. Das sehr weitreichende Sexualitätsverständnis von Sielert unterstellt dem Kind notwendigerweise sexuelle Impulse und Bedürfnisse, die es ungehindert ausleben müsse, um seine sexuelle Identität ausbilden zu können. In diese selbst gesteuerten Prozesse sollen Erwachsene nicht korrektiv unterbindend eingreifen, sondern sie proaktiv stimulieren.

Die gemeinsam mit der *Bundeszentrale für gesundheitliche Aufklärung* erarbeiteten WHO-Richtlinien bringen die Grundsätze einer emanzipativen Sexualaufklärung auf den Punkt:

- Sie hat altersgerecht zu erfolgen, die jeweiligen Gegebenheiten zu berücksichtigen und der Lebenswirklichkeit junger Menschen zu entsprechen;
- sie orientiert sich an den „sexuellen Rechten" als Menschenrechten;

---

[17] I.-M. Philipps, *Körper, Liebe, Doktorspiele*, S. 27. Der Vertrieb der Broschüre wurde 2007 auf Weisung der Ministerin Ursula von der Leyen eingestellt. Im Internet ist die Broschüre weiter verfügbar (siehe Literaturverzeichnis).
[18] Ebd., S. 33.
[19] Vgl. z.B. J. Pastötter, „Die Sexualpädagogik in Deutschland und ihr Verhältnis zum sexualwissenschaftlichen Fachwissen".

94 Kapitel 5: Konfliktfelder sexueller Vielfalt

- sie basiert auf einem ganzheitlichen Ansatz des Wohlbefindens, der einen verantwortlichen Umgang mit der eigenen sexuellen Gesundheit und der des Partners einschließt;
- sie orientiert sich an der Gleichstellung der Geschlechter, der Selbstbestimmung und der Anerkennung sexueller Vielfalt;
- sie „beginnt mit der Geburt"[20]. Dabei folgt sie der These von der „unverdorbenen" Sexualität des Kindes,[21] die erst durch Erziehung unterdrückt und eingeführt werde.

Aufbauend auf den letztgenannten Grundsatz hat das Anliegen der Sexualpädagogik der Vielfalt in den letzten Jahren Eingang in die Schulen und Kindergärten gefunden. Da Bildungspolitik Ländersache ist, weisen die Rahmenrichtlinien und Lehrpläne der verschiedenen Bundesländer erhebliche Unterschiede auf. Dabei finden sich Belege sowohl für das Anliegen von Gender-Mainstreaming der ersten Stufe mit dem Schwerpunkt der Überwindung von Geschlechterstereotypen[22] bis hin zur Radikalisierung dieses Ansatzes im Sinne einer Sexualpädagogik der Vielfalt, deren Einwirkung auf die Bildungspläne der meisten Bundesländer nicht zu verkennen ist.[23]

Die fächerübergreifende Umsetzung des Konzepts ist von Kritikern unterschiedlicher Couleur als „Frühsexualisierung" bezeichnet worden – ein Vorwurf, der mit gleicher Entschiedenheit von den Autoren und Akteuren des Konzepts zurückgewiesen wird. In die Schusslinie geraten ist z.B. das Methodenbuch von Elisabeth Tuider u.a., das im Vorwort von den Autoren selbst klar auf der Linie Kentler-Sielert verortet wird.[24] Sexualaufklärung komme nicht ohne „Reflexion bestehender Herrschaftsverhältnisse" aus und müsse dabei dem Zusammenhang „von Dichotomisierung, Hierarchisierung und Privilegierung" nachgehen.[25]

Damit ist gemeint, dass die weithin nicht reflektierte „Dominanz" der heterosexuellen Zweigeschlechtlichkeit als Grund dafür zu identifizieren und zu kritisieren sei, dass es „Diskriminierungen und Benachteiligung in

---

[20] WHO-Regionalbüro für Europa/Bundeszentrale für gesundheitliche Aufklärung (Hg.), *Standards für die Sexualaufklärung in Europa*, S. 31.
[21] Ebd., S. 27, heißt es, dass die Sexualität von Kindern „viel breiter gefächert ist als die eines durchschnittlichen Erwachsenen". Überprüfbare empirische Erkenntnisse zu dieser Behauptung bietet der Text nicht.
[22] Vgl. T. Rohrmann, *Gender in Kindertageseinrichtungen*.
[23] Die meisten Bundesländer bieten die Bildungspläne auf der Seite ihres Kultusministeriums zum Herunterladen an. Ich verzichte hier auf die Angaben zu diesen Seiten.
[24] E. Tuider u.a., *Sexualpädagogik der Vielfalt*, S. 6.
[25] Ebd., S. 18.

der Gesellschaft gibt".²⁶ Diese Zusammenhänge sichtbar zu machen wird zur Voraussetzung dafür erklärt, sich von „Einordnungszwängen" frei machen zu können und der real existierenden „Multioptionalität" bewusst zu werden. Kinder würden also durchgängig an dem von der Gesellschaft ausgehenden, unmittelbar durch Eltern und Freunde vermittelten „Einordnungszwang" leiden und sich nach Befreiung davon sehnen. Dass diese Zwänge und Eingrenzungen nur von einer winzigen Minderheit artikuliert werden, widerlege das breite Vorhandensein des Zwanges nicht, sondern zeige lediglich, wie hoch der Normierungsdruck sei. Die Methoden selbst müssten folglich dazu beitragen, diesen Druck aufzubrechen; ihre Zielsetzung liegt „nicht nur in der Vervielfältigung von Sexualitäten, Identitäten, Körpern etc., sondern über die Vervielfältigung hinaus kann auch bewusst Verwirrung und Veruneindeutigung angestrebt werden".²⁷

Untersucht man die den Methodenvorschlägen zugrunde liegenden Ansichten, wird deutlich, dass diese „Verwirrung" nur in eine Richtung gedacht ist. Kinder, die sich der dominanten heterosexuellen Zweigeschlechtlichkeit zuordnen, sollen in ihrer Identität *verunsichert*, sexuelle Minderheiten dagegen in ihrem Anderssein *bestätigt* werden. Das Coming-out eines sich bislang heterosexuell gebenden Mädchens würde z.B. als sexualpädagogisch angeleiteter Durchbruch zu einer authentischen Geschlechtsidentität gefeiert, während die von einem schwulen Jungen artikulierte Sehnsucht nach Veränderung in Richtung Heterosexualität als „worst case"-Szenario gilt. Unterstützung hätte der Junge auf diesem Weg jedenfalls nicht zu erwarten, möchten doch die *Grünen* jegliche therapeutische Begleitung von Minderjährigen am liebsten verbieten, die auf die Entfaltung des heterosexuellen Potenzials und eine Abnahme der als ambivalent empfundenen homoerotischen Impulse zielt.²⁸

Auch hier zeigt sich, dass vom angestrebten Ergebnis her gedacht ist: Vielfalt braucht die Abweichung von der Dominanzkultur; daher gilt jede Entscheidung für die Abweichung davon als selbstbestimmt, jede Entscheidung zugunsten der Dominanzkultur dagegen als Anzeichen für einen „Einordnungszwang", der die Würde des Menschen verletzt.

Ähnliches gilt für das Sichtbarmachen von Vielfalt. Wer die tatsächlichen (z.B. statistischen) Verhältnisse herausarbeitet, stütze damit nur die heterosexuelle Dominanzkultur. „Vielfalt" steht demgegenüber für eine Perspektive auf Sexualität, die

---

[26] Auch in diesem Buch werden beide Begriffe ohne Erklärung oder Differenzierung gebraucht.
[27] Ebd., S. 40.
[28] „Homoheilungsangebote für Jugendliche verbieten".

die Struktur von Norm und Abweichung, von Allgemeinem und Besonderem zu Gunsten einer gleichwertigen Vielfalt verschiebt. Für die pädagogische Praxis weist dies auf die Notwendigkeit hin, vorfindliche Existenz- und Lebensweisen unabhängig von ihrem quantitativen Vorkommen wertschätzend zu entfalten,

wie es in einem anderen Buch heißt.[29] Die Entnormalisierung der heterosexuellen Zweigeschlechtlichkeit lebt also ganz wesentlich von der bewusst verzerrten Darstellung der Lebenswirklichkeit der Menschen.[30]

Die Autoren des Methodenbuches sind sich bewusst, dass die schulische Sexualaufklärung in gewisser Weise eine „Zwangsveranstaltung" ist. Daher soll die Privatsphäre geschützt werden, indem „zum Beispiel bei Methoden, die Körperkontakt beinhalten oder einen Austausch über intime Ansichten oder Erfahrungen [...] die Teilnahme freigestellt wird".[31] Doch dieser Anspruch wird lediglich an zwei Stellen in der Einleitung kurz genannt – zu wenig in einem Methodenbuch von 234 Seiten, um diesen Grundsatz der Freiwilligkeit tatsächlich auf seine Praxistauglichkeit hin zu reflektieren.

Dass dies bitter nötig wäre, wird deutlich, wenn man sich die Rahmenbedingungen für diese Sexualaufklärung vergegenwärtigt. Dazu heißt es im Buch:

> Eine grundlegende Aufgabe der pädagogischen Leitung ist es, Rahmenbedingungen bzw. eine Atmosphäre zu schaffen, die Vertrauen, Offenheit und Austausch unter den Teilnehmenden ermöglicht. Erst dann wird ein Austausch über Sexualität und Gefühle möglich, gegenseitigen Verletzungen, Demütigungen und übergriffigem Verhalten kann vorgebeugt und der bereichernde, liebevolle, sinnliche oder erotische Aspekt von Sexualität erfahren werden.[32]

---

[29] J. Hartmann, „Bewegungsräume zwischen Kritischer Theorie und Poststrukturalismus", S. 80.
[30] Für das Land Berlin gilt dann auch: „Die Thematisierung und altersgemäße Vermittlung von gleichgeschlechtlichen Lebensweisen wird als fester Bestandteil der schulischen fächerübergreifenden Sexualerziehung ausdrücklich formuliert", Berliner Senatsverwaltung für Bildung, Wissenschaft und Forschung, *Konzept zur Umsetzung der Initiative „Berlin tritt ein für Selbstbestimmung und Akzeptanz Sexueller Vielfalt" (ISV) für den Bereich Schule*, S. 38.
[31] E. Tuider, *Sexualpädagogik der Vielfalt*, S. 22f.
[32] Ebd., S. 24.

Konfliktfeld Schule

Hier wird der Sozialraum Schule systematisch emotionalisiert und erotisiert, wie Kritiker anmerken.[33] Erotische Bilder an den Wänden und animierende Hintergrundmusik sollen dabei helfen.[34] Es soll ein quasi intimer Beziehungsraum entstehen, in dem die Kinder im Beisein eines (ihnen vorher nicht bekannten!) Erwachsenen ihr Schamgefühl überwinden (dessen Vorhandensein Sexualpädagogen für eine Konstruktion halten), indem „eklige" Sachen thematisiert oder „schmutzige" Wörter ausgesprochen werden, und sich an erotischen Körperspielen beteiligen.

Man muss hier sehr genau hinsehen: Dem Kind wird zwar das Recht eingeräumt, sich nicht *aktiv* am Gespräch oder körperlichen Handlungen zu beteiligen, aber es bleibt Teil(nehmer) eines visuell und akustisch sexualisierten Sozialraums, aus dem der Schüler sich nicht entfernen darf. Die schulische Sexualerziehung bleibt eine Pflichtveranstaltung, für die keine gesonderte pädagogische Betreuung in einem Nebenraum vorgesehen ist. Die Autoren räumen ein, dass der für Themen der Sexualität optimale Rahmen kleiner Gruppen mit dem Nachteil einhergeht, „dass jede Person sich auch stärker in die Diskussion einbringen muss und somit einem eventuellen Bedürfnis nach Rückzug und Einfach-nur-zuhören-Wollen nicht entsprochen werden kann".[35] So ist das Prinzip der Freiwilligkeit zwar zweimal in der Einleitung des Buches genannt, aber zu keiner praktikablen Richtlinie verarbeitet.

Die Sexualpädagogen der Vielfalt weisen vehement den Vorwurf der „Frühsexualisierung" zurück und betonen, dass ihr Ansatz sexuellen Übergriffen nicht Vorschub leiste, sondern im Gegenteil Kinder stark mache gegen solche Übergriffe, indem sie lernten, diesbezüglich ihrem Gefühl zu vertrauen. Doch diese Absichtsbekundung bleibt in mehrfacher Hinsicht irritierend.

Da ist zum einen die konzeptionelle Bedeutung, die dem Bereich *Körperkontakt und Körpererfahrungen* im Rahmen der Sexualaufklärung zugewiesen wird:

> Der Umgang mit dem eigenen Körper, Lust- und Liebesempfindungen, Bedürfnisse nach Nähe und Geborgenheit oder nach Für-sich-Sein, Ängste vor Ablehnung, Interaktion mit anderen – all diese emotionalen und sozialen Aspekte

---

[33] Vgl. K. Etschenberg, „Grund und Grundlagen schulischer Sexualerziehung und Sexualbildung", bes. S. 99ff.
[34] E. Tuider, *Sexualpädagogik der Vielfalt*, S. 24.
[35] Ebd., S. 29.

bedürfen in einer ganzheitlichen Sexualerziehung ebenso der Berücksichtigung.[36]

Doch die Vermittlung von Sexualität durch „learning by doing", an dem sich die Leitungsperson beteiligt, verletzt den Grundsatz professioneller Distanz und missachtet die Vulnerabilität der Kinder, die sich mit einer ihnen fremden Person in einem (von außen nicht einsehbaren) Raum befinden. Dazu schreibt die Pädagogin Karla Etschenberg:

> [Es gehört nicht] zum Vertrag zwischen Elternhaus, SchülerInnen und Schule, dass die Lehrperson die Provokation sexueller Empfindungen, die bei Jugendlichen sehr leicht auszulösen sind, planvoll in den Unterricht mit einbezieht. Die gezielte Ansprache sexueller Gefühle und deren Bearbeitung passt nicht in den `Zwangscharakter´ von Schule.[37]

Noch weniger ist zu begreifen, warum der Lehrer bzw. die Lehrerin als vom Land autorisierte und der Schulleitung mit der Durchführung des Unterrichts beauftragte pädagogische Fachkraft, die zugleich Bezugsperson für die Schüler ist, den Raum verlassen soll. Steht es Lehrern auch in anderen Fächern frei, Gastreferenten in den Unterricht einzuladen, so liegt doch die Unterrichts*aufsicht* weiterhin bei der Lehrperson. Die Verantwortung für die Durchführung des Unterrichts, in welcher Form dieser auch stattfinden mag, kann dem Lehrer nicht abgenommen werden. Es ist nicht einzusehen, warum die mit erotischem Pathos daherkommende Sexualpädagogik der Vielfalt hier eine Sonderstellung einnimmt. Im Gegenteil, es schürt Misstrauen. Dieses Misstrauen wird nicht zuletzt dadurch befeuert, dass permanent die angeblichen Gemeinsamkeiten zwischen erwachsener Sexualität und dem (von den Sexualpädagogen sexuell interpretierten) Verhalten eines Kindes konstruiert werden.[38]

Die Sexualpädagogik, so Uwe Sielert, setze auf Menschen, die „die sexuelle Selbstbestimmung von Kindern und Jugendlichen fördern, aber gleichzeitig in der Lage sind, fachkundig hinzusehen und hinzuhören, wo diese Selbstbestimmung gefährdet ist".[39] Sielert bleibt also dabei, dass es – in Ermangelung moralischer Kriterien, die er nicht anerkennen will – allein darauf ankommt, dass Kinder lernen, Ja oder Nein zu sagen, also ihre Selbstbestimmung auszuüben.

---

[36] Wissenschaftlicher Beirat des Instituts für Sexualpädagogik Dortmund (isp), *Kampagnen gegen emanzipatorische sexuelle Bildung*, S. 13.
[37] K. Etschenberg, „Erziehung zu Lust und Liebe", S. 182.
[38] Vgl. J. Pastötter, „Die Sexualpädagogik in Deutschland und ihr Verhältnis zum sexualwissenschaftlichen Fachwissen", bes. S. 124ff.
[39] Ebd.

Das Problem daran ist: Das eingangs von ihm thematisierte Machtgefälle zwischen Erwachsenen und Kindern verschwindet nicht dadurch, dass das Erwachsenenkonzept der sexuellen Selbstbestimmung einfach auf Kinder jeden Alters zurückprojiziert wird. Dass das gegenseitige Einverständnis in der (sexuellen) Kommunikation selbst unter Erwachsenen von Mehrdeutigkeiten, Missverständnissen, Stimmungswechseln und auch Herrschaftsgefällen geprägt ist, zeigt, wie schwach und in letzter Konsequenz gefährlich für den jeweils „schwächeren" Kommunikationspartner es ist, ihn ganz auf das Kriterium der Selbstbestimmung einzuschwören. Praktisch läuft dies auf die Behauptung hinaus, dass es neben der „Pädosexualität", die die Selbstbestimmung des Kindes *miss*achtet, auch Formen sexueller Förderung und Begleitung von Kindern gibt, die dem Kind guttun. Dabei werden kindliche Verhaltensweisen sexuell interpretiert und zum Anlass sexueller Anregung durch (und für?) den Erwachsenen. Dass die Sexualisierung solcher Abhängigkeitsverhältnisse *an sich* das Problem und das eigentlich Verwerfliche ist, scheint Sielert nicht sehen zu wollen oder zu können.

In der pansexualisierten[40] Welt der Sexualpädagogik ist nie Sex als solcher das Problem, sondern allein die möglicherweise missachtete Selbstbestimmung. Das gilt auch im Blick auf „Doktorspiele" im Kindergarten. „Sexuelle Spiele", erklärt Sielert, „beruhen auf Gegenseitigkeit und Einverständnis, Gewalt fängt da an, wo jemand gedrängt wird, mitzumachen, obwohl es dem Kind unangenehm ist".[41] Körperöffnungen von Kindern sollen also grundsätzlich geeignet sein, um „spielerisch" in sie einzudringen, solange es einem Kind damit „gut geht". Als ob es „kinderleicht" wäre, dass ein Kind den anderen Kindern oder einem Erwachsenen dies postwendend mitteilt (was ein beachtliches Maß an Resilienz, Stabilität, situativer Spontaneität und Artikulationsfähigkeit erfordert). Diese inszenierte Emotionalisierung und Erotisierung des Sozialraums Schule schützt nach Ansicht nicht nur besorgter Eltern, sondern auch von Pädagogen und Sexualwissenschaftlern, nicht hinreichend vor übergriffigem Verhalten, da dies in diesem Kontext ja einen pädagogisch begründeten Anstrich erhält. Der Unterrichtszwang lässt Kindern keine Chance, sich unangenehmen Situationen zu entziehen.

Die *Frankfurter Allgemeine Sonntagszeitung* verwies 2014 auf die Einschätzung eines Staatsanwalts, wonach sich in Tuiders Buch „ganz klar Anweisungen" fänden, „die Pädophilen als Ermunterung zum Missbrauch von Kindern dienen könnten. […] Ähnliche Texte habe er immer wieder

---

40 *Pansexualisierung* ist die Sexualisierung aller Lebensbereiche.
41 Zitiert nach D. Benedict, „Mainzer Skandal".

auf Rechnern pädophiler Täter gefunden, sagt der Staatsanwalt".[42] Ursula Enders wird mit der Einschätzung zitiert, es sei „übergriffig", wenn Zwölfjährige zum Reden über Gruppensex und Spermaschlucken ermuntert würden.[43]

Tatsache ist: Sexualität soll vor und mit Schülern so explizit präsentiert werden, wie es der Jugendschutz für das Fernsehen erst nach 22.00 Uhr erlaubt. Der Hinweis auf die freie Verfügbarkeit solcher Inhalte im Internet rund um die Uhr trägt hier nichts aus. Niemand wird gezwungen, sich solche Darstellungen im Internet anzusehen, während die schulische Sexualaufklärung im Zeichen der Vielfalt verpflichtend ist, wie neuere Bildungspläne ausdrücklich betonen.[44] Es bestehen, wie ein Gutachten exemplarisch für den in Schleswig-Holstein eingeführten Sexualkundelehrplan gezeigt hat, massive Zweifel an der behaupteten Wahrung der Elternrechte und der Vermeidung von Indoktrination.[45]

In der Erarbeitung und Umsetzung ihrer Bildungspläne haben sich die Bundesländer für feste Partner entschieden. Es handelt sich um LSBTTIQ-Initiativgruppen und Verbände wie „SchLAu" (was für „Schwul Lesbisch Bi Trans*-Aufklärung" steht). Klickt man sich durch die entsprechenden Seiten der Kultusministerien (häufig ganz eigenständig konzipierte Seiten), dann wird deutlich, dass der Grundsatz der Vielfalt aufgegeben wird, wenn es um die Frage möglicher Partner bei der Erarbeitung der Lehrpläne

---

[42] A. Schmelcher, „Unter dem Deckmantel der Vielfalt". Auch Nikolaus Franke hat Texte, die von der Berliner Senatsverwaltung empfohlen und u.a. vom Netzwerk SchLAu eingesetzt werden, zweien auf sexuellen Missbrauch spezialisierten Rechtsanwälten vorgelegt (die nicht wussten, woher die Texte stammen) und die diese Texte „an der Grenze zur sexuellen Nötigung" bzw. als Verletzung des Jugendschutzgesetzes sahen; vgl. *Sexuelle Vielfalt im Unterricht?*, S. 11.
[43] Ebd.
[44] So z.B. der 2016 in Kraft gesetzte *Lehrplan Sexualerziehung. Für allgemeinbildende und berufliche Schulen in Hessen*, § 5: „Sexualerziehung ist für alle Schülerinnen und Schüler verbindlich und nicht an die Zustimmung der Eltern gebunden. Die verpflichtende Teilnahme am Unterricht gilt ebenfalls für ältere Schülerinnen und Schüler und ist nicht an deren Zustimmung gebunden."
[45] Vgl. C. Winterhoff, *Rechtsgutachten zur Verfassungs- und Gesetzmäßigkeit der Erziehung von Schulkindern an öffentlichen Schulen in Schleswig-Holstein zur Akzeptanz sexueller Vielfalt*.

geht.⁴⁶ Da kann, wie im Sommer 2016 bei der Verabschiedung des Hessischen Lehrplans für die schulische Sexualerziehung geschehen, sogar die Landeselternvertretung ins Abseits gestellt werden.⁴⁷

Die Kooperationspartner bei der Konzipierung schulischer Sexualaufklärung, die eingeladen sind, an der Durchführung mitzuwirken, stehen der heterosexuellen zweigeschlechtlichen Dominanzkultur dezidiert ablehnend gegenüber und erwecken nicht den Eindruck, *alle* Lebensformen gleichermaßen wertschätzend präsentieren zu wollen: die natürliche Ehe z.b. nicht, weil sie patriarchalisch sei, und Pädophilie nicht, weil sie verboten ist.⁴⁸ Anders gesagt: „Die Zivilgesellschaft, mit der die Schulen bei ihren `Aufklärungsprojekten´ zusammenarbeiten sollen, wird auf das LSBTI-Spektrum reduziert".⁴⁹

Da der Unterricht nach den Schulgesetzen der Länder unter Aufsicht einer formal qualifizierten Lehrperson zu stehen hat, übernehmen die Referenten die Sexualerziehung im Unterricht auch gerne als „Experten für ihre eigene Biografie".⁵⁰ Während in der Kinder- und Jugendarbeit inzwischen selbst Ehrenamtliche ein erweitertes Führungszeugnis vorlegen müssen, haben die Länder laut Karla Etschenberg bislang keine Mechanismen eingeführt, mit denen sichergestellt wird, dass im Aufklärungsunterricht eingesetzte externe Referenten unbescholten sind.⁵¹ Es ist nicht einzusehen, warum für die schulische Sexualerziehung niedrigere Schutzstandards gelten sollten als in der außerschulischen Sozialarbeit.

---

⁴⁶ Als ein Beispiel verweise ich hier auf den *Aktionsplan des Senats der Freien und Hansestadt Hamburg für Akzeptanz geschlechtlicher und sexueller Vielfalt,* der explizit vermerkt, dass abgesehen von den zuständigen Fachstellen einzig die „LSBTI*-Interessenvertretungen" an allen Stufen der Erarbeitung des Planes beteiligt waren. Dort heißt es auch: „Der Senat ist den Anregungen und Empfehlungen der LSBTI*-Interessenvertretungen weitgehend gefolgt" (S. 4).
⁴⁷ Vgl. M. Trautsch, „Neuer Lehrplan für Hessen".
⁴⁸ Dies ist das einzige (!) Argument, mit dem Anne Müller sich gegen den Vorwurf von Kritikern wehrt, die Sexualpädagogik fördere die Akzeptanz der Pädophilie. Die Bachelorarbeit der Autorin mit dem Titel *Analyse der aktuellen Kritik an der Sexualpädagogik* ist hier deshalb erwähnenswert, weil die Gesellschaft für Sexualpädagogik sie auf ihrer Webseite als Auseinandersetzung mit den Kritikern anpreist. Man wird in diesem Fall von einem bemerkenswerten Eigentor sprechen müssen.
⁴⁹ M. Spieker, *Gender-Mainstreaming in Deutschland,* S. 31.
⁵⁰ So mündlich die emeritierte Didaktikprofessorin Karla Etschenberg (Köln) auf der Tagung der Rechtswissenschaftlichen Sektion der Joseph-Görres-Gesellschaft im September 2015 in Bonn.
⁵¹ So Etschenberg auf Nachfrage während der in der vorangehenden Fußnote genannten Tagung.

Die Akzeptanz sexueller Vielfalt gilt ihren Verfechtern als Bedingung und Verheißung für auf eine von Diskriminierung freie und gerechte Gesellschaft. Die eingeforderte Akzeptanz bezieht sich vordergründig auf sexuelle Identitäten und Orientierungen, formuliert hintergründig aber die Forderung bedingungsloser Kapitulation vor dem Grundsatz des moralischen Relativismus. Dieser ist seinerseits nicht konsequent durchzuhalten, wenn man glaubwürdig z.B. pädophile Handlungen missbilligen will. Denn selbst die – in der Sache unzureichende – Konsensmoral (alles, was einvernehmlich geschieht, ist erlaubt) ist nicht relativistisch, sondern setzt die Konsensbedingung absolut.

Ähnlich hatten wir in Kapitel 4 gesehen, dass die Menschen, die sich hinter dem griffigen Label „LSBTTIQ" verbergen, sehr unterschiedliche Anliegen, Interessen und (lebenspraktische) Herausforderungen mitbringen. Die Vereinnahmung dieser Menschen für eine bestimmte politische Agenda reduziert sie in quasi stereotyper Weise auf ihre sexuelle Identität.

Sowohl der Weg in die diskriminierungsfreie Gesellschaft als auch ihre erhoffte Endgestalt sind in der Realität nicht mit mehr Freiheit und Gerechtigkeit verbunden, sondern mit deren Einschränkung – zugunsten einer Minderheit, die fortan zu bestimmen beansprucht, wer tolerant und wer intolerant ist.

5.2 Konfliktfeld akademischer und öffentlicher Raum
Die Tyrannei der Minderheit

In kaum einem anderen Bereich hat sich der radikale Gender-Konstruktivismus so weitgehend durchsetzen können wie im Raum der Universitäten und Hochschulen. In den westlichen Staaten gilt der Grundsatz der Forschungs- und Lehrfreiheit – ein hohes Gut, das der Staat zu schützen hat. Lenken lassen sich Forschung und Lehre aber dennoch, und zwar durch Mittelzuweisungen und die Bereitstellung von Geldern für Forschungsprojekte, für die ein Interesse der Gesellschaft angenommen, unterstellt oder auch gewünscht wird. Auf diese Weise geschieht in unserem Land viel wertvolle Forschung, die Ergebnisse generiert, die Menschen und Personengruppen zugutekommen.

In gesellschaftspolitischen Fragen lassen sich auf diese Weise aber auch Akzente setzen, die nicht ohne Weiteres einen Mehrwert erkennen lassen. So sind die in der Bundesrepublik an Universitäten vor Jahrzehnten eingerichteten Institute für Bevölkerungswissenschaften in den zurückliegen-

Jahren abgewickelt worden, während Lehrstühle für Genderforschung wie Pilze aus dem Boden schossen. 2014 wurden bereits 223 dieser Lehrstühle gezählt.[52] Herwig Birg, der als Begründer der Bevölkerungswissenschaften in der Bundesrepublik gilt und von 1981 bis 2004 das Fach an der Universität Bielefeld lehrte, nennt diese Entwicklung „Gender statt Kinder".[53]

Erforscht werden nicht mehr die Ursachen der grassierenden Kinderlosigkeit, die auf einen bereits einsetzenden demografischen Sturzflug hinausläuft. Stattdessen wird die „mittel- bis langfristige Selbstaufhebung der Kategorie Geschlecht als zentraler Strukturgeber gesellschaftlicher Ungleichheit" zum Ziel erklärt, was auch in der Bezeichnung „queer studies" zum Ausdruck kommt.[54] Damit ist gemeint, die Kategorie Geschlecht aus ihrer selbstverständlichen Ordnung herauszunehmen, wörtlich: zu „verpfuschen".

Das anspruchsvolle Vorhaben, Geschlechtervorstellungen zu entnaturalisieren, richtet sich in der Genderforschung vor allem gegen den Deutungsanspruch naturwissenschaftlicher Theorien, wie z.b. gegen die evolutionsbiologische Begründung der Zweigeschlechtlichkeit des Menschen. Gegen die Naturwissenschaften wird eingewendet, dass sie selbst Ausdruck eines männlichen, auf Objektivierung und Beherrschbarkeit des Untersuchungsgegenstands ausgerichteten Ansatzes seien, der keinen Monopolanspruch darauf erheben dürfe, das „Natürliche" definieren zu können.[55]

Gegen solche Unterstellungen verwehrt sich mit besonderer Vehemenz der Kasseler Evolutionsbiologe Ulrich Kutschera.[56] Er spricht der Genderforschung grundsätzlich die Wissenschaftlichkeit ab, sofern sie empirisch nachweisbare Geschlechterdifferenzen nicht zur Kenntnis nehmen wollen. Kutschera schlägt in Publikationen und Interviews oft einen polemischen Ton an, was es seinen Gegnern leichter macht, seine Position zu diskreditieren. Doch was er auf der Basis biologischer Erkenntnisse zur Zweigeschlechtlichkeit äußert, ist bemerkenswert. So zeigt er, dass es bei Mann und Frau nicht um einen „kleinen Unterschied" (Alice Schwarzer) geht, sondern um einen „Ganzkörper-Sexualdimorphismus",[57] der über die primären Geschlechtsmerkmale hinaus seine Ausprägung in der unterschiedlichen Körperbehaarung, Stimmhöhe, Muskelmasse und vielem anderen

---

[52] 2014 wurden 223 Genderprofessuren mit einer Voll- oder Teilzeitbeauftragung gezählt; vgl. „Genderprofessuren. Aktuelle Daten", S. 890f.
[53] Vgl. H. Birg, *Die alternde Republik und das Versagen der Politik*.
[54] Vgl. N. Degele, *Gender/Queer Studies*, S. 12.
[55] T. Schönwälder-Kuntze u.a. (Hg.), *Störfall Gender*, S. 96f.
[56] Vgl. U. Kutschera, *Das Gender-Paradoxon*.
[57] Ebd., S. 233.

findet – wobei es um statistische Unterschiede im Durchschnitt geht, Abweichungen bei Individuen also durchaus vorkommen.

Die Polarität der Geschlechtskörper ist, wie Kutschera feststellt, die biologische Basis der Fortpflanzung. Problematisch an seinem Ansatz ist jedoch, dass er von naturalistischen Voraussetzungen her argumentiert, d.h. allein *naturwissenschaftliche* Aussagen über den Menschen bzw. dessen Geschlechtsnatur gelten lässt und bestreitet, dass Geistes- und Sozialwissenschaften überhaupt einen (eigenen) Zugang zur Wirklichkeit hätten. Bei ihm ist alles Biologie, jede Idee, jede soziale Ausprägung, selbst die Liebe – eine im Kern biologistische Erklärung, die der Komplexität der Lebensphänomene auch nicht gerecht wird.

Das eigentlich Problematische an der universitär etablierten Genderforschung, insbesondere an ihrer „queeren" Ausprägung, sind nicht ihre extravaganten erkenntnistheoretischen Ansätze, sondern die Tatsache, dass sie sich nicht als identifizierbarer und abgrenzbarer Forschungsbereich darstellt, sondern sich stark durch das eigene Verständnis als eine Art Verunsicherungs- oder Gegenwissenschaft bestimmt. Dazu gehört, dass sie gängige und bewährte Voraussetzungen wissenschaftlichen Arbeitens, wie sie Grund und Legitimation der modernen Universitäten sind, infrage und nicht selten an den Pranger stellt. Selbst das könnte man ihr noch als Tugend des radikalen Hinterfragens anrechnen und das anvisierte Forschungsziel, die Kategorie Geschlecht als „Strukturgeber" der Gesellschaft zu enttarnen, als legitimes Anliegen betrachten. Doch endgültig kritisch wird es, wenn die gesellschaftspolitisch motivierte Dekonstruktion von Heteronormativität, die zudem *per definitionem* gegen eine Überprüfung von „außen" abgeschirmt wird,[58] begründen soll, warum der Umbau einer immer noch in dieser Heteronormativität beharrenden Gesellschaft von Grund auf nötig sei. Selbstreferenzieller (auf Zirkelschlüssen beruhender) könnte ein System kaum sein.

Angesichts des ehrgeizigen Anspruchs, die Kategorie Geschlecht durch ihre Erweiterung ins Totale (nach der Devise: „alles ist Gender") letztlich unkenntlich zu machen, kann die Finanzierung dieser Institute auf lange Zeit als gesichert gelten. Denn es ist wohl nicht ernsthaft zu erwarten, dass unsere Gesellschaft sich in absehbarer Zeit freiwillig von der Kategorie Geschlecht in der bewährten zweigeschlechtlichen Matrix trennen wird.

Für den Soziologen Stefan Hirschauer ist dann auch „Gender" (abgesehen von der präzisen Verwendung des Wortes als soziales Geschlecht) „ein

---

[58] Vgl. G. Buchholz, „Gender Studies".

dünner rhetorischer Lack auf einer traditionellen Frauenforschung, die sich als feministische Gegenwissenschaft versteht".[59] Sie funktioniere nach der Logik einer sozialen Bewegung (wie z.b. Befreiungsbewegung), fordere aber ihren Platz an den Universitäten ein, die nach einer ganz anderen Logik funktionieren. Schon die Praxis der Personalrekrutierung, die dazu geführt hat, dass von 223 Gender-Professuren lediglich zehn mit Männern besetzt sind, ist beispiellos. Hirschauer, selbst einer von ihnen, schreibt:

> Es ist eine einzige Peinlichkeit, dass der Feminismus, der das Gendering von Wissensprozessen [als einem weithin männlichen Geschäft] mit guten Gründen kritisierte, selbst nicht in der Lage war, Wissensprozesse unter Absehung von Geschlecht zu organisieren.[60]

Stattdessen habe der Feminismus einen staatlich finanzierten Raum geschaffen, in dem Frauen, die aus einem weithin homogenen Hintergrund kommen, sich mit einer eher politisch als wissenschaftlich motivierten Auswahl an Themen beschäftigen.[61]

Im Selbstverständnis der Genderforschung bleibt der schon in 1.5 beschriebene Widerspruch in der eigenen Personalpolitik unreflektiert: Obwohl das Geschlecht ausschließlich als etwas sozial Konstruiertes verstanden wird, ist „die Frauen- und Geschlechterforschung in Deutschland aber (fast) ausschließlich Menschen vorbehalten, die, zumindest allem Anschein nach, der Teilmenge der Frauen zuzuordnen sind".[62] In diesem Befund drückt sich ein Kernproblem der Genderforschung aus: Sie möchte die Kategorie Geschlecht überwinden und lenkt doch alle Aufmerksamkeit auf die in der Gesellschaft vorgenommene Geschlechterunterscheidung, markiert also permanent, wofür die Gesellschaft blind werden soll. Auf diese Weise entgeht ihr, dass es in vielen Bereichen der Gesellschaft eine „längst realisierte Geschlechtsblindheit"[63] gibt, die auch erklärt, warum das Anliegen der Genderforschung bei der großen Bevölkerungsmehrheit nicht so recht zünden will.

Das größte Kapital der Genderforschung bleibt das in Staat und Gesellschaft verwurzelte Schuldbewusstsein, dass Frauen und sexuellen Minderheiten unbestreitbar in der Geschichte viel Unrecht widerfahren ist. Von diesem Kapital zehren Gender-Institute als akademischer Außenposten fe-

---

[59] S. Hirschauer, „Wozu Gender Studies?", S. 880.
[60] Ebd., S. 881.
[61] „Einen solch hohen Grad homogener Verdichtung und Schließung gibt es in keinem anderen Forschungsgebiet"; ebd., S. 881.
[62] G. Buchholz, „Gender Studies", S. 11.
[63] S. Hirschauer, „Wozu Gender Studies?", S. 881.

ministischer Bewegungen; aus ihm entlehnen sie ihren Anspruch, die Gesellschaft bis hin zur vollständigen Geschlechtsblindheit hin verändern zu wollen. Sich für dieses Ziel zu engagieren bleibt jedem Bürger unbenommen, doch es stellt sich die ernsthafte Frage, ob die Hochschulen der Ort sein sollen, an dem das Verfolgen dieses politischen Anliegens im Windschatten der Forschungs- und Lehrfreiheit mit staatlichen Mitteln subventioniert wird.

Wo Genderforschung dem Zugriff politisierter Interessen entzogen bleibt, kann es sich durchaus um einen sinnvollen Forschungsansatz handeln. Das zeigt z.B. der recht junge Zweig der „Gendermedizin".[64] Hierbei werden geschlechtsspezifische Aspekte wie Sexualhormone und Lebensstil berücksichtigt, wenn es um die Entwicklung von Präventionsmaßnahmen, Diagnoseverfahren und Therapieansätzen geht. Weil biologische und soziale Faktoren ineinandergreifen, steht das Geschlecht nicht lediglich für die Fortpflanzungsfunktion, sondern auch für ein spezifisches Gesundheits- und Risikoverhalten der beiden Geschlechter. Das Wissen um angeborene und erworbene Geschlechterunterschiede wird in der geschlechtsbezogenen Medizinforschung dazu eingesetzt, Arzneimittel zu entwickeln, die in ihrer Wirkung besser auf den männlichen oder weiblichen Organismus abgestimmt sind. Kaum jemand dürfte dabei besser wissen als die Mediziner, dass es sich bei Aussagen über Männer und Frauen um statistische Durchschnittswerte handelt und dass sich unterhalb der Gruppenzugehörigkeit die Wirkung eines Medikaments auf den einzelnen Patienten nicht exakt vorhersagen lässt.

Auf diese Forschungen zu verzichten wäre gerade kein Beitrag zu mehr Geschlechtergerechtigkeit. Mit den Worten eines Forschers gesagt: „Frauen und Männer werden [medizinisch] nicht gleich behandelt, denn im Großen und Ganzen werden Frauen behandelt, als wären sie Männer".[65] Das Ziel, in Forschung und Therapie die Geschlechterunterschiede zu berücksichtigen, gründet in der zutreffenden Einsicht, dass Gleichbehandlung die Anerkennung wesenhafter Unterschiede einschließt.

Während die Gendermedizin also das Ziel hat, Krankheitsrisiken zu senken und Heilungsraten zu erhöhen, haben die „Gender-Studien" im oben vorgestellten Sinn eine weltanschaulich motivierte gesellschaftspolitische Zielsetzung. Viele Impulse, die von den Gender-Instituten ausgehen,

---

[64] Vgl. M. Gadebusch Bondio u.a. (Hg.), *„Gender-Medizin";* C. Hornberg/A. Pauli/ B. Wrede (Hg.), *Medizin – Gesundheit – Geschlecht.*
[65] L. Cahill, „Equal ≠ The Same", S. 15 (Übersetzung C. R.).

zielen auf den Umbau der Gesellschaft. Dabei zeigt sich als wiederkehrendes Muster, dass zunächst berechtigte Anliegen (wie der Schutz der sexuellen Selbstbestimmung) ins Totalitäre kippen (vgl. 3.1), weil das Recht auf Persönlichkeitsentfaltung keine Grenze mehr am Recht des anderen finden soll.

Ein Beispiel dafür ist die Frage, wie in öffentlichen Gebäuden mit Menschen umgegangen werden soll, die sich keinem der beiden Geschlechter zuordnen können oder wollen und deshalb nicht die Toiletten oder Umkleideräume für „Herren" oder „Damen" aufsuchen möchten. Sucht man für dieses Problem eine Lösung, dann wird dies eine Lösung sein müssen, mit der nicht nur eine kleine Minderheit an Betroffenen leben kann, sondern auch die Mehrheit, die kein Problem mit der Zweigeschlechtlichkeit hat.

Dabei werden schnell Gemeinsamkeiten und Unterschiede zu dem Anliegen deutlich, Rollstuhlfahrern einen barrierefreien Zugang zu Sanitärräumen zu ermöglichen: Die Inklusion dieser Menschen verlangt nach praktischen Lösungen, die sich je nach baulichen und anderen Gegebenheiten unterscheiden werden. Rollstuhlfahrer haben Zugang zu Behindertentoiletten, aber nicht zu jeder (anderen) Toilette; Unterschiede zwischen Menschen(gruppen) werden also anerkannt, ohne sofort als Benachteiligung interpretiert zu werden.

Auch „Transgender"-Personen stellen eine Minderheit dar, die ihre Bedürfnisse gegenüber einer Mehrheit artikulieren. Dennoch besteht vonseiten der Gender-Aktivisten kein Interesse daran, die Logik des Inklusionsprojekts, das auf die Teilhabe von Menschen mit Behinderung zielt, auf die Diskussion über den Umgang mit sexuellen Minderheiten zu übertragen – schon alleine, weil diese Minderheiten ausdrücklich nicht als krank oder behindert wahrgenommen werden möchten.

Ein weiterer grundlegender Unterschied liegt darin, dass der Teilhabe von Menschen mit Behinderungen ein objektives, auch für Dritte einsehbares *Hindernis* entgegensteht: Der Rollstuhlfahrer ist auf barrierefreie Zugänge angewiesen. Anders bei den sexuellen Minderheiten: Hier ist das Problem kein objektives Hindernis, sondern das subjektive *Unbehagen* daran, sich in der Ordnung der Zweigeschlechtlichkeit verorten zu sollen, was z.B. bei öffentlichen Toiletten oder Umkleideräumen konkret wird, die nach männlich und weiblich getrennt sind. Weil das Unbehagen eng mit der gewählten geschlechtlichen Identität verbunden ist, die grundsätzlich nicht infrage gestellt werden darf, folgt daraus die Anspruchshaltung, dass die äußeren Gegebenheiten an die Bedürfnisse des Betroffenen angepasst werden müssen. In manchen Fällen wird dies mit vertretbarem Aufwand möglich sein, in anderen aber nicht (z.B. in kleinen Gebäuden mit wenigen Toiletten).

An diesem Punkt wird der nächste Unterschied deutlich: Das subjektive Unbehagen wird zur Basis eines Menschenrechts darauf, eine Toilette der gewählten Geschlechtsidentität entsprechend zu wählen. Mit der Schubkraft der Menschenrechte wird das Recht auf die Entfaltung der eigenen Persönlichkeit gegen die Persönlichkeitsrechte aller anderen von einer solchen Entscheidung unvermeidlich Betroffenen in Stellung gebracht – während sich in einem weniger aufgeladenen Gesprächsgang häufig Lösungen finden lassen dürften, bei denen die unterschiedlichen Güter und Interessen gegeneinander abgewogen werden.

Anschaulich wird dies seit 2016 im kanadischen Bundesstaat Alberta, wo es eine Weisung der obersten Schulbehörde Transgender-Personen gestattet, die Sanitärräume zu benutzen, die der selbst gewählten Gender-Identität entsprechen.[66] Der Text der Schulbehörde ist ein (noch seltenes) Beispiel der Erfüllung sämtlicher Maximalforderungen der Gender-Akteure: Über die Benutzung der nach Jungen und Mädchen unterteilten Gemeinschaftswaschräume[67] entscheidet jeder Schüler gemäß „individuellem Bedürfnis"; ein biologischer Junge mit einer „Trans"-Identität hat also ein Recht darauf, sich gemeinsam mit den Mädchen umzuziehen.

Das volle Gewicht dieser Neuordnung zeigt sich an der Bestimmung, die das Verfahren für den Fall regelt, dass ein (biologisches) Mädchen mit der Anwesenheit des „Trans"-Jungen ein Problem hat: Dem Kind, das biologisch gesehen den „richtigen" Waschraum benutzt, ist ein gesonderter Umkleideraum anzubieten; der Trans-Junge darf bleiben. So werden im Sprachgewand der Geschlechtervielfalt und des Menschenrechts, diese ungehindert auszuleben, persönliche Empfindungen einer privilegierten Minderheit gegen das natürliche Schamempfinden und die Persönlichkeitsrechte anderer Personen durchgesetzt. Das zeigt auch die Weisung, an allen Schulen Strukturen zu implementieren, die Anliegen der LSBTTIQ-Personen offensiv unterstützen und ihnen zur Geltung verhelfen. Den Schulen, die sich dem verweigern, hat der Bildungsminister von Alberta Konsequenzen angedroht.

---

[66] Alberta Education (Hg.), *Guidelines for Best Practises*.
[67] Dass Waschräume nach biologischem Geschlecht getrennt sind, wird im Text nicht ausdrücklich gesagt; es wird vielmehr vorausgesetzt, wenn ausführlich angewiesen wird, dass es in jeder Schule zusätzlich Einzelwaschräume ohne Geschlechterbezug geben muss.

5.3 Konfliktfeld Sprache
Der Verlust des Wirklichkeitsbezugs

Eine Strategie, die auf beiden Seiten des Atlantiks Fahrt aufgenommen hat, ist der Versuch, eine geschlechtergerechte oder geschlechtersensible Sprache durchzusetzen. Auf der semantischen Ebene, die sich auf die Bedeutung von Wörtern bezieht, geht es vor allem darum, Schlüsselbegriffe der Diskussion politisiert umzudeuten (vgl. Kap. 3): Menschenrechte, Gerechtigkeit, Toleranz, Gleichheit. Dass Sprache sich verändert und damit auch der Gebrauch von Wörtern, ist ein normaler Vorgang, der kaum Anlass zur Aufregung geben dürfte. Doch geht es hier nicht nur darum, Wörter mit einer neuen Bedeutung(snuance) zu versehen, sondern, mit Josef Pieper gesprochen, um den „Verderb des Realitätsbezuges" und „des Mitteilungscharakters" der Sprache.[68] Denn im Wort wird Realität deutlich: „Man redet, um in der Benennung etwas Wirkliches kenntlich zu machen" (z.B. die Wirklichkeit des Geschlechts), und zwar „kenntlich für *jemanden* natürlich", darin liegt der Mitteilungscharakter der Sprache.[69]

Dass sprachliche Aussagen diesen Wirklichkeitsbezug und Mitteilungscharakter verlieren, ist nicht immer ohne Weiteres offensichtlich, denn Sprache verändert sich fortwährend, ohne dass dies für ihren Gebrauch ein Problem darstellt. „Instrumentalisiert" wird die Sprache jedoch dann, wenn mit ihr der Anspruch erhoben wird, sich nicht auf eine ihr vorausliegende, „objektive" Wirklichkeit zu beziehen, sondern diese erst zu konstruieren – weshalb es nicht nur möglich, sondern gar geboten sei, die Sprache von moralischen und damit diskriminierenden Implikaten zu reinigen:

- Das Wort „Ehe" darf nicht mehr exklusiv für die Institution gebraucht werden, die in der Geschlechtspolarität der Ehepartner auf die Familie hin geordnet ist, sondern soll die Verbindung zweier (warum eigentlich?) Menschen meinen, die sich lieben.
- „Gleichheit" muss die Gleichbehandlung auch von wesentlich Ungleichem einschließen.
- Toleranz heißt dann nicht mehr das friedliche Erdulden von (aus eigener Sicht) irrigen Überzeugungen, sondern deren Akzeptanz (vgl. 3.3).

Unter der sprachlichen Oberfläche der Bejahung von nicht diskriminierender, also wertend unterschiedener, Vielfalt verbirgt sich auch hier der Wille zur Macht eines sich absolut setzenden weltanschaulichen Relativismus

---

[68] J. Pieper, *Missbrauch der Sprache, Missbrauch der Macht*, S. 13.
[69] Ebd., S. 12.

(vgl. 3.1 und 5.1), den zu spüren bekommt, wer sich diesem Sprachgebrauch verweigert. Dagegen dient die politisch korrekte Redeweise dazu, „dass sein Sprecher bestimmte Tugenden ausdrücken und sich gleichzeitig dazu beglückwünschen kann".[70]

Ein Versuch, dem Anliegen der Gleichberechtigung der Geschlechter auch im bundesdeutschen Sprachgebrauch zum Durchbruch zu verhelfen, zielt auf das Sichtbarmachen von Frauen neben Männern durch Sprache. In Politikerreden etwa oder in Verwaltungsvorschriften wird dem dadurch Rechnung getragen, dass die „Bürgerinnen und Bürger" angesprochen werden. Da Sprache ja stets Herrschaftsverhältnisse abbilde und durch Wiederholung stabilisiere, müsse jeder, der sich gegen die Unterdrückung der Frau stark macht, dies auch im Sprachgebrauch kenntlich machen. Doch auch Philologen kritisieren, es gebe keine Belege dafür, das Ziel der Geschlechtergerechtigkeit auf diesem Wege zu erreichen. Ist nicht vielmehr das Gegenteil der Fall, fragt die Ethnologin Ingrid Thurner:

> Hat nicht die fortgesetzte Betonung des eigentlich Selbstverständlichen, nämlich der Mehrgeschlechtlichkeit, die gesellschaftlichen Ungleichheiten [...] sogar zementiert? Denn ständig wird da implizit betont, dass es kein Miteinander gibt, keine Komplementarität der Geschlechter, keine Übergeschlechtlichkeit, die einfach nur alle Menschen umfasst. Immer wird extra hervorgehoben, dass immer Männer und Frauen da sind. Die Dichotomie, die man gutmenschlich aufheben meint, wird in jedem Satz neu geschaffen und der gesellschaftliche Graben wird und wird nicht flacher.[71]

Nun ist jeder Bürger gut beraten, sich über die jeweils neuesten Vorschläge informiert zu halten, denn die Rede von den „Bürgerinnen und Bürgern" ist z.B. auch schon wieder von gestern (aus der Zeit des von Alice Schwarzer geführten Geschlechterkampfes). Müssen sich darin im Sinne der butlerschen Dekonstruktion nicht alle übergangen fühlen, die sich in der zweigeschlechtlichen Matrix nicht einfinden können? Gender-Experten bedienen sich daher verschiedener Schreibweisen wie des Unterstrichs („Mitarbeiter_in"), eines Sternchens (Mitarbeiter*in) oder – ganz progressiv – der x-Form („Studierx"), um auch Menschen, die sich „zwischen" den Geschlechtern bewegen, einzuschließen. Mittlerweile ist die Devise, Frauen sichtbar zu machen, der Direktive gewichen, das Männliche als Norm unsichtbar zu machen. Dafür wird auch gerne auf den Plural ausgewichen („die Geflüchteten").

---

[70] R. Alexander, „Wem nützt der Code der Gleichstellung?", S. 7.
[71] I. Thurner, „Der Gender-Krampf verhunzt die deutsche Sprache".

Außerhalb des Universitätsbetriebs haben sich hochgestellte Asterixe und das Binnen-I schon aus Gründen der Aussprache nicht durchsetzen können. Ebenso wenig die substantivierten Partizipien, die aus dem lateinischen Partizip „Student" geschlechtsneutrale „Studierende" und aus „Demonstranten" entsprechend „Demonstrierende" gemacht haben. Eher ernten diese Neuerungen ein müdes Lächeln oder ernst gemeinte Kritik, nicht nur von Philologen.[72]

Entscheidend ist, wie Norbert Dörner bemerkt, dass die Doppelnennung wie auch die – die männliche Form vermeidenden – Partizipialbildungen auf der Fehlannahme beruhten, dass es eine notwendige Übereinstimmung zwischen dem natürlichen bzw. biologischen und dem *grammatischen* Geschlecht gebe.[73] Dass dem nicht so ist, lernen bereits Kinder: Das „Mädchen" ist grammatisch sächlich (weil Diminutiv!), biologisch aber stets weiblich. Die Person oder die Geisel sind grammatisch weiblich, umfassen aber Personen beiderlei Geschlechts; Gleiches gilt für das männliche Wort „Gast" und die sächlichen Substantive „Opfer" und „Mitglied".

Der grammatische Genus lässt keine sicheren Rückschlüsse auf das natürliche Geschlecht zu, findet aber auf Personen beiderlei Geschlechts (oder auch irgendwo zwischen beiden Geschlechtern) Anwendung. Die Verwendung des generischen Maskulinums privilegiert daher nicht die Männer, weil das natürliche Geschlecht unsichtbar bleibt. Eher gilt umgekehrt:

> Feministinnen denken immer nur an das eine. Wenn sie „Geschlecht" hören, denken sie an Sexus. Gerade das aber ist in Wahrheit sexistisch. Der wahre Sexismus ist der Sprachfeminismus; denn er zieht jeden Satz, der sich auf Menschen bezieht, auf die Geschlechterebene. Erst hierdurch wird der Sprachgebrauch sexualisiert.[74]

Schwerer als die grammatische Sprachakrobatik wiegen Sprachneuschöpfungen bzw. Umdeutungen von Begriffen, in denen die für das Menschsein konstitutive Bezogenheit auf andere zum Ausdruck kommt. Im Fokus politisch korrekter Sprachzensoren stehen daher „Mutter" und „Vater", die in amtlichen Dokumenten durch „Elternteil" oder „Elter 1 und 2" ersetzt werden sollen.[75] Auf diese Weise soll der Unterschied verschleiert werden, der zwischen der natürlichen, triangulären Familienordnung und gleichgeschlechtlichen Partnerschaften mit Kind besteht. Doch die Wirklichkeit

---

[72] Vgl. N. Dörner, *Werden alle Menschen Schwestern?*.
[73] Vgl. ebd., S. 78.
[74] Ebd., S. 81.
[75] Vgl. European Parliament Assembly, *Combating Sexist Stereotypes in the Media*. Hier wird dieser Vorschlag damit begründet, in den Medien Frauen nicht länger „stereotyp" als Mutter bzw. in der Mutterrolle darzustellen.

lässt sich zwar verschleiern, aber nicht abschaffen. Kinder haben biologisch gesehen einen Vater und eine Mutter. Weil das jeder Heranwachsende früher oder später entdeckt, machen sich Kinder aus Trennungs- oder Adoptivfamilien auf die Suche nach ihren leiblichen Eltern.

Andere Sprachneuschöpfungen stoßen auch innerfeministisch auf Kritik. So schlugen in einem Artikel für die „tageszeitung" Mithu Sanyal und Marie Albrecht vor, „Opfer" sexueller Gewalt besser als „sexuelle Gewalt Erlebende" zu bezeichnen.[76] Der Opferbegriff nämlich (den zu verwenden den *Betroffenen* weiter freistehe) transportiere wertende Konnotationen wie „wehrlos, passiv und ausgeliefert", während „Erlebende" wertfrei bleibe. „Denn das Einzige, was Menschen, die sexualisierte Gewalt erlebt haben, teilen, ist ja eben dieses Erlebnis."[77] Die Autoren lassen keinen Zweifel daran, worauf ihr Vorschlag zielt: nämlich darauf, „[k]lassische Binaritäten wie aktiv/passiv", die häufig mit „männlich/weiblich" assoziiert werden, aufzubrechen. Opfern sexueller Gewalt mag der Atem stocken, wenn die Autoren ihr Erleben deuten: „Manche Erlebnisse müssen überlebt werden, mit manchen wird gelebt, manche werden durchlebt und dann abgeschlossen ..."[78] Doch wo sexuelle Gewalt als biographisches Durchgangsstadium verharmlost und das Opfer durch Sprache unsichtbar gemacht wird, „gibt es auch keine Täter mehr".[79] Und wenn keine Täter, dann auch kein Verbrechen. Ein solches aber ist und bleibt sexuelle Gewalt.

Wo Sprache verschleiert, ist sie nicht länger Mittel der Kommunikation, die Menschen verbindet, sondern Werkzeug der Spaltung. Sie spaltet die Erfahrung von ihrer Mitteilung ab und trennt darüber hinaus die Gesellschaft in jene, die sich einen Vorteil von der Verschleierung versprechen und sie verwalten, und jene, die einen herben Verlust erleiden, weil ihnen der Zugang zum authentischen Erleben einer existenziellen Realität versperrt wird.

Fassen wir noch einmal zusammen: Gender-Akteure wissen darum, dass sich über veränderte politische Rahmenbedingungen allein eine Gesellschaft nicht von Grund auf umbauen lässt. Die Veränderungen müssen alltäglich erfahrbar sein und zu einer gelebten Selbstverständlichkeit werden, um nachhaltig wirksam zu sein. Daher kommt dem Sozialraum Schule für die Durchsetzung der Gender-Agenda eine fundamentale Bedeutung zu. Dass die Schule der Ort für einen von Erotisierung und Emotionalisie-

---

[76] M. Sanyal/M. Albrecht, „Du Opfer".
[77] Ebd.
[78] Ebd.
[79] So U. Scheer, „Erlebnis Vergewaltigung?".

rung bestimmten Sexualkundeunterricht unter dem Vorzeichen einer Sexualpädagogik der Vielfalt sein soll, wird damit begründet, dass das Ausleben einer befreiten Sexualität ein Menschenrecht sei.

Die theoretischen Grundlagen einer auf den Umbau der Gesellschaft setzenden politischen Agenda werden in den Gender-Instituten an Universitäten und Hochschulen erarbeitet. Die Angrenzung von anderen Disziplinen (insbesondere den Naturwissenschaften) und der Gestus der Befreiµngsbewegung wecken allerdings Zweifel daran, dass der Ort der Gender-Forschung an öffentlich finanzierten Hochschulen sein sollte. Doch geht es um den Zugang zu Ressourcen und die Kommunikation der Gender-Anliegen in den akademischen Bereich hinein – aus dem bekanntlich die Führungskräfte einer Gesellschaft rekrutiert werden.

Schließlich setzen Gender-Akteure konsequent auf die Veränderung von Sprachgepflogenheiten, was nachhaltige Wirkung verspricht, weil die Mitglieder einer Gesellschaft mittels Sprache kommunizieren und das Einverständnis in einer Gesellschaft über wichtige Fragen wesentlich durch Sprache vermittelt hergestellt wird. Dabei wird in Kauf genommen, dass ideologisierter Sprachgebrauch den Mitteilungscharakter, den Wirklichkeitsbezug und das Wahrheitspotenzial der Sprache untergräbt. Letzteres wird überhaupt nicht als Problem gesehen, da der radikale Geschlechter-Konstruktivismus auf einem erkenntnistheoretischen und moralischen Relativismus gründet, nach dem jeder nur seine eigene Wahrheit hat.

Unter der Oberfläche der Wertschätzung aller Lebensformen und dem Ziel einer diskriminierungsfreien Gesellschaft, die alle Ausdrucksformen von Sexualität gleich behandelt, lauert jedoch ein totalitärer Ansatz (vgl. 3.1): Eine Minderheit beansprucht zu bestimmen, dass die Ablehnung des Relativismus eine Form von Intoleranz sei, die nicht toleriert werden dürfe, sondern bekämpft werden müsse. Wollen sich Christen diesem Angriff auf ihre Grundrechte entgegenstellen, müssen sie wissen, von welchem weltanschaulichen Grund aus sie dies tun, wo sie die Gewissheit für ihre Überzeugungen finden und die Motive ihres Handelns gewinnen. Der zweite Teil des Buches wird deshalb die Grundlagen des christlichen Menschenverständnisses freilegen und von ihm aus fragen, wie die im ersten Teil herausgearbeiteten Entwicklungen aus *christlich-ethischer* Perspektive zu beurteilen sind. Wir werden dabei die Bestimmung des Menschen herausarbeiten und untersuchen, wie sich die in empirischen Studien erhobenen Interessen und Bedürfnisse von Frauen, Männern und Kindern dazu verhalten. Das abschließende Kapitel gibt einige Anregungen zur Auseinandersetzung mit geschlechterpolitischen Entwicklungen in verschiedenen Bereichen des Alltags.

Teil 2

Menschsein in Beziehungen –
Vor Gott leben, Gemeinschaft gestalten

Kapitel 6: In Beziehungen leben
Dialogische Polarität der Geschlechter als Gabe Gottes

In den vorangehenden Kapiteln habe ich die Gender-Diskussion in ihren Motiven, Mitteln und Zielsetzungen darzulegen und kritisch zu sichten versucht. Obwohl ich dieses Buch als christlicher Theologe verfasst habe, ist bislang von Gott nicht explizit die Rede gewesen, denn die vorrangige Absicht war, die gendertheoretischen und genderpolitischen Grundentscheidungen auf ihre inhärente Schlüssigkeit und ihre Legitimation vor dem Forum der Vernunft zu prüfen. Dabei sind, was die Freiheit des Einzelnen und die gerechte Ordnung der Gesellschaft angeht, neben einigen (v.a. anfänglich) positiven Entwicklungen auch problematische Tendenzen erkennbar geworden.

Eine solche Analyse würde jedoch in der Luft hängen, wenn sie nicht in weltanschaulichen Vorentscheidungen gründete. In den folgenden Kapiteln werde ich die theologischen und anthropologischen (also das Gottes- und Menschenbild betreffenden) Fundamentalüberzeugungen des christlichen Glaubens darlegen und von ihnen aus in die Gender-Diskussion eingreifen. Dabei geht es um wichtige Fragen, die einen gläubigen Christen nicht gleichgültig lassen können: Was ist der Mensch, und was verliert er, wenn er Gott aus dem Blick verliert? Welchen Auftrag hat der Mensch in der Welt? Ist die Gabe der Zweigeschlechtlichkeit bei dieser Beauftragung eher Fluch oder Segen? Und schließlich: Worin besteht die bedingte Freiheit, aus der heraus Menschen ihr Leben gemeinsam gestalten können und dürfen? Im letzten Kapitel werde ich einige konkrete Hinweise geben, wie Christen die Entwicklungen in ausgewählten Konfliktbereichen kritisch begleiten und initiativ werden können.

6.1 Was ist der Mensch?
Dem Sinn des Daseins auf der Spur

„Was ist der Mensch, dass du seiner gedenkst?" – so fragt der Psalmbeter Gott (Ps 8,5) und preist das Wunder, das darin liegt, dass Gott das vor ihm so unscheinbare Geschöpf Mensch so groß, so großartig gemacht hat. Die jüdische und christliche Überlieferung bezeugen von Anfang bis Ende: Wer den Menschen verstehen will, der kann nicht beim Menschen stehenbleiben, sondern muss über ihn hinausfragen. Oder um es mit Romano Guardini zu sagen: „Den Menschen erkennt nur, wer von Gott weiß".[1] Den Sinn des menschlichen Lebens werden wir nur verstehen können, wenn wir nach dem Sinnstifter fragen; die Bestimmung unseres Daseins nur erfassen, wenn wir das Ziel des Lebens kennen.

Doch wie können wir die Bestimmung und das Ziel des Lebens erkennen? Christen werden sich fragend und suchend an Gott wenden – und an die Urkunden seiner Offenbarung, also die biblischen Texte des Alten und Neues Testaments, die auf Jesus Christus vorausweisen bzw. von ihm zeugen.

Theologen bezeichnen die biblischen Schriften als spezielle Gottesoffenbarung. Die Bibel enthält also nicht bloß menschliche Gedanken über Gott, sondern vor allem Gottes Gedanken über den Menschen. Verlässliche Kunde davon, was Gott sich mit der Schöpfung der Welt und der Erschaffung des Menschen gedacht hat, finden wir nur hier.

Und doch haben christliche Theologen immer auch anerkannt, dass das „Buch der Natur" uns eine Ahnung von Gottes mächtigen Taten vermittelt. Die Natur ist nicht Gott, doch sie bezeugt Gottes Wirken. Als allgemeine Offenbarung erreicht sie nicht die Klarheit, die in der Person Jesu Christi aufleuchtet, dem „Ebenbild Gottes" (Kol 1,15). Was die Natur von Gott preisgibt, das lässt uns (höchstens) den Saum von Gottes Gewand berühren; nur in der Erkenntnis Jesu Christi lässt Gott uns in sein Herz schauen. Doch im Licht der Erkenntnis Jesu Christi lässt sich an Phänomenen des Menschseins, die der Vernunft zugänglich sind, etwas von Gottes schöpferischer Absicht mit dem Menschen ablesen.

Wer seinen Blick nicht über den Menschen hinaus erhebt, sondern nur die Natur in ihren kausalen Gesetzmäßigkeiten gelten lässt, der wird dem Sinn des Lebens nicht auf die Spur kommen. Denn die Welt, wie sie sich unseren Sinnen darbietet, ist nach christlicher Überzeugung eine gefallene Welt. Die Bibel bezeugt auf ihren ersten Seiten, dass der Mensch, wie Gott ihn durch sein Wort ins Dasein rief, sich von seinem Schöpfer losgerissen und damit Zwietracht gesät hat, die sich wie ein Riss durch die Schöpfung zieht.

Wenn wir auf die der Vernunft zugänglichen natürlichen Daseinsbedingungen des Menschen zu sprechen kommen, müssen wir uns daher immer

---

[1] R. Guardini, *Gläubiges Dasein/Die Annahme seiner selbst,* S. 81.

bewusst sein: Wir leben in einer Welt, die immer noch das „Echtheitszeichen" ihres Urhebers und Eigentümers trägt, die aber zugleich von der Sünde des Menschen, seiner Rebellion gegen Gott gezeichnet ist. So ist die für uns erkennbare Natur die unter der Signatur der Sünde stehende gefallene Schöpfung.

Wenn wir danach fragen, was Gott sich bei der Erschaffung des Menschen gedacht hat, dann können wir nach diesen Echtheitszeichen des Schöpfers in der Welt suchen und dabei auch auf Einsichten der Natur- und Humanwissenschaften Bezug nehmen. Sie können und sollen keine Gottesbeweise liefern. Aber wir können und dürfen ihre Erkenntnisse und Ergebnisse daraufhin befragen, wie sie sich zu dem verhalten, was Gott uns in Jesus Christus, dem wahren Ebenbild des unsichtbaren Gottes, über Sinn und Ziel menschlichen Daseins offenbart hat. Dabei bleibt sein Wort der Maßstab, an dem christliches Reden vom Menschen sich zu messen hat.

6.2 Als Geschöpfe leben
Die Gabe des Leibes achten

Christen glauben daran, dass Gott jeden Menschen in sein Ebenbild erschaffen, und das heißt: ihn dazu berufen hat, Gottes Repräsentant auf Erden zu sein (1Mose 1,26f.).[2] So ist der Mensch als Geschöpf von Anbeginn an in die Bezüge des geschöpflichen Lebens eingebunden, ohne in ihnen aufzugehen. Dieses beziehungsreiche Leben ist leibliches, leibgebundenes Leben, und dieser Leib hat (normalerweise) eine männliche oder weibliche Geschlechtssignatur. Nach christlicher Überzeugung ist unser Leib nicht etwas, das wir als Vernunftwesen „bewohnen", sondern kraft unserer Leiblichkeit bewohnen wir diese Welt. Der Mensch ist also nicht einfach Subjektivität, Vernunft, Geist, dem der Leib wie ein zum freien Gebrauch bestimmtes Instrument gegenübersteht. Nein, der „menschliche Leib ist der Mensch selbst".[3] Mit dem Leib ist dem Menschen eine Gabe anvertraut, in der Gott Wohnung nehmen will und durch die der Mensch mit seiner Umwelt in Kontakt tritt.

Die Bibel betont die Bedeutung der Leiblichkeit für das menschliche Leben und unterstreicht dies dadurch, dass Gott in Jesus Christus Mensch wird (Inkarnation) und sich so mit dem Menschen verbündet. Jesus „zieht den Leib nicht wie eine Maske über, die er jederzeit wieder ablegen könnte; er wird selbst `Fleisch´, um uns in Elend und Zerrissenheit ganz nah zu

---

[2] Vgl. B. Janowski, „Die lebendige Statue Gottes".
[3] R. Spaemann, *Glück und Wohlwollen,* S. 218.

sein".[4] In der leiblichen Auferweckung Jesu von den Toten bestätigt Gott, dass seine Geschichte mit den Menschen sich nicht in eine Idee auflöst, sondern auf ein Ziel zugeht: die keiner Störung mehr zugängliche Gemeinschaft der Glaubenden mit Gott in der Ewigkeit. Der Apostel Paulus bezeugt, dass der Mensch diese Gemeinschaft nicht als entleibtes Selbst erfahren wird, sondern als der ganze, durch Gottes Geist zu unvergänglichem Leben erweckte Mensch, der mit einem neuen, „geistlichen Leib" (1Kor 15,44) „überkleidet" worden ist (2Kor 5,2.4).

Von dieser Vollendungsperspektive her fällt ein helles Licht auf die Verantwortung für das Leben als Christ. Denn wer glaubt und getauft ist, der gehört mit Haut und Haaren, mit Leib und Seele zur Kirche Jesu Christi; der ist mit seinem Leib als „Tempel des Heiligen Geistes" (1Kor 6,10) Glied an der Gemeinde, dem Leib Christi (1Kor 12,12). So entsteht aus der Vielzahl der Gaben in der Einheit des Leibes Christi eine Gemeinschaft von Menschen, die über sich selbst hinaus weist auf die kommende Welt Gottes.

Unsere Identität wird dadurch geprägt, dass und wie wir uns zu dieser Gabe der Leiblichkeit verhalten. Der Leib ist die Vor-Gabe für die dem Menschen aufgetragene Bestimmung, seine Identität auszubilden als Mann, als Frau. Die Identität einer Person ist weder von Anfang an fertig ausgebildet, ohne dass ich dazu etwas beigetragen hätte, noch kann sie beliebig konstruiert werden, also ohne Rückbezug zur leiblichen „Vor-Gabe". Die Identitätsbildung ist eine Entdeckungsreise, auf die Gott den Menschen sendet. Ebenbild Gottes zu sein heißt, die Fähigkeit zu haben, vor Gott zu sich selbst zu finden, aber auch die Freiheit zu haben, sich – in der Abwendung von Gott – selbst zu verlieren.

Die biblische Anthropologie beschreibt verschiedene Aspekte des Menschseins, die einerseits unterschieden, dann aber auch wieder zur Einheit zusammengeführt werden.

(1) Die wichtigste, weil grundlegende Unterscheidung ist die zwischen Schöpfer und Geschöpf. In Schöpfung und Erlösung ist Gott der Gebende, der Mensch der Empfangende. Dieses Verhältnis lässt sich nicht umkehren, mehr noch: Die größte Versuchung besteht darin, sich selbst an Gottes Stelle setzen zu wollen. Maßlos wird der Mensch, der verlernt hat, sich in der Selbstunterscheidung von Gott, dem Schöpfer, Erlöser und Richter, als Geschöpf zu begreifen. Für Dietrich Bonhoeffer liegt genau darin die tiefere Bedeutung des Sündenfalls:

---

[4] Vgl. I. Sipos, „Gottes Schöpfungsplan steckt uns in den Knochen", S. 100.

[Der Fall] ist die Empörung, es ist das Heraustreten des Geschöpfes aus seiner ihm allein möglichen Haltung, es ist das Schöpferwerden des Geschöpfes, es ist die Zerstörung der Geschöpflichkeit, es ist der Abfall, der Sturz aus dem Gehaltensein in der Geschöpflichkeit, es ist dieser Abfall als ein *dauerndes Fallen, Stürzen* ins Bodenlose, ein Losgelassensein, ein immer weiter und tiefer sich entfernen.⁵

Verliert der Mensch Gott, wird er haltlos. Mit Gott als Grund verliert er auch die heilsame Grenze seines Daseins.

(2) Eine weitere differenzierte Zuordnung ist die von Mann und Frau. Vor allen Geschlechterdifferenzen steht das ihnen Gemeinsame: ihre Menschlichkeit und Geschöpflichkeit. Aber unter diesem sie beide umfassenden Schirm ist die *Polarität* der Geschlechter eine Gabe. Der biblische Schöpfungsbericht von 1Mose 1 bringt diesen Zusammenhang zur Geltung, wenn er davon spricht, dass Gott den Menschen zu seinem Bilde erschuf: „und schuf sie als männlich und weiblich" (Vers 27), wie man wörtlich übersetzen sollte.

Das bedeutet: Menschsein realisiert sich in der *dialogischen Polarität* von Mann und Frau.⁶ „Polarität" steht dabei für die Grundgegebenheit der *Zwei*geschlechtlichkeit, die in Zeugung und Schwangerschaft biologisch greifbar wird und zu der jeder Mensch in gesunder Selbstannahme ein eigenes Verhältnis zu entwickeln eingeladen ist. Das „Dialogische" steht für die *kommunikative* Bezogenheit der Menschen als Mann und Frau, ihre Fähigkeit, sich zu verständigen und zu verstehen. In ihrer Beziehung zueinander geht es weder um Verschmelzung zu einem Einzigen noch um eine *essenzielle* Differenz, denn essenziell ist allein die Differenz zwischen Schöpfer und Geschöpf. Die geschlechtliche „Identität-in-Differenz"⁷ ist der tiefste Grund dafür, dass ein Mensch sich dem anderen zuwendet, sie eröffnet den Raum einer in Freiheit und Liebe gelingenden Kommunikation.

Die ersten beiden Kapitel verdeutlichen den grundlegenden Zusammenhang, der zwischen der biologischen Zweigeschlechtlichkeit und dem Segen der Fruchtbarkeit besteht. Die Bezogenheit von Mann und Frau aufeinander in dialogischer Polarität findet ihren tiefsten und intimsten Ausdruck in der Fähigkeit des „Ein-Fleisch-Werdens" (1Mose 2,18); der Geschlechtsgemeinschaft, durch die das Leben von Generation zu Generation

---

5   D. Bonhoeffer, *Schöpfung und Fall,* S. 112.
6   Für die folgenden Überlegungen vgl. auch A. I. McFadyen, *The Call to Personhood,* S. 31f.
7   Vgl. ebd., S. 34. McFadyen spricht dort sowohl von „identity-in-difference" als auch von „proximity-in-distinction".

weitergegeben wird. Das hat nichts zu tun mit einer archaischen „Kopulationsmystik" (Uwe Sielert), sondern bildet schlicht die Bedingung der Möglichkeit menschlichen Lebens ab. Die Geschlechterpolarität ist der Kristallisationspunkt für das Geschenk des Lebens.

(3) Eine dritte Zuordnung, die für das christliche Menschenbild von Bedeutung ist, bezieht sich auf das Verhältnis von Geist und Leib. Sie sind nicht zwei *Teile* des Menschen, sondern bezeichnen als *Aspekte* seines Daseins jeweils den ganzen Menschen in einer je bestimmten Hinsicht.[8] Im menschlichen „Geist" ist Gott als Geist gegenwärtig; der Leib des Menschen ist sein Fenster zur Welt, um mit anderen Personen in Beziehungen wechselseitiger Kommunikation einzutreten. Weil Geist und Leib in je besonderer Hinsicht auf den ganzen Menschen bezogen sind, dürfen sie nicht voneinander isoliert oder in Opposition zueinander gebracht werden. Denn Gottes Ebenbild ist der Mensch genau in dieser Gestalt: als leibgebundenes Geistwesen.

6.3 Kind sein dürfen
Das verdankte Leben

Die Pointe der Gabe des leiblichen Lebens liegt in der Erkenntnis, dass der Mensch nur verstanden werden kann als *Mensch in Beziehungen*. Die ersten Beziehungen, in denen sich ein Mensch vorfindet, sind Beziehungen zu Menschen, denen er sein Leben verdankt. In einem ganz elementaren Sinn ist das die Herkunftsbeziehung zu den biologischen Eltern, die normalerweise auch die sozialen Eltern sind.

Sich seiner Herkunft von leiblichen Eltern zu vergewissern, dafür genügt eine bloße „Nabelschau". Unsere Herkunft ist uns in die Leibstruktur eingeschrieben. Doch auch in mancherlei anderer Hinsicht wie körperlichen Merkmalen oder charakterlichen Eigenschaften ähneln Kinder ihren Eltern. Das Geborensein des Menschen lässt eine tiefe Wahrheit menschlichen Lebens aufleuchten: Menschliches Leben ist *verdanktes* Leben.[9] Wir haben uns nicht selbst erschaffen, im Gegenteil: Auf die Umstände unserer Zeugung hatten wir keinerlei Einfluss.

Missverstehen wir diese Signatur des Lebens nicht als Beschreibung der Zustände: In einer gefallenen Welt ist es nicht jedem Kind geschenkt,

---

[8] Vgl. W. Härle, „Der Mensch VII.".
[9] Für eine eingehende Analyse dieses Zusammenhangs vgl. K. Ulrich-Eschemann, *Vom Geborenwerden des Menschen*.

seine Herkunftsfamilie als intakt zu erleben oder auch überhaupt kennenzulernen. Manche Kinder sehen angesichts der Umstände ihres Heranwachsens keinen Grund, ihren Eltern dankbar zu sein. Vielmehr geht es um ein Grunddatum des Menschseins: Kein Mensch verdankt sein Leben sich selbst. Immer sind es andere, von denen das Geschenk des Lebens empfangen wird. Kein Mensch ist für sich allein Geschöpf, vielmehr besteht, wie Bonhoeffer es ausdrückt, die Geschöpflichkeit des Menschen gerade im „Angewiesensein auf den anderen".[10]

Die Herkunftsfamilie ist idealerweise der biografisch erste Ort, an dem ein Kind Annahme, Geborgenheit und Förderung erfährt. Die Bindung zunächst zur Mutter, dann die Erweiterung dieser Diade zur den Vater einschließenden Triade, die Geschwisterkonstellation usw. prägen einen Menschen sein Leben lang – alleine schon deshalb, weil viele frühkindliche (heute wissen wir: selbst vorgeburtliche) Prägungen sich auf der Ebene des Unterbewusstseins ablagern und von dort aus wirksam bleiben.

Die Herkunftsfamilie erinnert einen Menschen daran, dass er über die Grundbedingungen seines Daseins nicht verfügen kann. Und auch darauf hat der Mensch keinen Einfluss: dass ihm in seinem Herkunftsverhältnis die Matrix der Zweigeschlechtlichkeit begegnet.[11] Als Grammatik menschlicher Geschlechtlichkeit ließe sich formulieren: „Wir sind geschlechtlich, weil wir von einem Mann und einer Frau abstammen".[12] Die soziale Dimension des Menschseins tritt also nicht erst nachträglich zum Menschsein dazu, sondern ist ihm wesentlich. „Jeder neugeborene Mensch wird in eine Familiengeschichte hineingeboren".[13] So lässt sich menschliches Leben nicht unter Absehung von den Konstitutionsbedingungen beschreiben, die in der Herkunft von den Eltern zugrunde gelegt sind.

Menschsein gestaltet sich in Beziehungen und ist nur in diesen Beziehungen beschreibbar. Wer den Menschen losgelöst von ihnen zu erfassen sucht, erhält kein zutreffendes Bild, sondern eine Verzerrung. Wer den einzelnen Menschen sucht, der findet ein Beziehungswesen, das Kind seiner

---

[10] D. Bonhoeffer, *Schöpfung und Fall,* S. 60 (dort kursiv).
[11] Das gilt im Übrigen auch für den hypothetischen Fall, dass ein Mensch durch reproduktives Klonen erzeugt wurde, denn beim Klonen handelt es sich um eine Form der nur mittels einer weiblichen Eizelle möglichen asexuellen Zeugung, die ohne männlichen Samen auskommt. Wenn wir davon sprechen, dass das Klonen eine Form der Fortpflanzung ist, die ohne Vater auskommt, dann verweist selbst diese negative Bestimmung auf die unhintergehbare Heteronormativität des menschlichen Lebens.
[12] O. Boulnois, „Haben wir eine geschlechtliche Identität?", S. 349.
[13] K. Ulrich-Eschemann, „Lebensgestalt Familie", S. 158.

Eltern ist. „Geschlecht" ist also ein generatives (Leben erzeugendes) Konzept. Seine Bedeutung erschließt sich erst in der Berücksichtigung der Generationenfolge und im Anerkennen der fundamentalen Bedeutung, die der Zweigeschlechtlichkeit für die Zeugung neuen Lebens zukommt. Denn der Mensch braucht einen Menschen des anderen Geschlechts, „um Seinesgleichen hervorzubringen".[14]

Auch wenn sich der Sinn des Lebens und der Sexualität nicht darin erschöpft, neues Leben zu zeugen, so bleibt doch die Fruchtbarkeit der menschlichen Natur eingewoben und erinnert den Menschen daran, dass er in soziale Gefüge eingebunden ist und der Mensch nicht (gut) für sich allein lebt. Personalität und Sozialität, also die Fähigkeit, zu sich „Ich" sagen zu können, und die Eigenschaft, auf andere angewiesen zu sein, bilden keinen Widerspruch, sondern zwei Seiten einer Medaille.

Die Welt, die wir erfahren, kennt viele Geschichten zerbrochener Beziehungen und gestörter, verwickelter und widersprüchlicher Verhältnisse. Das Evangelium von Jesus Christus bezeugt das Geschenk eines neuen Lebens als Kind Gottes. „Sind wir untreu, so bleibt er [Gott] treu, denn er kann sich selbst nicht verleugnen" (2Tim 2,13). Die eine, den Menschen unwiderruflich und verlässlich tragende Herkunftsbeziehung ist die Beziehung, die Gott als Schöpfer und Erlöser mit dem Menschen eingeht. In einer Welt brüchiger Beziehungen darf christliche Verkündigung nicht verschweigen, dass Gottes väterliche Treue und mütterliche Zuwendung im Beispiel fehlbarer Eltern nicht aufgeht, sondern Ursprung der Liebe ist, die Menschen einander nur in unvollkommener Weise zu geben vermögen.

6.4 Gott und sein Rebell
Der Mensch im Widerspruch

Warum ist die Welt, wie sie ist, warum gibt es in ihr hintergangenes Vertrauen, missbrauchte Macht, verfehlte Beziehungen? Kurz: Warum werden wir Menschen einander in vielerlei Hinsicht nicht gerecht, obwohl wir uns darum bemühen und wir uns darüber freuen können, dass Beziehungen gelingen? Warum kostet es so viel Anstrengung, das eigene Leben einem anderen anzuvertrauen und es nicht festhalten zu wollen?

In 1Mose 3 wird davon erzählt, wie es der Schlange (deren Herkunft im Dunkeln bleibt) im Sündenfall gelingt, den Samen des Misstrauens gegen Gott in das Herz der Menschen zu pflanzen: Sollte uns Gott mit der Frucht des Baumes in der Mitte des Gartens etwas vorenthalten, das zu haben sich

---
14 O. Boulnois, „Haben wir eine geschlechtliche Identität?", S. 342.

lohnt? *Sicut deus,* „wie Gott" sein, das hatte die Schlange versprochen. Und so vergreift sich der Mensch an dem, was Gott sich zum Wohle seiner Schöpfung vorbehalten hatte.

Dem Menschen gehen die Augen auf – und zugleich wird er mit einer ungeahnten Blindheit geschlagen. Der Theologe Christoph Gestrich hat eindrücklich beschrieben, was hier geschieht. Die Erzählung meint,

> daß der Mensch, der nun tatsächlich mit hierfür geöffneten Augen ebenso wie Gott Gutes und Böses, Förderliches und Abträgliches unterscheiden kann, im selben Augenblick blind wurde für eine andere Unterscheidung: „Wie Gott" geworden, hat er plötzlich keine Fähigkeit mehr für die Erkenntnis dessen, was Gott und Mensch voneinander unterscheidet. Sehend geworden, wurde Adam blind für die Beschaffenheit seines Verhältnisses zu Gott. Seither kann Adam nicht mehr unterscheiden zwischen seinem eigenen Bereich und Wesen einerseits, Gottes Bereich und Wesen andererseits; zwischen dem, was dem Menschen zu tun obliegt und möglich ist, und dem was Gott obliegt und möglich ist. Mit dem wirklichen Gewinn der Fähigkeit, zwischen gut und böse zu unterscheiden, ging der Mensch gleichzeitig der Fähigkeit verlustig, seine Grenzen zu erkennen und einzuhalten. Adam kann jetzt zwar mit seiner Vernunft das Bessere anstreben; er kann versuchen, seine Lage zu verändern und das Schlechte zu vermeiden. Er kann rational in die Verhältnisse eingreifen. Dennoch fruchtet ihm dieses neugewonnene Verhältnis nichts, sofern er gleichzeitig der Fundamentalunterscheidung zwischen Gott und Mensch, zwischen Schöpfer und Geschöpf nicht mehr gewachsen ist.[15]

Infolge seines Ungehorsams gegen Gott erlebt der Mensch nun auch das Nicht-Gute, das die Schöpfung bedrohende Böse. Für den Menschen, der als Gottes Geschöpf zuvor nur im Guten lebte, ist das der einzige Zugewinn an Erkenntnis. Dafür zahlt er den Preis, seine Erkenntnisfähigkeit für die wesentlichen Dinge verloren zu haben, nämlich für die Unterscheidung seiner selbst, des Geschöpfs, von Gott, seinem Schöpfer – der Inbegriff der Sünde.

Die Texte des Alten Testaments verwenden immer wieder das Bild der Ehe, wenn sie beschreiben, welche Gestalt die Sünde hier nimmt: Der Mensch, Gottes erwähltes Volk, ist „untreu" geworden (vgl. Hos 2,21; Mal 2,14 u.a.). Paulus spricht davon, dass der Griff über die von Gott gesetzte Grenze, der Übergriff nach der Frucht, das Herz des Menschen verfinstert hat (Röm 1,21). Wie unter 6.1 geschildert, zieht die Rebellion des Menschen gegen Gott einen Riss nach sich, der durch die ganze Schöpfung hindurchgeht.

Die menschlichen Sinne und Triebe wollen nicht mehr beherrscht werden, wie Gott es sich dachte, sondern den Menschen beherrschen. Der Riss

---

[15] C. Gestrich, *Die Wiederkehr des Glanzes in der Welt*, S. 109.

treibt nicht nur Wille und Vernunft in den Widerspruch, sondern die ganze Verfasstheit des Menschen. Auch das Verhältnis zwischen den Geschlechtern bleibt nicht unversehrt: „Dein Verlangen [Frau] soll nach deinem Mann sein, aber er soll dein Herr sein" (1Mose 3,16). Weil Gottes Repräsentant auf Erden fällt, wird die ganze Schöpfung in diesen Fall hineingezogen. Sie „seufzt und ängstigt sich" (Röm 8,22) und hofft auf das Neuwerden aller Dinge. So ist das von uns heute sogenannte „Natürliche" nicht einfach identisch mit der Schöpfung, sondern es ist durch die Sünde

> brüchig, unedel, von einem eigenartigen Makel durchsetzt – es ist Makulatur. Das immer neue Ärgernis [...] lautet: dass das Ganze des Daseins tief irritiert ist. Von dieser Irritation ist gerade das Geschlecht betroffen und verstört.[16]

Die tiefe Versehrtheit hinterlässt auf allen Ebenen der menschlichen Konstitution ihre Spuren.[17] Wie ausgeliefert wir der Kraft der Zerstörung sind, erleben wir vor allem im seelischen Leiden und in der Behinderung unserer körperlichen Funktionen. Besonders quälend kann dies im Bereich der Scham sein, die unsere intimste Sphäre vor Übergriffen schützt.

Wie Gott sich den Menschen gedacht hat, ist für uns, die wir in einer gefallenen Welt leben, nicht ungebrochen aus der Verfasstheit eines Menschen ablesbar. Unzweideutig wird Gottes Absicht mit dem Menschen allein durch das biblische Zeugnis von der Schöpfung und – mehr noch – in der neuen Schöpfung in Jesus Christus. Nicht die Vielfalt der (seelischen bzw. körperlichen) Gebrechen, unter denen Menschen ihr Leben führen, ist die „Norm", sondern Jesus Christus, der als wahrer Gott wahrer Mensch wurde.

Für den Bereich sexueller Empfindungen bedeutet dies: In der Bibel wird keine sexuelle Empfindung, die nicht in der Verheißung des ganzheitlichen Einswerdens von Mann und Frau verankert ist, zur „Norm"-Variante erklärt. Ebenso wenig können wir körperliche Abweichungen intersexueller Art, die in der Regel mit der Einschränkung biologischer Funktionen einhergehen (insbesondere der Fruchtbarkeit), zu solchen Varianten einer „Schöpfungsvielfalt" stilisieren und daraus unsere Identität herleiten. Die Bibel stellt zumindest einen solchen Zusammenhang nicht her.

Vielmehr haben wir anzuerkennen, dass das Leben eines jeden von uns von Natur aus ungeordnet ist (vgl. Eph 2,3), dass sich dies jedoch in sehr unterschiedlicher Weise äußern kann. Jeder Mensch, der geboren wird, trägt eine einzigartige Signatur. Ihn zeichnen Dinge aus, die er oder sie sich

---

[16] H.-B. Gerl-Falkovitz, „Geschlechterdifferenz und Identität", S. 45.
[17] Für einige der folgenden Überlegungen vgl. M. A. Yarhouse, *Understanding Gender Dysphoria*, S. 39–43. Íris Sipos danke ich für einige wichtige Hinweise.

so wohl kaum gewünscht hätte, über die wir aber nicht verfügen können: Einige Menschen haben depressive Neigungen geerbt, andere ein erhöhtes Risiko für Krebs oder einen Herzinfarkt. Und wieder andere erfahren Irritationen in der Anlage für ihr Geschlecht.

Der Umgang Jesu mit Menschen, die in irgendeiner Weise von Unglück oder Krankheit betroffen waren, lässt es nicht zu, herausfinden zu wollen, ob die Ursachen für solche Umstände in bestimmter Schuld liegen (vgl. Lk 13,4 und Joh 9,3). Und doch ist dies noch nicht die ganze Botschaft. Wie kann ein Mensch sich annehmen, wenn wir bekennen (müssen), dass wir nicht einfach so sind, wie uns Gott gewollt hat? Diese Frage ist so wichtig, dass wir ihr Aufmerksamkeit schenken müssen.

Als Erstes darf jeder Mensch wissen, *dass* Gott ihn gewollt hat. Kein Mensch ist lediglich die biologische Frucht eines Sexualverkehrs oder das Produkt menschlichen Herstellens auf dem Wege der Reproduktionsmedizin. Jeder Mensch ist, unabhängig von den Umständen, unter denen er in sein Dasein gekommen ist, Gottes geliebtes Geschöpf und Träger einer unverlierbaren Würde. Diese Würde kann keinem Menschen genommen werden, weil sie nicht vom Menschen verliehen wird, sondern Gott sie schenkt.[18]

Zweitens findet ein Mensch im Angesicht Gottes zu dem dankbaren Bekenntnis, wie Gott ihn gemacht hat (Ps 139,14). Gottes Werke sind wunderbar. Dieses Bekenntnis ist ein Glaubensbekenntnis. Wie alles, was wir im Glauben bekennen, erhebt der Lobpreis Gottes den Beter über die Betrachtung einzelner Lebensmerkmale hinaus und führt ihn in die Gesamtschau des Lebens vor Gott als Schöpfer und Erhalter dieses Lebens. Im Lobpreis des Lebens in den Psalmen geht es gerade nicht darum, die Irritationen des Leibes oder der Lebenssituation auszublenden (selbst in Psalm 139 kommen sie zur Sprache), sondern sie in das Licht Gottes zu stellen. In diesem Licht verblassen sie, d.h., sie verlieren ihre Kraft, die meine Aufmerksamkeit absorbiert hat.

Drittens kann ein Mensch vor Gott Wege finden, das in seinem Leben von Gott zwar nicht Gewollte, wohl aber Zugelassene in seine sich ausbildende Identität aufzunehmen. Niklas Luhmann spricht von einer Art Exklusionsidentität und meint damit, dass uns nicht nur prägt, woran wir teilhaben, sondern auch die Wege, die uns verschlossen bleiben, und die Ressourcen, die für uns unerreichbar bleiben.[19] Geistliche Autoren verwenden gelegentlich das Bild, dass unser Leben wie eine Statue ist, die aus dem Stein ihre Gestalt gerade durch das gewinnt, was weggemeißelt wird.

---

[18] Vgl. W. Härle, *Würde*.
[19] Vgl. N. Luhmann, *Die Gesellschaft der Gesellschaft*, S. 618–634.

So formt unsere Identität auch, was wir *loslassen* müssen (was wir *tun* müssen, da wir keine Steine sind), weil die Gesundheit es nicht zulässt, die Bedingungen es nicht ermöglichen usw. In bemerkenswerter Weise kann Paulus eine Krankheit oder Beeinträchtigung, über die wir nichts Genaues wissen, als einen „Satansengel" (2Kor 12,7) bezeichnen, der ihm „gegeben" ist. Dieses im Passiv verwendete Verb verweist bei Paulus üblicherweise auf Gott und Paulus weiß auch darum, dass er sich mit seinen Bitten an Gott (nicht den Satan) wenden muss. So scheint Paulus anzuerkennen, dass es Einbrüche in unser Leben gibt, die (a) wirklich böse, aber (b) gleichwohl von Gott zugelassen sind, um derentwillen wir uns (c) an Gott wenden dürfen und die (d), so Gott das Böse nicht wegnimmt, zum Baustein in der Ausbildung einer auf dem Boden von Gottes Gnade wachsenden Identität werden können (vgl. 2Kor 12,9).

Schließlich ist jeder Mensch im Blick auf seine Lebensführung dazu gerufen, Verantwortung zu übernehmen. Damit ist nun ausdrücklich nicht nur die ethische Verantwortung im Blick auf Handlungsoptionen gemeint, über die wir verfügen können. Gemeint ist auch die existenzielle Verantwortlichkeit, die sich auf das bezieht, „was wir *sind* und von dem wir gerade *nicht* sagen können, es sei ein Resultat unserer Wahl aus mehreren gegebenen Möglichkeiten"[20]. Unsere Herkunft und was wir von ihr als natürliche „Mitgift" ins Leben bringen, bestimmt in nachhaltiger Weise über unser Leben und legt den Grund für die Entscheidungen, die wir im Laufe unseres Lebens verantwortlich zu treffen haben.

Der von Gott geliebte Mensch muss also nicht erst vor Gott beweisen, dass er „normal" ist, in welcher Hinsicht auch immer. Er braucht nur anzuerkennen, dass er sich in einer gefallenen Schöpfung wiederfindet, deren Gebrochenheit auch sein Leben „zeichnet". Abweichungen von der heterosexuellen Zweigeschlechtlichkeit können nicht dadurch „veredelt" werden, dass sie kurzerhand zu Schöpfungsvarianten erklärt werden. Sie sind Momentaufnahmen in einer gefallenen Welt, die nicht wie die heterosexuelle Zweigeschlechtlichkeit auf die Weitergabe des Lebens hin geordnet sind.[21]

Der christliche Glaube will die Brüche und Spannungen des Lebens in einer von Gott geschaffenen, doch gefallenen, erlösten, aber noch nicht zum Ziel gekommenen Welt nicht überspielen, sondern, wie Ulrich Eibach es formuliert hat, „zur Wahrnehmung der ganzen, d.h. der realen, der unerlösten und auch in dieser Weltzeit unheilbaren Wirklichkeit anleiten" und dazu befähigen, „den teils auch unversöhnlichen Widersprüchlichkeiten

---

[20] W. Härle, *Ethik*, S. 203.
[21] Vgl. A. Sloane, „,Male and Female He Created Them'?".

des Daseins standzuhalten, ohne sie resignativ hinzunehmen, sie zu verleugnen oder an ihnen zu verzweifeln".[22] Der einzig tragfähige Grund für eine solche Haltung ist das Evangelium als die Verheißung eines neuen Lebens für alle, die ihr Leben ungeachtet aller Irritationen ihrer Geschlechtssignatur an Gottes offenbartem Willen ausrichten möchten. So ist das Leben der Geschlechter zwar vom Sündenfall imprägniert, doch zugleich von der Treue Gottes gehalten und gesegnet.

6.5 Als Gottes Kinder leben
Leib Christi sein

Wir hatten gesehen, dass insbesondere der Gleichheitsfeminismus in der Sexualität und den Rollenverhältnissen von Mann und Frau ein Machtgefälle identifizierte, das geschichtlich stets zulasten der Frauen ging (vgl. 1.3). Der Sexualkodex in den westlichen Gesellschaften billigte dem Mann in weitaus höherem Maße eine ungebundene (praktisch: außereheliche) Sexualität zu als der Frau. Zudem konnte ihr „Untreue" schnell an einer eintretenden Schwangerschaft sichtbar werden, solange es keine verlässlichen Verhütungsmittel gab. Gegen diese empfundene Ungerechtigkeit richtete sich die Forderung nach straffreier Möglichkeit der Abtreibung. Als ungerecht empfunden wurde weiterhin die bis in die frühe Bundesrepublik hinein bewahrte Vorrangstellung des Mannes in Fragen des Ehe- und Familienrechts.

Die urchristliche Verkündigung, wie sie in den Texten des Neuen Testaments überliefert ist, setzte in beiden Hinsichten ihre eigenen, z.T. revolutionär anmutenden Akzente. So ist die Sexualethik des Neuen Testaments zum einen auf radikale Weise egalitär, hebt also auf die wesenhafte Ebenbürtigkeit von Mann und Frau ab. Zugleich aber ist sie theologisch eingebettet in das Verständnis der Gemeinde als Leib Christi.

Um den ersten Punkt aufzunehmen: Das Neue Testament etabliert einen konsequent Frauen *und* Männern geltenden Moralkodex, der *beide* Partner zu unbedingter Treue anhält und diesbezüglich beide Geschlechter auf denselben Maßstab verpflichtet, nämlich das „Gesetz Christi" (Gal 6,2). Maßgeblich für die Treue der Ehepartner ist Gottes Treue gegenüber seinem Volk – wie sollte es da Sonderkonditionen für eines der Geschlechter geben? Frauen und Männer werden in den Briefen von Paulus gemeinsam zu Adressaten der Verkündigung; d.h., die Frau ist nicht einfach in der Anrede des Mannes mitgemeint, sondern wird (z.B. in den sogenannten Haustafeln

---

[22] U. Eibach, *Heilung für den ganzen Menschen*, S. 85.

in Eph 5 und Kol 4) auf ihre Verantwortung für die Lebensführung angesprochen.

Wo das antike Recht sexuelle Beziehungen zu regulieren suchte, waren oft Macht- und Eigentumsverhältnisse betroffen. Es war wichtig, dass das Eigentum in der Familie vererbt wurde, dass die Frau als ehrbar galt und die Ordnung der Geschlechter gewahrt blieb. Paulus hebt die Begründung für seine die Sexualität und Ehe betreffenden Weisungen jedoch auf ein neues Niveau. Für ihn stellt sich die Frage des Umgangs mit dem eigenen Leib und der sexuellen Vereinigung mit einem anderen Menschen bei Christen grundsätzlich im Kontext ihrer Zugehörigkeit zum Leib Christi. Danach sind Christen zuallererst Glieder am Leib Christi (1Kor 6,15).

Dieses Verhältnis der Zugehörigkeit zu Christus löscht Unterscheidungen, wie die zwischen Mann und Frau, nicht aus, wie gelegentlich aus Gal 3,28 herausgelesen wird. Miroslav Volf arbeitet zu Recht heraus:

> In Christus wird nicht der geschlechtliche Leib gegenstandslos, sondern manch eine wichtige, kulturell geprägte Norm, die geschlechtlichen Körpern zugewiesen wird (etwa die Verpflichtung zu heiraten und Nachkommen zu zeugen [...]). Die Einheit in Christus ist eine Gemeinschaft von Menschen mit geschlechtlichem Leib und unterscheidbaren Gender-Identitäten, keine abstrakte Einheit reiner Geister oder geschlechtsloser „Personen".[23]

Das Verhältnis der Geschlechter verschwindet nicht durch seine Aufnahme in den Leib Christi, doch wird es neu konfiguriert, insofern Paulus es auf einen neuen Grund gestellt sieht. Was genau ist dieser Grund?

Theologisch ist dieser Grund die Hingabe des Gottessohnes für die Gemeinde (Eph 5,25). Christus hält nicht fest, was sein Eigen ist (Phil 2,6), damit wir Anteil an dem bekommen können, was nicht unser Eigen ist: das Heil, also die versöhnte Gemeinschaft mit Gott und untereinander. Christus gibt sich also hin. Und doch bleibt es sein Leib, an dem Christen Glieder sind. Was nach gängigem Verständnis ein Widerspruch ist, geht bei Paulus zusammen, weil er weiß, dass es ein „Haben" gibt, „als hätte man nicht" (vgl. 1Kor 7,29–32).

Im Blick auf das Eheverhältnis will Paulus sagen: Ihr habt einander als Eheleute – und das nicht als *Besitz,* sondern indem ihr einander immer wieder aufs Neue als *Gabe* empfangt.[24] Von diesem an der Hingabe Christi geformten Verständnis her kann Paulus den Eheleuten einschärfen: „Die Frau verfügt nicht über ihren Leib, sondern der Mann. Ebenso verfügt der Mann nicht über seinen Leib, sondern die Frau" (1Kor 7,4). Nur in dieser gegenseitigen Bezogenheit sind Missverständnisse ausgeschlossen, wie sie

---

[23] M. Volf, *Von der Ausgrenzung zur Umarmung*, S. 241f.
[24] Vgl. B. Wannenwetsch, „Owning Our Bodies?", S. 63.

sich historisch nahelegen. Es geht hier überhaupt nicht um *Eigentums*rechte (wie noch im Recht des Bundesvolkes Israel), sondern um *Zugehörigkeits*verhältnisse, in denen sich die Partner einander schenken, um sich so stets aufs Neue zu empfangen.

Eingeprägt haben sich Kritikern im Licht der abendländischen Rechtsgeschichte allerdings vor allem diejenigen Texte, die von der Hauptstellung und damit dem Vorrang des (Ehe-)Mannes sprechen (1Kor 11,3; Eph 5,22; Kol 3,18 etc.). Diese Texte wurden immer wieder für die Begründung von Verhältnissen herangezogen, die sich aus antiken Rechtsverhältnissen heraus entwickelt hatten, nun aber im Begründungszusammenhang der „christlich-abendländischen Kultur" ihre Wirkung entfalteten.

Es trifft historisch zu, dass die ersten christlichen Gemeinden nicht primär Hand an die Rechtspraxis von Haus und Familie gelegt haben. Aber es ist auch nicht zu übersehen, dass sie diese Praxis von Grund auf (nämlich in ihrer Begründungsstruktur) veränderten: „Ordnet euch einander unter *in der Furcht Christi*" – das ist ein Programmsatz, der den hierarchischen Ordnungsverhältnissen im Haus eine neuen Horizont gibt und durch die Geschichte hindurch ein immenses Emanzipationspotenzial entfaltet hat. Die „Furcht Christi", also die Hingabe an seinen Willen, ist das subversive Element, durch das sich die tradierte Vormachtstellung des Mannes und die Unterordnung der Frau in der Hierarchie der Liebe, die sich um des anderen willen zurückstellt, geradezu verkehren. Ihr Leben führen sie nämlich vor dem Herrn, der für die Gemeinde sorgt, weshalb sie füreinander sorgen sollen. Denn *gemeinsam* sind die Eheleute Glieder am Leib Christi (Eph 5,30).

Fazit: Das christliche Menschenbild sieht den Menschen in den für ihn konstitutiven, weil Leben überhaupt erst ermöglichenden Beziehungen. In der dialogischen Polarität von Mann und Frau ist der Grund für alle weiteren Beziehungsformen gelegt, in die Menschen im Laufe ihres Lebens eintreten.

Wer den Menschen verstehen will, der muss daher nach den Beziehungen fragen, in die menschliches Leben immer schon hineingestellt ist: als *verdanktes* Leben ist es auf Gott, den Schöpfer bezogen, als *geborenes* Leben auf die Eltern, als durch den Geist Christi *neugeborenes* Leben auf den Leib Christi, und als *leibliches* Leben auf die Formen der Gemeinschaft, unter denen Ehe und Familie besonders herausragen.

Nun geht es im GM um die (annähernde) Gleichverteilung von Erwerbs- und Familienarbeit zwischen Männern und Frauen. Zumindest auf der Ebene der Geschlechterrollen sollen damit die Geschlechter letztlich austauschbar sein. Daher das Insistieren auf die Überwindung von Geschlechterstereotypen. Daher die Präferenz für die Vollerwerbstätigkeit von Frauen und Männern. Im folgenden Kapitel fragen wir vom christlichen Verständnis vom Menschen aus noch einmal konkret: Wie verhalten sich die grundlegenden Aussagen zum Menschsein in Beziehungen zur christlichen Vorstellung von der Bestimmung des Menschen? Wie wir sehen werden, lässt sich diese Frage nicht am Individuum klären, das aus allen Beziehungen herausgelöst ist, sondern nur am Menschen als sozial verfasstem Wesen. Daher darf die familiäre Einbettung des Menschen nicht außer Betracht bleiben.

Kapitel 7: Bestimmung und Berufung
Von der Gabe des Lebens zur Aufgabe der Lebensgestaltung

Im letzten Kapitel haben wir grundlegende Aussagen über das Menschsein in Beziehungen gewonnen. Wie verhalten sich diese Aussagen nun zur christlichen Vorstellung von der Bestimmung des Menschen? Wie wir sehen werden, lässt sich diese Frage nur beantworten, wenn wir den Menschen als sozial verfasstes Wesen verstehen, ihn also nicht als ein aus seinen Beziehungen herausgelöstes Individuum betrachten. Daher darf vor allem die familiäre Einbettung des Menschen nicht außer Betracht bleiben.

7.1 Zwischen Selbstbestimmung und Sehnsucht nach dem anderen

Nach christlicher Überzeugung ist jedem Menschen als Gottes Geschöpf das Echtheitszeichen des Schöpfers eingeschrieben. Wir haben das Verlangen nach gelingenden Beziehungen, nach Gemeinschaft und danach, sich mitzuteilen. Der Mensch ist ein soziales Wesen, die Sünde hat diese Signatur des Lebens zwar tief entstellt, aber nicht auslöschen können. Die tiefe Entstellung der menschlichen Beziehungsnatur zeigt sich in dem Bestreben, sein eigenes Leben sichern, also nicht von anderen abhängig zu sein und selbstbestimmt leben zu können. Damit ist nicht der Weg in eine gesunde Selbstständigkeit gemeint, sondern die verkehrte Neigung, eigene Interessen um nahezu jeden Preis den Interessen anderer vorzuordnen, ja andere für die eigenen Lebensziele zu instrumentalisieren, ohne darauf zu achten, was dies für andere Menschen, für die natürliche Umwelt oder gar die Zukunft dieses Planeten bedeutet.

In der Praxis zeigt sich der damit skizzierte innere Kampf darin, dass „Pflichtwerte" und „Selbstentfaltungswerte" (Peuckert)[1] miteinander im Streit liegen. Die wenigsten Menschen *möchten* wirklich auf Dauer allein leben, der Wunsch nach einer Geborgenheit bietenden Partnerschaft scheint allbeherrschend. Für einen anderen Menschen da zu sein und selbst

---

[1] Ich übernehme die Begrifflichkeit von R. Peuckert, *Familienformen im sozialen Wandel*, S. 179.

Adressat der Fürsorge anderer zu werden ist eine dem menschlichen Herzen tief eingeschriebene Sehnsucht.

Und doch werden Vertrautheit, Verbindlichkeit und Verantwortung für andere immer auch als Bedrohung der eigenen Selbstbestimmung empfunden, als Begrenzung des Raumes der persönlichen Selbstentfaltung. Weil die Selbstentfaltungswerte stärker gewichtet werden als Pflichtwerte, wird es schwieriger, sich vorbehaltlos (z.B. in der Ehe) zu binden. Deshalb sind auch in Partnerschaft und Ehe die Erwartungen hoch, durch den Partner beglückt zu werden. Viele Ehen zerbrechen an den extrem hohen Erwartungen, durch den anderen hier und jetzt das große Lebensglück zu erfahren.

In Beziehung zu leben – das ist sowohl sicherer Grund als auch stetige Gefährdung für den Menschen. Grund ist es deshalb, weil der Mensch als Ebenbild Gottes auf Beziehung hin angelegt ist. Doch die Gefährdung bleibt, andere für die Selbstbeglückung zu instrumentalisieren oder meine Umwelt zum Zuschauerraum meiner Selbstverwirklichung und Selbstinszenierung zu degradieren.

Nach biblischem Zeugnis können Menschen die Angst verlieren, im Leben zu kurz zu kommen, wenn sie in Jesus Christus Gottes Geschenk entdecken, aus der Fülle Gottes leben zu können (Joh 10,10), d.h. den Beziehungsreichtum Gottes für ihr Leben zu entdecken und zu gestalten. Sich im Vertrauen auf Jesus Christus in Gott bergen zu können befähigt auch zum Vertrauen auf Menschen. Wer seine eigene Endlichkeit und Fehlbarkeit vor Gott eingestehen kann, der lernt auch, dass das Angewiesensein auf andere und die Übernahme von Verantwortung für andere ein selbstbestimmtes Leben bereichern kann. Wer auf Gott vertraut, der erfährt sich als von Gott beschenkt und beginnt zu entdecken, was er oder sie anderen zu geben vermag.

Damit ist noch nicht gesagt, wie Menschen, wie Paare ihr Leben im Einzelnen gestalten werden. Wir haben gesehen, dass die biologische Konstitution appelativen Charakter hat und Männer wie Frauen eine Neigung zu geschlechtstypischem Rollenverhalten zeigen (und zwar ausdrücklich nicht nur überzeugte Christen!). Diesen kulturübergreifend zu beobachtenden Sachverhalt zu verteufeln ist genauso falsch wie der Gefahr zu erliegen, die immer auch gesellschaftlich bedingten Geschlechterrollen zeitlos zu verabsolutieren oder ihnen gar die höhere Weihe biblischer Autorisierung zu verleihen. Bereits die Tatsache, dass in unseren Gemeinden der Bruderkuss nicht praktiziert wird, der die ersten Christengemeinden vor ihrer Umwelt auszeichnete, zeigt, dass die Ausgestaltung von zwischenmenschlichen Verhältnissen dem Wandel der Zeit unterliegt. Die entscheidende Frage ist, ob wir diesen stattfindenden Wandel zu reflektieren bereit sind.[2]

Bleiben wir für unser Thema bei der Anwendung auf die Frage nach den Geschlechterrollen. Dazu ist es notwendig, zwischen der *allgemeinen* Bestimmung des Menschen, der *spezifischen* Bestimmung von Mann und Frau und der *individuellen* Bestimmung des Einzelnen zu unterscheiden.[3]

7.2 Die allgemeine Bestimmung des Menschen

Die *allgemeine* Bestimmung des Menschen besteht, wie wir bereits im vorigen Kapitel sahen, darin, als Gottes Repräsentant auf Erden, als „Verwalter" der vielfältigen Gnadengaben des Schöpfers, in verantwortlich gestalteten Beziehungen zu den Mitmenschen, zu allen Mitgeschöpfen zu leben und darin die Gegenwart des dreieinigen Gottes, der bereits in sich Gemeinschaft ist, zu bezeugen. Die besondere Stellung in der Welt, die dem Menschen dafür zukommt, zeigt sich darin, dass er nicht nur von Gott *aus*gesprochen, also durch das Wort erschaffen, sondern im Unterschied zu den anderen Kreaturen auch *an*gesprochen (und für sein Herrn beansprucht) ist.[4] Der Mensch soll, so formuliert es Martin Luther eindrücklich, in alle Ewigkeit Gottes Gesprächspartner sein.[5] Diese Bestimmung verbindet Männer und Frauen, die gemeinsam in das Bild Gottes erschaffen sind. Es ist wichtig, sich bei allem Reden von Geschlechterdifferenzen und Polaritäten diese fundamentale Gemeinschaft der Geschlechter immer wieder bewusst zu machen.

Die allgemeine Bestimmung ist wie eine Klammer, die vor der spezifischen und individuellen Bestimmung steht. Was in der Klammer ausgesagt wird, darf der allgemeinen Bestimmung nicht zuwiderlaufen. Spezifische und individuelle Bestimmung sollen dieser allgemeinen Bestimmung vielmehr ihren lebensweltlich konkreten Ausdruck geben.

---

[2] Für meinen Versuch, über die Frage nach der Bedeutung der Bibel für die ethische Urteilsbildung nachzudenken, vgl. C. Raedel, „Die Bibel in der ethischen Urteilsbildung".
[3] Vgl. E. Stein, *Die Frau*, S. 46–55.
[4] Vgl. E. Dirscherl, *Grundriss Theologischer Anthropologie*, S. 56.
[5] Wörtlich: „Wo also und mit wem auch immer Gott redet, sei es im Zorn, sei es in der Gnade, der ist gewiss unsterblich. Die Person des redenden Gottes und das Wort machen deutlich, dass wir solche Geschöpfe sind, mit denen Gott bis in Ewigkeit und unsterblicher Weise reden will", *Genesisvorlesung 1535–1545*, S. 481,32–35.

Kapitel 7: Bestimmung und Berufung

7.3 Die spezifische Bestimmung

Mensch zu sein bedeutet – auch davon war bereits die Rede – erstens, sich als Mann in der Differenz zur Frau und als Frau in der *Differenz* zum Mann zu erleben, die eigene Freiheit also in der Begrenzung der Geschlechter zu gestalten. Diese Differenz verdichtet sich zur *Polarität* in der Weitergabe des Lebens. Ist der Vater auch für die Entwicklung des Kindes von hoher Bedeutung,[6] so bedeutet die Mutterschaft schon physisch „eine weit engere Bindung an das werdende Geschöpf als die Vaterschaft".[7]

Die christliche Freiheit zur eigenen Lebensgestaltung hat ihre Grenze somit in der familiären Mitte: im Anrecht des Kindes, für dessen Entwicklung es optimal ist, wenn es – so übrigens auch die Empfehlung der Weltgesundheitsorganisation – in den ersten (sechs) Lebensmonaten gestillt wird. Und wenn es, wie wir unter 8.3 gesehen haben, während der ersten Lebensjahre eine verlässliche Bezugsperson um sich hat, zu der es eine von Vertrauen getragene Bindung aufbauen kann.[8]

Die spezifische Bestimmung bedeutet auch, dass die Geschlechtsidentitäten von Mann und Frau im Kern nicht austauschbar sind. Männer sind keine Frauen und Frauen keine Männer. Diese Unterscheidung begründet keinerlei Wertgefälle; die Geschlechter sind verschieden, aber gleichwertig, auch wenn sich die theologische Tradition mit dieser im Kern biblischen Einsicht lange Zeit schwergetan hat. In ihrer dialogischen Polarität sind sie aufeinander hin geordnet, um sich zu ergänzen.

7.4 Die individuelle Bestimmung

Wie verhalten sich nun die *spezifische* und die *individuelle* Bestimmung von Mann und Frau zueinander? Bei Dorothy Sayers heißt es dazu:

> Eine Kategorie [wie Geschlecht] existiert allein für ihren besonderen Zweck und muss vergessen werden, sobald dieser Zweck erfüllt ist. Es gibt einen grundlegenden Unterschied zwischen Männern und Frauen, aber es ist nicht der einzige Unterschied.[9]

---

[6] Vgl. J. Juul, *Mann und Vater sein*.
[7] E. Stein, *Die Frau*, S. 49.
[8] Dass über die Kernfamilie hinaus auch andere Angehörige (z.B. die Großeltern des Kindes) von Bedeutung sind, ist über viele Jahrhunderte hinweg in Europa und heute noch in vielen außereuropäischen Kulturen gängige Praxis. Die Kernfamilie von Mutter, Vater und Kind sollte auf die Lebenskreise der erweiterten Familie hin offen sein, ohne aber in diese eingeebnet zu werden.
[9] D. L. Sayers, *Are Women Human?*, S. 45.

Auch wenn ich nicht von einem „grundlegenden Unterschied", sondern eher von einer *dialogischen Polarität* der Geschlechter sprechen möchte, gibt Sayers eine richtige und wichtige Wegmarkierung an, zwischen spezifischer Bestimmung als Mann oder Frau und individueller Bestimmung jedes einzelnen Menschen zu unterscheiden.

Das Neue Testament setzt voraus, dass in Ehen auch Kinder geboren werden, doch kommt diesem Umstand keine Heilsbedeutung mehr zu, da der von Israel erwartete Messias ja bereits geboren ist. Karl Barth schreibt dazu: „Im Bereich der neutestamentlichen Botschaft gibt es nun einmal keine Notwendigkeit, kein allgemeingültiges Gebot, das menschliche Geschlecht als solches fortzupflanzen und also Kinder zu erzeugen und zu gebären".[10] Kein Gebot, sondern eine Erlaubnis ist die Weitergabe des Lebens, wir könnten auch sagen: Gottes Einladung an die Eheleute. Daher wäre es unangemessen, das Miteinander von Mann und Frau ausschließlich unter dem Aspekt der Fortpflanzung zu betrachten. Vielmehr gilt vom Zeugnis des Neuen Testament her, dass die spezifische Bestimmung von Mann und Frau einen Horizont individueller Bestimmungen eröffnet, in dem das gemeinsame Nachsinnen über die jeweiligen Begabungen und das Aushandeln von Aufgabenverteilungen ihren legitimen Raum haben. Die Vorstellung, dass die Partner einander ergänzen, einander wertschätzen und einander in Liebe zugetan sind wie Jesus Christus und seine Gemeinde (Eph 5,21–33), befreit dazu, geschlechtertypische Rollenverständnisse (einer bestimmten Zeit und Kultur) nicht als unwandelbare Vorschriften zu lesen, sondern sie als „Sehhilfen" zu gebrauchen.

Jede Gesellschaft hat ihre Vorstellungen, „Ideologien", von den Geschlechtern. Sie dienen dazu, die in einer Gesellschaft dominierenden Rollenverständnisse auszudrücken, erlauben bestimmte Erwartungshaltungen usw. Ja, und sie dienen auch dazu, Machtverhältnisse in einer Gesellschaft zu stabilisieren (und/oder zu verschleiern). Kritische Zeitgenossenschaft heißt für Christen, sich auf die weltanschaulichen Voraussetzungen von Geschlechterrollen zu besinnen (was an ihnen ist *wirklich* biblisch?) und die vorherrschende Praxis kritisch und auch selbstkritisch zu reflektieren. Dabei wird es darauf ankommen, den Reichtum der Gaben Gottes im Horizont der Vorgaben und Verheißungen Gottes für ein geordnetes Zusammenleben von Mann und Frau zu gestalten.

Die individuelle Berufung lässt sich theologisch unter die Lehre des Apostels Paulus von den Charismen, also den Geistesgaben, fassen. Nach Paulus sollen die Charismen in den Dienst der Gemeinde gestellt werden

---

[10] K. Barth, *Kirchliche Dogmatik* (Bd. III/4), S. 298.

und der Erbauung dienen (Röm 12,3-4; 1 Kor 14,26b). Bezieht man diese Anweisung analog auf das Leben der Geschlechter, dann könnte dies bedeuten: In der individuellen Berufung von Männern und Frauen spiegelt sich eine von Gott geschenkte Vielfalt, die jeder und jede mit Dank annehmen darf.

Die individuelle Berufung, so sie wirklich ein Ruf Gottes ist, isoliert die Frau oder den Mann jedoch nicht aus dem sozialen Gefüge und den personalen Beziehungen, die das Leben ausmachen, sondern weist sie in ein Leben in diesen Bezügen. Das bedeutet auch: Die individuelle Berufung, in der die Persönlichkeit ihren Ausdruck findet, steht nicht im *Widerspruch* zur spezifischen Berufung von Mann und Frau (was z.B. der Fall ist, wenn eine Frau sich entscheidet, als Mann zu leben), sondern gibt der spezifischen Berufung eine je individuelle Gestalt und kann ein Aufbrechen von Geschlechterstereotypen einschließen.

So darf es also im statistischen Mittel Unterschiede in den Präferenzen von Männern und Frauen geben. Es darf aber auch Annäherungen und Weiterentwicklungen im Verständnis und in der lebensweltlichen Ausgestaltung der Geschlechterrollen geben. Die unbestreitbar mit der Generativität des Menschen (Vaterschaft, Mutterschaft) verbundenen Rollenverständnisse dürfen nicht in einem unhistorischen Sinne so zementiert werden, dass (v.a. weibliche) Persönlichkeiten sich nicht entfalten können, weil sie durch Fremdzuschreibungen auf ein Geschlechterbild früherer Generationen festgelegt werden, das in seiner Zeitbezogenheit nicht reflektiert wird – z.B. wenn aus der Zuweisung von Heim und Herd zur Frau abgeleitet wird, dass Familien- und Erwerbsarbeit sich ausschließen (was tatsächlich erst eine Folge der frühindustriellen Trennung von Wohn- und Arbeitsort war).

7.5 Geschlechterrollen zwischen Konstitution und Konstruktion

Wir hatten bereits gesehen, dass eine an der Bibel orientierte Theologie aus guten, z.T. auch von naturwissenschaftlicher Seite zu stützenden Gründen an der heterosexuellen Zweigeschlechtlichkeit des Menschen als der Norm festhält – bei gleichzeitigem Wissen um andere Geschlechtsidentitäten und dem Respekt vor ihnen. In welcher Geschlechtsidentität sich ein Mensch auch verortet, *alle* Menschen sind im Evangelium von Jesus Christus zur Umkehr gerufen. Wer in Gottes neue Welt Eingang finden möchte, der darf seine (natürliche) Geschlechtsidentität nicht wie ein Eigentum festhalten, sondern muss sie in der gläubigen Hingabe an Gott ausliefern, damit sie vom Heiligen Geist gereinigt, erneuert und auf Gottes Willen hin ausgerichtet wird.

Die Unterscheidung zwischen allgemeiner, spezifischer und individueller Bestimmung konnte verdeutlichen: Nach Gottes schöpferischer Absicht ist der Mensch das Wesen, das nicht einfach dem Instinkt folgt (verglichen mit Tieren ist er eher instinktarm), sondern über die Fähigkeit verfügt, sich selbstreflexiv zu den Beziehungen zu verhalten, in die er eingebunden ist, und sie (verantwortlich) zu gestalten. Biologie ist für den Menschen nicht einfach Schicksal. Welche Einsichten trägt die Psychologie, v.a. die Sozialpsychologie, zu der Frage bei, wie sich allgemeine, spezifische und individuelle Bestimmung von Männern und Frauen zueinander verhalten.

In der Psychologie wird grundsätzlich davon ausgegangen, dass die natürlichen Dispositionen des Menschen, damit auch die Geschlechtsanlage, nicht determinierend (also wie eine Festlegung) wirken, sondern vielmehr „appellativ", d.h., sie

> legen uns bestimmte Verhaltensweisen näher als andere. Bestimmte Tätigkeiten und Aufgabenbereiche kommen einfach den im Durchschnitt vorherrschenden Neigungen, Interessen und Begabungen des einen Geschlechts mehr entgegen als denen des anderen, verschaffen jenem mehr Befriedigung, lassen sich bequemer realisieren und tragen besser zum Gefühl der Erfüllung bei.[11]

So haben wir es also im Unterschied zur strikten Polarität bzw. Dualität der Geschlechter, die Voraussetzung für die Fortpflanzung ist, bei den psychologischen Geschlechterdifferenzen, die für die Ausprägung von Rollenverständnissen – und damit für das Entfalten der persönlichen Bestimmung – bedeutsam sind, mit einer „weichen" Polarität zu tun. Eine geschlechtstypische Anlage legt einen Mann bzw. eine Frau nicht „automatisch" auf eine bestimmte soziale Rolle fest, sondern wirkt sich dahin gehend aus, „dass bestimmte Verhaltensweisen dem einen Geschlecht im statistischen Mittel leichterfallen als dem anderen, während andere Verhaltensweisen einen höheren Erziehungsaufwand erfordern".[12]

Bei der biologischen Konstitution könnte man also von einem „Angebot" sprechen, auf das in je eigener Weise einzugehen dem Menschen aufgetragen ist. Indem ich auf dieses Angebot eingehe, beziehe ich mich auf eine bereits gegebene Voraussetzung: Ich lebe, und zwar normalerweise, als Mann oder als Frau. Von dieser Vorgabe kann ich mich nicht völlig

---

[11] D. Bischof-Köhler, *Von Natur aus anders,* S. 27.
[12] D. Bischof-Köhler, „Geschlechtstypisches Verhalten von Mädchen unter evolutionstheoretischer und entwicklungspsychologischer Perspektive", S. 84f.

lösen; auch eine geschlechtsumwandelnde Operation vermag diese Vorgabe letztlich nur zu verschleiern. Die Geschlechtsidentität entfaltet sich nach christlichem Verständnis stets auf der Basis einer „stabilen Differenz geschlechtlicher Körper" (Miroslav Volf). Als *dieser* Mann, als *diese* Frau zu leben, das wird „durch die Stabilität des [geschlechtlichen] Körpers sowohl eingeschränkt als auch ermöglicht".[13] Eine Persönlichkeit werde ich in der Annahme meines Personseins, als Frau, als Mann – also nicht dadurch, dass ich diese Vorgabe bestreite, sondern dass ich sie gestalte.

Damit befinden wir uns bereits in der Diskussion darüber, wie sich natürliche (biologische) Anlage und soziale Konstruktion von Geschlecht zueinander verhalten (im Englischen spricht man von *„nature"* versus *„nurture"*).[14] Die Schärfe der dazu geführten Diskussion dürfte auch darin begründet sein, dass sie in einer politisch aufgeladenen Atmosphäre stattfindet. Es gelingt selten, den Theoriegehalt an sich zu diskutieren, weil die möglichen politischen Konsequenzen immer schon mitgedacht werden. Wer die biologische Konstitution hervorhebt, dem wird unterstellt, festgefügte Rollenmuster zementieren zu wollen. Und wer die soziale Prägung betont, gerät schnell in den Verdacht, die natürliche Konstitution des Menschen nicht ernst zu nehmen und der Vielfalt von Geschlechtern das Wort zu reden. Beides muss nicht unbedingt der Fall sein.

Grundsätzlich leidet die Diskussion an diesen Polarisierungen. Dabei spricht vieles für die Basisannahme, dass Anlage und Erziehung *einander bedingen*, also aufeinander einwirken. Anders gesagt: Eine gereifte Geschlechtsidentität bewegt sich in dem Spannungsfeld, das sich zwischen Konstitution und Konstruktion auftut, also zwischen der biologischen Anlage und der Freiheit ihrer persönlichen Gestaltung. Deshalb lassen sich für die psychologischen Geschlechtsunterschiede auch immer nur statistische Aussagen zur „Normalverteilung" machen. (Dabei gibt es wie gesagt breite Überlappungsbereiche, welche die Selbstzuweisung zum vorliegenden biologischen Geschlecht in der Regel nicht infrage stellen.) Daher sollte niemand überrascht sein, wenn einzelne Männer und Frauen auch weithin akzeptierten Geschlechterstereotypen nicht entsprechen.

Was aber ist ein *Stereotyp*? Gemeinhin versteht man darunter ein (Vor-)Urteil, das in ungerechtfertigt vereinfachender und verallgemeinern-

---

13 M. Volf, *Von der Ausgrenzung zur Umarmung*, S. 228; vgl. auch das gesamte Kapitel, S. 218–251.
14 Vgl. R. A. Lippa, *Gender, Nature and Nurture.*

der Weise einer Klasse von Personen (hier Männern bzw. Frauen) bestimmte Eigenschaften oder Verhaltensweisen zu- oder abspricht.[15] Während im allgemeinen Sprachgebrauch der Stereotyp negativ für ein ungerechtfertigtes Vorurteil steht,[16] urteilt die Sozialpsychologie differenzierter und beschreibt Stereotypenbildung als einen kognitiven Prozess, der dem Einzelnen hilft, eine hochkomplexe Lebenswelt zu vereinfachen, um in ihr handlungsfähig zu bleiben.[17]

Zum Problem werden Stereotype, wenn sie den Betrachter gegenüber den individuellen Unterschieden innerhalb einer Gruppe blind machen, sodass Personen dieser Gruppe ungerecht behandelt werden. So lässt sich festhalten, dass „die im Geschlechtsstereotyp enthaltenen Meinungen über Geschlechtsunterschiede selten völlig falsch [sind]. Meist enthalten sie einen wahren Kern an tatsächlichen Geschlechtsunterschieden, die aber unzulässig verallgemeinert oder übertrieben wahrgenommen werden".[18] Stereotype markieren eine – allerdings nicht starr festgelegte – Grenze zwischen veränderlichen und unveränderlichen Geschlechtsmerkmalen. Ja, es sind *stets* Frauen, die Kinder gebären, und *häufiger* Frauen als Männer, die pädagogische Berufe ergreifen und häusliche Pflegeleistungen erbringen. Aber es gibt auch Frauen, die ihr Muttersein ablehnen, obwohl ihre biologische Weiblichkeit außer Zweifel steht.[19]

Stereotype machen das Leben nur dann leichter, wenn sie mit Vorbehalt gebraucht und für Korrektur offengehalten werden. Das Zusammenfassen von Individuen zu Gruppen hat immer nur ein vorläufiges Recht (dieses Recht aber hat es); letzte Instanz in der zwischenmenschlichen Kommunikation bleibt die Person in ihrer Einzigartigkeit, die sich einer letzten Schematisierung entzieht.

In einer komplexen und mit endlichen Mitteln zu gestaltenden Lebenswelt kann auf Stereotype nie ganz verzichtet werden. Doch die in der Stereotypenbildung liegende Gefahr muss deutlich gesehen und mitbedacht werden. Wer sich die Wirklichkeit der Geschlechterverhältnisse von Stereotypen vorschreiben lässt, der missachtet die von Gott einem jeden Men-

---

[15] Vgl. E. Aronson/T. D. Wilson/R. M. Akert, *Sozialpsychologie*, S. 425.
[16] Auch das Vorurteil erhält erst im Zuge der Aufklärung sein eindeutig negatives Gepräge; vgl. H.-G. Gadamer, *Wahrheit und Methode*, S. 255.
[17] Vgl. E. Aronson/T. D. Wilson/R. M. Akert, *Sozialpsychologie*, S. 425.
[18] J. Asendorpf/F. Neyer, *Psychologie der Persönlichkeit*, S. 334.
[19] Vgl. dazu die Studie der israelischen Soziologin O. Donath, *Regretting Motherhood*. Die Studie löste eine Publikationsflut und kontroverse Diskussionen in den sozialen Netzwerken aus.

schen geschenkte Einzigartigkeit. Jeder Mensch hat vom Schöpfer eine bedingte Freiheit empfangen (bedingt, weil in geschöpflichen Vor-Gaben wurzelnd), das eigene Leben in Beziehungen aktiv zu gestalten.

Für Christen liegt in diesem Feld eröffneter Möglichkeiten immer auch die Frage nach dem *persönlichen* Ruf Gottes, also seiner individuellen Bestimmung. Die christliche Lehre vom Menschen folgt keinem naiven Biologismus nach dem Motto: Wir schauen uns einen Menschen an, ordnen ihn dem männlichen oder weiblichen Geschlecht zu und dann wissen wir, was es mit diesem konkreten Menschen auf sich hat. Sie rechnet vielmehr damit, dass Gott mit jedem Menschen einen Weg hat, der sich nicht in Schablonen pressen lässt, auch wenn wir Schablonen brauchen und verwenden, um unsere komplexe Lebenswelt zu ordnen. Die Schablone muss weggelegt werden, um dem konkreten Menschen gerecht werden zu können, der mir begegnet.

Ziehen wir ein Fazit: Zur Ausbildung einer stabilen Geschlechtsidentität gehört es, seine natürliche Konstitution anzunehmen und die eigene Geschlechtlichkeit im Sinne einer Gestaltungsaufgabe zu ergreifen. Es geht also darum, als ein Mann *dieser* Mann, als eine Frau *diese* Frau zu werden. Person ist jeder Mensch, der von anderen Menschen abstammt, doch zur Persönlichkeit wird der Mensch erst in dem Maße, indem er Verantwortung für sein Leben übernimmt und ihm die unverwechselbaren Konturen seines „Ichs" aufprägt.

Die soziale Geschlechtsidentität bildet sich dabei im Wechselspiel zweier Pole aus: Von ihrer natürlichen Anlage her bringen Männer und Frauen *Neigungen* mit, die sie im statistischen Mittel geschlechts*typische* Entscheidungen treffen und Lebenswege ergreifen lassen. Wichtig ist: Der Mensch ist nicht nur ein Naturwesen, er ist auch ein Freiheitswesen. Seine biologische Geschlechtszugehörigkeit ist kein ihn zwingendes Schicksal, dem er passiv ausgeliefert ist, sondern ein Angebot Gottes, das ihm Chancen und Möglichkeiten eröffnet, aber auch Grenzen setzt – sie ist Gottes Einladung zum Leben.

Zugleich gilt: Wer den seiner Natur eingeschriebenen Neigungen folgt, tut dies nie im luftleeren Raum, sondern innerhalb einer Gesellschaft, in der bestimmte Vorstellungen von den Geschlechtern vorherrschen. Sie unterliegen Wandlungen, die zwar nicht beliebig sind (wie die stabile Zuordnung von Gebären und Stillen als weibliche Praktiken), aber doch stärker, als das im Erleben einer Lebensspanne und einer Kultur bewusst wird. Erkannt werden sie häufig erst, indem man in der Geschichte seiner eigenen Kultur gräbt oder Erfahrungen mit anderen Kulturen macht. So erweisen sich geschlechtsspezifische Schönheitsideale, Farbpräferenzen, Einstellungen zur Kindererziehung, die Ausgestaltung von Paarbeziehungen und vieles andere mehr als wandelbar. Wer sich sein Urteil darüber bildet, wie er als Mann, wie sie als Frau leben möchte, reflektiert in seinem Urteil immer auch die in seiner Kultur dominanten Vorstellungen und Lebensmuster.

7.6 Partnerschaft, Familie und Singlesein

Das biblische Modell für ein versöhntes Verhältnis der Geschlechter ist die gemeinsame Unterordnung unter Jesus Christus als Herrn (Eph 5,21). Die Unterordnung unter Christus hat für christliche Paare nun aber auch eine das Miteinander der Partner ordnende Funktion, auch wenn sich die Gestalt dieses Miteinander über die Jahrhunderte hinweg verändert hat. Paulus spricht davon, dass sich Frauen ihren Männern *unterordnen* und die Männer ihre Frauen *lieben* sollen (Eph 5,24-25, Kol 3,18-19).

Im Blick auf die Unterordnung hat der Apostel die Vorstellung von der antiken Hausgemeinschaft vor Augen, die er als solche nicht infrage stellt. Doch weil das Verb „lieben" in seiner Verwendung für uns so schillernd geworden ist, übersehen wir schnell, welch radikalen göttlichen Anspruch Paulus hier an den Ehemann und Hausvater kommuniziert: Er soll seine Machtstellung im Haus nicht ausspielen und ausnutzen, sondern in dienender Hingabe an Frau und Kinder die Liebe Christi reflektieren. Damit ist der von der Frau geforderten Unterordnung der Stachel genommen und der antiken Vorstellung von Hausgemeinschaft der Keim der Korrekturfähigkeit und Korrekturbedürftigkeit eingesät. Denn Maßstab dafür, was Unterordnung und Liebe bedeuten, ist die Hingabe von Jesus Christus an die Gemeinde als Leib Christi, an dem Männer und Frauen gemeinsam Glieder sind (Eph 5,30).

Vieles von dem, wie Männer im Laufe der Geschichte die Unterordnung der Frau aufgefasst und eingefordert haben, hat vor dem Evangelium keinen Bestand. Man könnte fast davon sprechen, dass der „Code" der Unterordnung zerstört ist und die Sprache der Unterordnung kaum mehr sinnvoll verwendbar ist. Allerdings ginge damit auch die Pointe der gemeinsamen Unterordnung unter Christus verloren. Denn sie gibt der Ehe ihre Ausrichtung und soll die Partner vor der Missachtung oder dem Missbrauch des anderen bewahren.

Nach C. S. Lewis[20] braucht man in einem Bund von zwei Menschen Vereinbarungen für den Fall, dass sich die Ehepartner in einer wichtigen

---

[20] C. S. Lewis, *Pardon, ich bin Christ*, S. 108 f. (Kap. III/6.).

Frage, in der keine dritte Möglichkeit als Kompromiss möglich ist, auch nach ernsthaftem Gebet und nachdenklichem Ringen nicht einigen können. In einem Komitee von zwei Personen, wie es die Ehe ist, gibt es bei Meinungsverschiedenheiten keinen Mehrheitsentscheid, sondern ein Patt. Gegen die Verlockung zur Trennung oder gar Scheidung eröffne Paulus hier einen Weg, damit die Polarität von Mann und Frau die Ehe auch in schwierigen Zeiten nicht zerstört, sondern erhalten kann: „Wenn die Ehe wirklich unauflöslich ist, dann muss einer der beiden Partner die Macht haben, im Zweifelsfall zu entscheiden. Jede auf Dauer angelegte Partnerschaft braucht eine Verfassung."[21]

Selbst wenn man Lewis in dieser Einschätzung folgen sollte, bleiben meines Erachtens Zweifel daran, ob es dem Verhältnis der Geschlechter wirklich gutgetan hat, dass es nicht den Eheleuten überlassen wurde, sich eine solche „Verfassung" zu geben, sondern der Stichentscheid und weitere den Vorrang des Mannes festschreibende Regelungen von der staatlichen Rechtsordnung vorgeschrieben wurden. Die rechtliche Absicherung männlicher Privilegien hat nicht nur vielen Frauen geschadet, sondern auch den Männern: Sie wurden von einer kritischen Reflexion ihres *eigenen* Geschlechterbildes freigestellt und haben die von der ihnen gegebenen Machtstellung ausgehenden Gefahren nicht erkannt.[22] Wer die *innerehelichen* Verhältnisse rechtlich fixiert sehen möchte, legt die Axt an die Wurzel des die Ehe tragenden Vertrauensverhältnisses.

Hinter der römisch-griechischen Vorstellung des männlichen Familienoberhaupts, die stark auf die westliche Rechtstradition eingewirkt hat, stand das Anliegen, dass der *pater familias* für die rechtlich nicht selbstständigen Mitglieder der Hausgemeinschaft (darunter Frau und Kinder) Verantwortung übernimmt und ihre Versorgung sicherstellt. Doch seine Verantwortung (die durchaus von Gewicht war) bot dem Mann auch deutlich mehr Raum zur Selbstentfaltung und Durchsetzung seiner Interessen als den anderen Mitgliedern der Familie (bzw. der Gesellschaft überhaupt).

Auch die christliche Ethik und kirchliche Tradition hat sich viel zu lange damit zufriedengegeben, die von Rechts wegen abgesicherten Machtverhältnisse in Ehe und Familie einfach vorauszusetzen. Impulse, die auf eine Überwindung dieser Machtverhältnisse zielten, wurden bis in

---

[21] Ebd.
[22] Wo christliche Ehemänner staatliche Gesetze wünschen, die ihre Stellung als „Haupt" schützen, da muss dies nicht unbedingt Ausdruck für das Anliegen sein, eine dem Evangelium gemäße Führungsverantwortung leben zu wollen. Wer als Mann seine Autorität gegenüber der Ehefrau „einklagen" muss, hat diese bereits verloren.

die zweite Hälfte des 20. Jahrhunderts hinein als Angriff auf die biblische Geschlechterordnung bewertet und zurückgewiesen. Diese heute gern vergessenen Positionierungen brauchen eine kritische Reflexion und vertiefte Urteilsbildung, um in den heute deutlich komplexeren Problemlagen nicht die Fehler der Vergangenheit zu wiederholen.

Wird das Miteinander von Mann und Frau in dieser neutestamentlichen Spannung von Gehorsam und Freiheit gelebt, dann ermöglicht dies auch einen kritischen Blick auf männliche Herrschaftsweisen, die mit dem Kommen Jesu Christi überwunden werden. Wo weltliche Verhältnisse von Machtausübung und Abhängigkeit, Fremdbestimmung oder gar Gewalt in Partnerschaften eingezogen sind, sind Umkehr und Neuanfang nötig. Das kann im Blick auf gesellschaftliche Zustände nicht Aufgabe Einzelner sein. Hier ist die christliche Gemeinde gefragt, die als Gemeinschaft selbst Ort menschlicher Identitätsbildung ist. Sie gewinnt ihre Konturen „in lebendigen und versöhnten Beziehungen, in Einigkeit in der Vielfalt, in der kraftvollen Wirksamkeit durch gegenseitige Ergänzung, in der Verteilung der unterschiedlichen, aber gleichwertigen Gaben, Güter und Ämter"[23].

Das Neue Testament hebt die schöpfungsgemäße Ordnung der Familie nicht auf, sondern setzt sie voraus, weshalb sie als eigenständiges Thema nicht noch einmal in den Blick genommen wird. Hauptanliegen der urchristlichen Verkündigung ist es, dass Menschen durch Glaube und Taufe in den Lebenszusammenhang der Gemeinde Jesu Christi aufgenommen werden, die wirksames Zeichen des anbrechenden Gottesreiches ist.

In diesem Horizont verweist Jesus auf die besondere Berufung zur Ehelosigkeit um des Reiches Gottes willen (Mt 19,10–12), Paulus empfiehlt sie sogar im Interesse des Dienstes für Gottes Reich, der auf diese Weise nicht von familiären Belangen geschmälert wird (1Kor 7,7). Sowohl die Ehe als auch die Ehelosigkeit versteht er als Gaben des Gottesgeistes, die im freien Gehorsam Gott gegenüber angenommen werden dürfen.[24] Auch Kinderlosigkeit ist in der Nachfolge des auferstandenen Jesus kein Fluch

---

[23] I. Sipos, „Gottes Schöpfungsplan steckt uns in den Knochen", S. 102.
[24] Die katholische Nonne Edith Stein hat in ihren Reflexionen zur Bestimmung der Frau diese, wie sie es nennt, „schwerste Aufgabe" nicht ausgeblendet. Sie rät: „Wenn man einmal die Jahre erreicht hat, in denen normalerweise auf eine Eheschließung nicht mehr zu rechnen ist, dann heißt es, einen energischen Schlußstrich unter die Jugendhoffnungen ziehen. Dann aber nicht den entschwundenen Hoffnungen nachtrauern, sondern sich die Konsequenzen klar machen. [...] Dann kann man aus dem, was eine Not war, eine Tugend und Gotteskraft machen. Wer das tut, darf mit festem Vertrauen auch auf Gottes Beistand rechnen, um das durchzuführen, was an sich schwer erreichbar ist"; E. Stein, *Die Frau*, S. 52f.

mehr, sondern eröffnet Möglichkeiten geistlicher Elternschaft in der christlichen Gemeinde, die der natürlichen Elternschaft an Bedeutung nicht nachstehen.

Diese theologische Aufwertung des Ledigseins sollte allerdings nicht darüber hinwegtäuschen, dass Singles, die nur selten diesen Lebensentwurf wählen, besonderen Herausforderungen gegenüberstehen. Die Schwere der Aufgabe, sich mit einem Leben der Ehelosigkeit anzufreunden, obwohl das Sehnen nach der Gemeinschaft mit einem Ehepartner vorhanden ist, wird m.E. in christlichen Gemeinden zu wenig (sensibel) wahrgenommen. Eine der Herausforderungen ist die starke Familienorientierung vieler Gemeinden, die bei Singles (und kinderlosen Paaren) den Eindruck entstehen lassen kann, dass sie einen Lebensentwurf „zweiter Klasse" lebten. Daher ist es wichtig, dass Gemeinden sich als in Christus versöhnte Gemeinschaften von (noch) kinderlosen Ehepaaren, Familien und Ledigen verstehen und die Wertschätzung dieser unter dem Segen Gottes stehenden Lebensformen erfahrbar wird.

7.7 Hausarbeit und Erwerbstätigkeit

In theologisch-ethischer Hinsicht lässt sich kein *prinzipieller* Vorrang für die „Hausfrauenehe" behaupten, in welcher der Mann ganz von seiner (in der Regel außer Haus ausgeübten) Erwerbsarbeit eingenommen und in der Familie kaum präsent ist, während die Frau dauerhaft keiner Erwerbstätigkeit nachgeht – unabhängig davon, ob Kinder zu versorgen sind oder nicht. Dieses Modell zu leben wurde der bürgerlichen Familie infolge der sozialen und gesellschaftlichen Entwicklungen im 19. Jahrhundert möglich. Die nicht außerhalb des Hauses arbeitende Frau zeigte damit an, dass man es sich leisten konnte, während für die meisten Familien bis ins 20. Jh. hinein die Regel blieb, dass beide Elternteile (Kinder waren noch der Regelfall) zum Lebensunterhalt beitrugen. Die Ausgestaltung der Arbeitszeiten war dabei alles andere als familienfreundlich. Die Ausbreitung des Modells der „Hausfrauenehe" nach Ende des Zweiten Weltkrieges steht auch mit dem allgemeinen Wohlstandszuwachs in der Bundesrepublik Deutschland in Zusammenhang (man konnte es sich leisten), doch wirksam war auch der Impuls in Richtung einer Retraditionalisierung der Geschlechterverhältnisse. Sie sollte Stabilität in einer Gesellschaft stiften, die dabei war, aus den Ruinen abgründiger Unrechtserfahrungen aufzuerstehen.

Wie jedes andere Modell hat auch dieses seine Vorzüge und Grenzen. Seine Grenze liegt vor allem in dem Missverständnis, durch die Zeiten hindurch praktisch unveränderlich zu sein. Seine Vorzüge liegen in der Anerkennung der frühkindlichen Entwicklungsbedürfnisse und der Entgrenzung eines allein auf den Gelderwerb zielenden Verständnisses von Arbeit zugunsten von familiären und ehrenamtlichen Leistungen, die keinem rein ökonomischen Nutzenkalkül unterliegen.

Von daher halte ich es nicht für reaktionär, sondern für zukunftsweisend, aus *sozialethischen* (nicht theologischen) Gründen gleichwohl eine Lanze für das politisch ungewollte „Auslaufmodell" Hausfrau (gerne auch Hausmann) zu brechen. Damit soll kein vermeintliches Nachkriegsidyll der Fünfzigerjahre in der Bundesrepublik wiederbelebt werden, sondern schlicht einer der am stärksten angegriffenen und gesellschaftlich an den Rand gedrängten Personengruppen der Rücken gestärkt werden.[25] Angesichts dieser Marginalisierungstendenzen ist der Verzicht (z.B. auf bestimmte Formen von Anerkennung und Teilnahme an Geselligkeit) zu würdigen, der zugunsten der Kinder geübt wird und als Ausdruck der Hingabe dem Kosten-Nutzen-Denken unserer Gesellschaft entgegenläuft. Die letztlich nicht vom wirtschaftlichen Nutzenkalkül bestimmten familiären Nahverhältnisse, in denen es auf Verbindlichkeit, Zuwendung und Liebe ankommt, brauchen den Schutz der Gesellschaft und das Eintreten von Christen für die viel gescholtene Hausfrau.[26]

Zu dem an die Gesellschaft und den Gesetzgeber zu richtenden Appell gehört vor allem, eine Beendigung der systematischen Benachteiligung der Erziehungsarbeit gegenüber der Erwerbsarbeit zu fordern. Das momentan geltende Recht folgt ungeachtet mehrerer Entscheidungen des Bundesverfassungsgerichts der Logik: „Der Einzelne kann sich im Alter auf die Kinder der anderen verlassen, da diese ihn dann über die Sozialsicherungssysteme mitversorgen werden."[27] So sind (v.a. viele) Kinder ein sicherer Weg in die Altersarmut, während Kinderlose vom Generationentransfer profitieren (ob gewollt oder ungewollt, ist für versicherungsstatistische Berechnungen unerheblich). Hier geht es also nicht um Familienfolklore, sondern um die Frage, wie Geschlechter- und Generationengerechtigkeit für diejenigen Menschen aussieht, die zugunsten der Kindererziehung auf eine Erwerbstätigkeit verzichten und damit auch auf die damit verbundenen langfristigen staatlichen Leistungsansprüche.

---

[25] Für A. Schwarzer ist z.B. völlig klar: „Die Hausfrau und der Alleinverdiener haben definitiv ausgedient, auch in den Augen des Staates", *Die Antwort*, S. 110.

[26] Wie sehr das Lebensmodell „Hausfrau" gesellschaftspolitisch unter Druck geraten ist, zeigt auch die Umbenennung des 1915 gegründeten „Deutschen Hausfrauenbunds". Seit 2009 heißt der Verband „DHB – Netzwerk Haushalt, Berufsverband der Haushaltsführenden e.V.

[27] H.-W. Sinn, *Verspielt nicht eure Zukunft!*, S. 60.

7.8 Familien-Mainstreaming statt Gender-Mainstreaming

Einer auf das Merkmal Geschlecht (und geschlechtliche Identität) fixierten Diskussion kann leicht entgehen, dass es nicht Frauen *per se* sind, die Benachteiligung erfahren, sondern Personen mit bestimmten Merkmalskombinationen, z.B. Frauen in prekären wirtschaftlichen Verhältnissen oder Frauen aus bestimmten Migrationsmilieus. Das eigentliche Problem liegt quer zur Geschlechtszugehörigkeit und wirft die Frage auf: Wie werden wir eine *familienfreundliche* Gesellschaft? Wie lassen sich familiäres und berufliches Leben so organisieren, dass Frauen *und* Männer ein Ja zu ihren eigenen Neigungen wie zum Leben ihrer Kinder finden können, ohne beides als Widerspruch zu erleben?

Folglich gehört in den „Mainstream" der Gesellschaft weniger die Genderfrage als vielmehr die Leitfrage, wie Familien darin unterstützt werden können, als *Familien* zu leben, anstatt lediglich als Projektionsfläche feministischer Gleichheitsfantasien oder als Modul marktwirtschaftlicher Rechenspiele betrachtet zu werden. Wenn immer nur nach der Gleichheit einzelner Akteure (Männer und Frauen) gefragt wird, gerät das Ganze aus dem Blick. Hier brauchen wir eine neue Schwerpunktsetzung auf die Bedingungen, die Familien darin unterstützen, verlässliche Beziehungen zu stiften, verantwortliche Lebensführung einzuüben und einer Gesellschaft Zukunft zu geben. Nicht das Individuum ist die kleinste Zelle der Gesellschaft, sondern die Familie als Lebensgestalt.

Weil Gender-Mainstreaming Familien nicht stärkt, sondern nur ihre Einzelakteure betrachtet, deren Interesse nach Kriterien beurteilt werden, die mit dem Wohl der Familie wenig zu tun haben, rüttelt es an den Grundfesten der Gesellschaft. Wir brauchen kein Gender-Mainstreaming, sondern ein *Familien-Mainstreaming*. Der Kampf der Geschlechter kennt nur Verlierer, weil alle verlieren, wenn belastbare und vertrauensvolle Beziehungen geschwächt werden. Wer das Miteinander in der Gesellschaft zukunftstüchtig machen will, muss Ehe und Familie in den Fokus der Förderung rücken. Denn hier erfahren Menschen in den für sie auf lange Sicht prägenden Lebensjahren, dass Verschiedenheit und Verbundenheit keine Gegensätze sind, sondern zwei Seiten einer Medaille.

Kapitel 8: Lebenswelten
Was Menschen sich wünschen und was sie brauchen

Es gehört zu den problematischen Grundentscheidungen von Gender-Mainstreaming, nicht von sozialen Gefügen auszugehen, sondern ganz von den einzelnen Akteuren und deren Recht auf (ökonomisch bestimmte) Selbstverwirklichung. GM nimmt die Familie als kleinste soziale Einheit nicht in den Blick – höchstens unter dem Aspekt, wie ihre Akteure zum Ziel der Gleichstellung der Geschlechter beitragen (verstanden als Vollzeitbeschäftigung von Frauen und Männern).

Lassen wir uns nun einmal versuchsweise auf diese Perspektive ein und fragen: Was wünschen sich Frauen in unserer Gesellschaft? Wie sehen die Wünsche der Männer aus? Und worin liegen die Bedürfnisse von Kindern? Für die Beantwortung dieser Fragen soll auf neuere Untersuchungen und Analysen Bezug genommen werden. Solche Studien bedürfen immer der Interpretation, folglich wird es hier um eine bestimmte Interpretation der Daten gehen. Im Ganzen scheint mir, dass die auf breiter Basis erhobenen Befunde sich den zum christlichen Menschenbild gewonnenen Einsichten gut zuordnen lassen. Sie spiegeln in den Spannungen, die sich zwischen Wunsch und Wirklichkeit, zwischen den Geschlechtern, und zwischen den Erfordernissen, die die Arbeitswelt einerseits und das Familienleben andererseits stellen, etwas wider von der biblischen Überzeugung, wonach wir Menschen Geschöpfe Gottes und Sünder zugleich sind.

8.1 Was Frauen sich wünschen

Gender-Mainstreaming hat sich, wie gezeigt, zum Ziel gesetzt, Männer und Frauen in allen gesellschaftlichen Bereichen gleichzustellen. Gleichstellung wird dabei im Sinne einer quantitativen Ergebnisgleichheit verstanden: Führungsfunktionen sollen paritätisch besetzt sein, also zu je 50 Prozent von Männern und Frauen. Die Logik dieser Zielsetzung wirkt auf den ersten Blick bestechend: Weil die Gesellschaft zu je ungefähr 50 Prozent aus Männern und Frauen besteht, sind auch sämtliche Entscheidungspositionen in dieser Verteilung zu besetzen. Aber entspricht dieser Ansatz den (durchschnittlichen) Interessen von Frauen?

Eine unter 3500 Studenten in 27 Universitätsstädten durchgeführte Untersuchung brachte zutage, dass sich – für die Generation Y nicht untypisch – ein Drittel aller Befragten vor allem einen *sicheren* Arbeitsplatz wünscht[1] – was die Beliebtheit des Öffentlichen Dienstes erklärt. Diese Präferenz ist gleichermaßen bei männlichen wie weiblichen Studenten ausgeprägt. Auf Platz zwei der Berufswahlkriterien ging die Schere dann jedoch deutlich auseinander. Denn nach der Sicherheit war für Frauen die Vereinbarkeit von Familie und Beruf das wichtigste Kriterium, während Männer an zweiter Stelle die Aufstiegschancen nannten.

Was diese nicht weiter politisch angelegte Studie widerspiegelt, ist die von Sozialwissenschaftlern so bezeichnete Ambitionsdifferenz (vgl. 2.3) zwischen den Geschlechtern. Männer und Frauen treffen im statistischen Durchschnitt unterschiedliche Lebensentscheidungen. Als Faustregel kann gelten, dass Frauen in ihre Entscheidungen für ihren Lebensweg viel stärker die Ermöglichungsbedingungen für eine Familiengründung einbeziehen.

Sollte diese Neigung sozial eingeprägt sein, dann müsste es sich um eine sehr stabile Prägung handeln, denn sie scheint nicht auszurotten zu sein und lässt sich sogar in den skandinavischen Gesellschaften nachweisen, die GM am konsequentesten verfolgen. Man spricht auch von einem z.B. für Norwegen nicht recht erklärbaren Geschlechterparadox: Mädchen bzw. Frauen, die eine größere Freiheit erhalten haben, für sich zu entscheiden, neigen zu erstaunlich „konservativen" bzw. geschlechtstypischen Präferenzen. So weisen alle (west- und nord-)europäischen Länder eine Geschlechterpolarisierung des Ausbildungs- und Arbeitsmarktes auf; überall gibt es Berufe, die entweder deutlich stärker von Männern oder signifikant häufiger von Frauen ausgeübt werden. Nimmt man alle Berufe zusammen, dann stellt man fest, dass gerade mal 18 % der Frauen in gemischten Berufen (60-40 % Männer & Frauen) beschäftigt sind, 69 % in frauendominierten (d.h. > 60 % Frauenanteil) Berufen und lediglich 13 % in männerdominierten (d.h. > 60 % Männeranteil) Berufen. Dagegen arbeiten nur 15 % der männlichen Arbeitnehmer in gemischten Berufen und 59 % in männerdominierten Berufen.[2]

---

[1] Vgl. *EY Studentenstudie 2016*.
[2] Vgl. B. Burchell/V. Hardy/J. Rubery/M. Smith, *A New Method to Understand Occupational Gender Segregation in European Labour Markets*, S. 20.

Die Zahlen sind unstrittig. Kontrovers diskutiert werden vor allem die *Ursachen* für diese Berufswahlentscheidungen. Der eine Einzelfaktor dafür hat sich bislang nicht finden lassen; es scheint vielmehr ein Bündel von Faktoren zu geben, in das sowohl ökonomische Bedingungen als auch geschlechterstereotype Vorstellungen hineinspielen. Was allerdings hochgradig politisch motiviert anmutet, sind Versuche, psychologische Geschlechterdifferenzen kategorisch aus diesem Faktorenbündel ausschließen zu wollen. Hier scheint doch eher der Grundsatz leitend zu sein, dass nicht sein kann, was nicht sein darf.

Doch nicht nur im Ausbildungsbereich gibt es neben Berufen, die beide Geschlechter ansprechen (Kaufmann bzw. -frau im Einzelhandel), sehr stabile Ausbildungsberufe, bei denen Frauen bzw. Männer nahezu unter sich sind (Frauen als Zahnmedizinische Fachangestellte oder Kauffrau für Büromanagement; Männer als Kraftfahrzeugmechatroniker oder Industriemechaniker). Ein vergleichbares Bild zeigt sich auch in den Studiengängen an Deutschlands Universitäten: Männer und Frauen studieren nach wie vor überwiegend geschlechtertypische Fächer, auch wenn einige traditionelle Zuordnungen aufgebrochen worden sind. Das heißt konkret, dass Männer deutlich überrepräsentiert sind in Fächern wie Maschinenbau, Informatik, Elektrotechnik/Elektronik, während Frauen in sprach- und erziehungswissenschaftlichen Fächern überwiegen. Als dritte Gruppe lassen sich Fächer nennen, in denen das Geschlechterverhältnis ausgewogen ist: BWL, Rechtswissenschaften und Medizin.[3]

Natürlich ist es weiterhin üblich, in der Bewertung solcher Zahlen darauf hinzuweisen, dass tradierte Geschlechterrollen unbewusst „weitervererbt" würden, ohne dass reale Geschlechterdifferenzen zugrunde lägen. Sollte dem so sein, wären die seit Jahrzehnten mit üppigen Beträgen finanzierten Kampagnen der Bundesregierung und zahlreicher weiterer gesellschaftlicher Akteure, die vor allem Frauen ermutigen sollen, jenseits eingefahrener Berufsmuster zu denken, eigentlich ein Fall für den Bundesrechnungshof: Warum entspricht den aufgewendeten Summen kein messbarer Effekt – jedenfalls keine Wirkung, die in den Augen der Akteure auch nur annähernd zufriedenstellend wäre?

---

[3] Stiftung für Hochschulzulassung/Bundesagentur für Arbeit (Hg.), „Studienwahl – typisch Frau, typisch Mann?"; vgl. weiter A.-C. Hausmann/C. Kleinert, „Berufliche Segregation auf dem Arbeitsmarkt". Für ähnliche Ergebnisse beruft sich U. Kutschera auf die von der Universität Freiburg (Breisgau) für 2013 veröffentlichten Zahlen; vgl. *Das Gender-Paradoxon*, S. 185 f.

Noch genauer, als es die zitierten Statistiken hergeben, hat die Londoner Soziologin Catherine Hakim in mehreren Studien die Lebenspräferenzen von Frauen in den westlichen Gesellschaften untersucht.[4] Dabei kann sie zeigen: Frauen genießen in den westlichen Gesellschaften hinsichtlich ihrer Bildungs- und Berufswege sowie ihrer Lebensform eine historisch einmalige Wahlfreiheit. Und diese Freiheit nutzen sie auch.

Ausgehend von der Frage: „Was ist Ihre Lebenspräferenz, wenn Sie frei entscheiden könnten, also Ihre tatsächlichen ökonomischen Bedingungen einmal beiseitelassen?", ermittelt Hakim drei unterschiedliche Präferenztypen. Konkret unterscheidet sie zwischen der Gruppe der familienorientierten Frauen *(home centered women)* und der erwerbsorientierten Frauen *(work centered women)*, die jeweils bis zu 20 Prozent der Frauen repräsentieren, sowie der Gruppe der anpassungsbereiten Frauen *(adaptive women)*, die 60 bis 70 Prozent der Frauen ausmachen. Letztere bevorzugen eine Vereinbarkeit von Familie und Beruf. Hakims Untersuchungen zu weiblichen Lebenspräferenzen sind in einer von der Europäischen Union in Auftrag gegebenen repräsentativen Studie im Wesentlichen bestätigt worden.[5]

Hakim hebt hervor, dass Frauen und Männer sich besonders stark im Blick auf den *Umfang* der vorrangigen Tätigkeitsausübung unterscheiden: Während Männer und erwerbsorientierte Frauen fast ausnahmslos einer Vollzeitbeschäftigung nachgehen, entscheiden sich anpassungsbereite, um die Vereinbarkeit von Familie und Beruf bemühte Frauen sowie familienorientierte Frauen umgekehrt fast ausnahmslos für Teilzeitjobs.[6]

Diese Einschätzung findet ihre Bestätigung darin, dass in den Gesellschaften, in denen sich Teilzeitjobs etabliert haben, das Gesamtarbeitsvolumen von Frauen zurückgeht.[7] Über zwei Drittel der Frauen in westlichen

---

[4] Vgl. C. Hakim, *Work-Lifestyle Choices in the 21st Century*; *Models in the Family in Modern Societies;* „Competing Family Models, Competing Social Policies", S. 52–61.

[5] Die von einer politisch und religiös neutralen Nichtregierungsorganisation in zehn EU-Staaten durchgeführte breit angelegte Untersuchung kommt zu dem Ergebnis, dass 63 % der befragten Frauen eine Kombination aus Teilzeiterwerbstätigkeit und Familienarbeit bevorzugen, 26 % es bevorzugen, sich vollständig um sich und die Familie zu kümmern, und lediglich 11 % das Modell der Vollzeiterwerbstätigkeit favorisieren; vgl. MMM Europe (Hg.), *Was Müttern in Europa wichtig ist*.

[6] Nach C. Hakim kann z.B. die Notwendigkeit, ein Hausdarlehen abzuzahlen, familienorientierte Frauen zur Aufnahme eines Teilzeitjobs bringen, ohne dass sich ihre „sex role ideology" ändert; vgl. *Models in the Family in Modern Societies*, S. 209–231 (exemplarisch belegt für Großbritannien).

[7] Darauf weisen unabhängig von C. Hakim auch J. Allmendinger/K. Leuze/ J. M. Blanck hin: „50 Jahre Geschlechtergerechtigkeit auf dem Arbeitsmarkt", S. 21f.

Gesellschaften bevorzugen es, Teilzeit zu arbeiten, wenn sie einer Erwerbsarbeit nachgehen.[8] Ursachen hierfür sind ihre Lebenspräferenzen, denen zufolge sie Familie und Beruf zu vereinbaren versuchen. Die These, dass die Wahl dieser Lebenspräferenz die Folge noch fehlender (Ganztags-)Kinderbetreuungsangebote sei, hat sich bisher nicht belegen lassen.[9] Auch ein genereller Zusammenhang zwischen höheren Bildungsabschlüssen und Kinderlosigkeit lässt sich nicht nachweisen.[10] Kinderlosigkeit ist statistisch nicht bedingt durch einen bestimmten Bildungsabschluss, sondern durch die Lebenspräferenz, Karriere machen zu wollen (womit nichts über den Kinder*wunsch* eines einzelnen Paares ausgesagt ist).[11]

Halten wir fest: Die Entwicklungen der vergangenen Jahrzehnte auf dem Arbeitsmarkt belegen zweierlei. Zum einen ist deutlich, dass Geschlechterrollen und Rollenstereotype sich verändern: Frauen haben mehrheitlich in allen Phasen der Geschichte auch zum Unterhalt der Familie beigetragen. Unterschiedlich gestaltet haben sich die Formen der Vereinbarkeit von Familie und Beruf. Weithin gingen diese Formen zulasten der Kinder (was nicht überrascht; ist doch die Entdeckung der Kindheit als einer eigenen Lebensphase ein historisch junges Phänomen).

Bemerkenswert ist zum anderen, wie Frauen sich mehrheitlich um eine Vereinbarkeit bemühen. Auch die Entscheidung, für eine Zeit zugunsten eines Kindes aus dem Beruf auszusteigen, stellt ja eine Form dar, diese Vereinbarkeit zu gestalten. Das am männlichen Karrieremuster orientierte Modell der voll erwerbstätigen Frau hat nur eine kleine Minderheit von Frauen für sich gewinnen können, mehr noch: Wo immer Teilzeitstellen

---

[8] Diese Beobachtung führt C. Hakim zu der These, dass unter präferenztheoretischen Aspekten anpassungsbereite Frauen mehr mit familienorientierten als mit erwerbsorientierten Frauen gemeinsam haben.

[9] Anpassungsbereite Frauen suchen durch Teilzeiterwerbstätigkeit auch ihre sozialen Kontakträume zu erweitern. Sie orientieren sich bei dieser Entscheidung daher auch „weniger am Marktwert ihrer Tätigkeiten, sondern eher an anderen Faktoren wie Flexibilität, Arbeitszufriedenheit oder Freude am Beruf"; vgl. S. Pinker, *Das Geschlechterparadox*, S. 88.

[10] Zur Karriereorientierung vgl. ebd.; C. Hakim, *Work-Lifestyle Choices in the 21st Century*, S. 79f. Zur Kinderlosigkeit vgl. auch C. Schmitt/G. Wagner, „Kinderlosigkeit von Akademikerinnen überbewertet".

[11] Lebenspräferenzen scheinen mit der Berufswahl zu korrelieren, was dazu führt, dass nicht Akademiker allgemein wenig Kinder haben, sondern die Zahl der Kinder je nach Beruf deutlich variiert: So liegen unter den männlichen Akademikern Kinder bei Gymnasiallehrern (1,53 Kinder) und Sozialwissenschaftlern (1,43) über dem Bevölkerungsdurchschnitt. Unter den Akademikerinnen ist die Spreizung der Kinderzahlen besonders ausgeprägt: Grundschullehrerinnen (1,48) und Gymnasiallehrerinnen (1,45) gegenüber Bankfachfrauen (1,12), Publizistinnen (1,08) und Geschäftsführerinnen (0,91); vgl. M. Bujard, *Talsohle bei Akademikerinnen durchschritten?*, S. 17–18.

entstehen, nehmen nicht nur bislang nicht berufstätige Frauen eine Arbeit auf, sondern wechseln Frauen von Voll- in Teilzeit.

Die Zielvorstellung von Gender-Mainstreaming orientiert sich erkennbar an den 11 Prozent der erwerbsorientierten, gerne in Vollzeit arbeitenden Frauen. Der Umbau der sogenannten Familienförderung zielt auf die aktive Förderung dieses Modells. Ermöglicht werden soll eine nahezu ununterbrochene Berufsbiografie, während die Kinder vom ersten Lebensjahr an ganztags fremdbetreut werden.

Dieses in den Definitionen von GM mehr oder weniger deutlich kommunizierte Leitbild widerspricht jedoch den Lebenspräferenzen von mehr als 80 Prozent der Frauen in den westlichen Gesellschaften. Einer Studie des Wissenschaftszentrums Berlin von 2016 zufolge favorisieren ganze 21 % der befragten Mütter (und 24 % der Väter) das im Geiste der Peking-Erklärung von Ministerin Schwesig propagierte Modell der (annähernd) egalitären Aufteilung der Erwerbsarbeit (mit Werten zwischen 28 und 36 Wochenarbeitsstunden).[12] Eine gesellschaftliche Mehrheit für diese Prioritätensetzung scheint nicht in Sicht. Dafür gehen ideologische Interessen des Feminismus und Interessen der Wirtschaft hier – auch im Angesicht des demografischen Wandels – ein seltenes Bündnis ein. Doch wenn Bundesregierung und Wirtschaft vereint für immer mehr Krippenplätze für Kinder unter drei Jahren plädieren, dann geht es eigentlich nicht um die viel beschworene Vereinbarkeit von Familie und Beruf, sondern „lediglich darum, dass Frauen genauso viel arbeiten wie Männer".[13]

Anstatt mit großem Aufwand und wenig Erfolg die Lebenspräferenzen von Frauen umzuformen, sollten stattdessen die Bedingungen des Erwerbslebens so umgestaltet werden, dass sie sich mit den Präferenzen der Mehrheit der Frauen vereinbaren lassen. Warum nicht statt einer Frauenquote in der Führungsetage ein Babybonus bei Beförderungen? Damit würde nicht nur der in der Regel durch Kindererziehung gewonnene Kompetenzvorsprung anerkannt, sondern auch deutlich gemacht, dass die Erwerbsbiografien von Frauen und Männern sich maßgeblich (und rentenwirksam) spätestens dann zu unterscheiden beginnen, wenn eine Frau ein Kind bekommt. Einmal mehr zeigt sich: Es ist notwendig, die Arbeitswelt neu zu denken (z.B. flexible Arbeitszeitmodelle auch in Führungspositionen),

---

[12] Vgl. J. Bernhardt/L. Hipp/J. Allmendinger, *Warum nicht fifty-fifty?*.
[13] M. Welding, *Seid fruchtbar und beschwert euch,* S. 69.

anstatt einseitig von Lebensläufen zu erwarten, dass sie immer marktförmiger gestaltet werden.[14]

Nicht zum gewünschten Erfolg geführt haben bislang auch beharrliche Versuche, Paaren vorzuschreiben, wie sie ihr Leben im Blick auf Familien- und Erwerbsarbeit verteilen. Ungeachtet eines bescheidenen Prozentsatzes an modernen Vätern und Partnern, die sich die Hausarbeit mit ihrer Frau teilen, halten sich die meisten Männer bei Aufgaben wie Putzen, Wäschewaschen etc. weiterhin zurück und übernehmen dafür überwiegend technische Verrichtungen. Für Aufgaben wie Putzen und Windeln wechseln, die nur ein sehr niedriges Ansehen genießen, lassen sich viele Männer tatsächlich nur schwer begeistern.[15]

Den Paaren, die bei doppelter Vollbeschäftigung eine moderne Paarbeziehung führen möchten, bleiben hier nur zwei Möglichkeiten: Wer es sich leisten kann, entlastet die Frau von weiten Teilen der Hausarbeit und überträgt sie als Bezahlleistung an eine Haushaltshilfe. Nach Rüdiger Peuckert ist „die quantitativ bedeutsamste Umschichtung von Familienarbeit, die heute stattfindet, nicht die zwischen Frauen und Männern, sondern zwischen unterschiedlichen [sozialen] Gruppen von Frauen".[16] Nicht Männer in Vollzeit übernehmen die durch den Eintritt der Partnerin liegen bleibende Hausarbeit, sondern eine – wenn überhaupt – zum Mindestlohn beschäftigte Putzfrau. Die andere Möglichkeit besteht darin, so zu tun, als seien alle Aufgaben gleichberechtigt aufgeteilt, obwohl das erkennbar nicht so ist. Wenn die Frau dann mehr Hausarbeit erledigt, dann liege das (so der Mann) daran, dass sie höhere Ansprüche an Ordnung und Sauberkeit stelle – was ihr gutes Recht sei, aber nun wirklich keine Frage der Gleichberechtigung. Das Ergebnis: Durch die Leugnung der traditionellen Rollenverteilung wird die von der Frau tatsächlich geleistete Mehrarbeit unsichtbar gemacht.

In der Summe erweist sich GM in frauen- und familienpolitischer Hinsicht als ein Lenkungsinstrument, das zwar geschlechterpolitisch propagiert wird, jedoch am ehesten noch den Interessen der Wirtschaft entgegenkommt (die demografisch bedingt auch eine volkswirtschaftliche Dimension haben). Das Menschenbild von GM idealisiert die wirtschaftlich von anderen unabhängige erwerbsorientierte Frau und vernachlässigt

---

[14] Für eine umfangreiche Studie zu diesem Thema vgl. A. Jochmann-Döll, *Führen in Teilzeit*.

[15] Detaillierte Angaben dazu finden sich in einer vom Demoskopischen Institut Allensbach durchgeführten Untersuchung; vgl. BILD der Frau (Hg.), *Der Mann 2013*, S. 40ff.

[16] R. Peuckert, *Familienformen im sozialen Wandel*, S. 255. Peuckert bezieht sich hier auf eine diesbezügliche Untersuchung von M. S. Rerrich.

ungeachtet aller Vereinbarkeitsrhetorik die tatsächlichen Interessen der Mehrheit der Familien. Wo Geburt und Fürsorge für ein Kind vor allem als „Störfall" und „Karrierekiller" für die Frau interpretiert werden, bleibt die Würde des Kindes auf der Strecke (vgl. 7.6) und wird das Verhältnis der Generationen unter den Vorrang eines rein ökonomischen Kalküls gestellt.

Was sich in der gesellschaftlichen Wahrnehmung verändert hat, lässt sich von daher so zuspitzen: „Früher war es Frauen peinlich, keinen Mann zu haben; heute ist es ihnen peinlich, keinen Job zu haben".[17]

8.2 Was Männer sich wünschen

Kommt die Präferenztheorie, die nach den Lebenszielen von Menschen fragt, bei den Frauen mit drei Gruppen aus, so stellt sich das Lager der Väter etwas unübersichtlicher dar (über Männer ohne Paarbeziehung wird diesbezüglich kaum geforscht). Da ist die Rede von „traditionellen", „balancierenden", „suchenden" und „modernen" Vätern[18] oder es wird unterschieden zwischen dem „unzufriedenen Traditionalisten", dem „egalitären Familienmenschen", dem „unschlüssigen Versorger" und dem „zufriedenen Ernährer".[19]

Gemeinsam ist diesen unterschiedlichen Typisierungen, dass sie auf einer Achse liegen, an deren einem Ende Männer stehen, die sich „traditionell" als alleinige Ernährer der Familie verstehen, während die Frau die Familienarbeit leistet, und am anderen Ende Männer, die zugunsten einer (annähernd) gleichen häuslichen Aufgabenverteilung ihre berufliche Arbeitszeit zu reduzieren bereit sind. Unbestritten ist, dass sich das Lager der Männer hinsichtlich ihrer Lebenspräferenzen ausdifferenziert hat. Es gibt weiterhin „traditionell" eingestellte, daneben aber auch „neue" bzw. „familienaktive" Väter in allen möglichen Spielarten. Was ist das Spektrum an Herausforderungen, in dem sie sich in all ihrer Unterschiedlichkeit gemeinsam bewegen?

Für besonders traditionell eingestellte Männer ist es schwieriger geworden, gerade auch auf dem „Partnermarkt". Das Bild des abwesenden Ernährers bildet in der gesellschaftlichen Diskussion um Väterrollen heute eher die dunkle Folie, von der man sich mehr oder weniger stark abgrenzen möchte. Die Bedeutung des Vaters für die Entwicklung des Kindes wird zumindest in dieser Debatte sehr stark betont (im Gegensatz zur Debatte

---

[17] N. Bolz, *Die Helden der Familie*, S. 66.
[18] So R. Volz/P. M. Zulehner, *Männer in Bewegung*.
[19] Vgl. H. Bertram/C. K. Spieß (Hg.), *Fragt die Eltern!*, S. 117–149.

um das Adoptionsrecht für lesbische Partnerschaften)[20]. So schreibt die Bindungsforscherin Lieselotte Ahnert:

> Während die Mütter die innere Gefühlswelt des Kindes regulieren, steuern Väter [...] das Erkundungsverhalten, das Kinder brauchen, um mit den Anforderungen der Umwelt später eigenständig zurechtzukommen.[21]

Das Bild des „guten" Vaters erfüllt heute weithin der Vater, der in seiner Familie präsent ist und emotional an ihr teilnimmt. Das schlägt sich nicht unbedingt in einem veränderten Arbeitsarrangement der Partner nieder – häufig schon deshalb, weil das oft höhere Einkommen des Mannes zum Unterhalt der Familie benötigt wird.

Viele beschreiben das veränderte Vaterbild als Verschiebung vom Bild des Vaters als „Ernährer" hin zum Vater als „Erzieher".[22] Allerdings sollte man hier besser von einer *Erweiterung* sprechen. Denn auch die „neuen" Männer schreiben sich weiterhin „existenz- und zukunftssichernde Aufgaben" zu und sehen sich nicht der Verantwortung enthoben, Hauptenährer der Familie zu sein[23] (was den Erwartungen einer Mehrheit der Frauen entspricht). Die Betreuung der eigenen Kinder als zentrale pflegerische Aufgabe in der Familie „addiert sich für viele Väter zu ihrem Verständnis als Hauptverdiener" hinzu[24] und rechtfertigt keine Reduzierung der beruflichen Arbeitszeit. Dabei könnte die Spannung zwischen dem familiären und dem beruflichen Bereich nicht größer sein. Männlichkeit, so beschreibt es der Männerforscher Walter Hollstein,

> bleibt eine Gratwanderung zwischen der *Hardware*-Männlichkeit, wie sie offiziell noch immer gelebt wird, und einer *Software*-Männlichkeit, wie sie inzwischen in bestimmten Milieus gefordert ist. Aber die Erwartung, leistungsstark, erfolgreich und kämpferisch zu sein, bleibt das Maß für Beruf und Karriere. Privat hingegen wird vermehrt eine Männlichkeit verlangt, die kooperativ, emphatisch, flexibel und irgendwie feminin ist.[25]

Dieser Spagat verunsichert; und so macht das Wort von der „Krise der Männlichkeit" die Runde. Männer sind nun spiegelbildlich zu dem gefordert, was „modernen", karriereorientierten Frauen abverlangt wird, wenn sie nach den Regeln männlicher Durchsetzungskunst aufsteigen wollen.

---

[20] Unter gleichgeschlechtlichen Paaren geht der Wunsch nach Adoption nahezu ausschließlich von lesbischen Paaren aus, nur selten von zwei schwulen Männern.
[21] L. Ahnert, *Wieviel Mutter braucht ein Kind?*, S. 83.
[22] Vgl. W. Fthenakis/B. Minsel, *Die Rolle des Vaters in der Familie*.
[23] R. Volz/P. M. Zulehner, *Männer in Bewegung*, S. 85.
[24] S. Höyng, „Getriebene", S. 276.
[25] W. Hollstein, „Vom Singular zum Plural", S. 13. Ausführlicher: W. Hollstein, *Was vom Manne übrig blieb*.

Der Unterschied besteht darin, dass der Bereich, in dem Männer sich stärker engagieren sollen (und oft auch wollen), in der gesellschaftlichen Debatte als wenig attraktiv präsentiert wird. Permanent ist zu hören, dass Frauen, zumal gut ausgebildete, in der Familienarbeit keine Erfüllung finden könnten und daher erwerbstätig sein wollten. Aber Männer sollen nun genau diese Familienarbeit für sich entdecken und lernen, dass „Erwerbsarbeit nicht alles" ist. Zudem lässt ihnen ihr Selbstverständnis als Hauptnährer der Familie nicht die Möglichkeit, sich im Berufsleben angreifbar zu zeigen. Daher versuchen Männer, die Kindererziehung mit einer Vollerwerbstätigkeit zu vereinbaren, weil sie die (wohl berechtigte) Angst davor haben, dass Teilzeit ihren beruflichen und in der Folge sozialen Status gefährdet.[26] Auf der anderen Seite müssen sie in der Familie präsent sein, weil sie das nicht nur selbst von sich erwarten, sondern es auch von anderen erwartet wird.

Was ist aus der Perspektive christlicher Theologie zu dieser Entwicklung zu sagen? Die Industrialisierung im 19. Jahrhundert und dann später die den Dienstleistungssektor dynamisierende Digitalisierung der Arbeitswelt haben den in der Familie „abwesenden" Vater hervorgebracht. Auch das war ein geschichtliches Novum, denn bis zur Industrialisierung gingen Männer zumeist einer Tätigkeit innerhalb oder in der Nähe zur eigenen Wohnstatt nach, sodass die Vereinbarkeit von Beruf und Familie *per se* ganz anders gegeben war.

Der „emotional involvierte, präsente Ernährer-Vater"[27] ist gegenüber dem Bild vom abwesenden Vater ein echter Fortschritt, sowohl aus theologischer als auch familienpsychologischer Sicht. Es ist nachgewiesen, dass sich die Präsenz, mehr noch: die erfahrene Aufmerksamkeit von Mutter *und* Vater, im Leben der Kinder förderlich auf ihre Entwicklung auswirkt. Daher ist es gut und richtig, wenn die Rahmenbedingungen dafür verbessert werden, dass auch Väter ihren Beruf besser mit familiären Erfordernissen vereinbaren können. Befürchtungen vor einer Feminisierung des Männerbildes und einer Auflösung der Geschlechterrollen scheinen mir an diesem Punkt unbegründet.

Problematisch bleibt jedoch die hinter der Propagierung des modernen Vaterbildes stehende geschlechterpolitische Zielsetzung. Denn die Übernahme von familiären Aufgaben durch Väter zielt der Idee nach nicht auf das Wohl der Familie, sondern fungiert als Kernvoraussetzung dafür, dass

---

[26] Zu dieser Frage gibt es noch keine belastbaren Studienergebnisse; vgl. aber F. Wisdorff, „Zu viele Vätermonate sind ein Karriererisiko".
[27] Vgl. D. Baumgarten u.a., „Warum werden manche Männer Väter, andere nicht?".

Frauen als weibliche „Humanressource" dem Arbeitsmarkt zur Verfügung stehen und so ökonomisch vom Mann unabhängig werden können. Weil GM Individuen nur als Männer und Frauen kennt, nicht aber als Väter und Mütter, unterwirft es die familiären Aushandlungsprozesse der Aufgabenverteilung einer strengen geschlechterpolitischen Lenkung, anstatt die Voraussetzungen dafür zu schaffen, dass Paare sich gemäß ihrer tatsächlichen individuellen Lebenspräferenzen entscheiden können.

8.3 Was Kinder brauchen

Der große blinde Fleck im Konzept von Gender-Mainstreaming ist die fehlende Frage nach den Bedürfnissen von Kindern, vor allem von Babys und Kleinkindern. Neuere Studien zu Kleinstkindern stützen die Beobachtung des Bindungsforschers John Bowlby, „dass Kinder dieses Alters Bindungsfiguren brauchen, um mit der geschützten Erkundung ihrer Welt als Voraussetzung einer normalen Entwicklung fortfahren zu können"[28]. Außerdem belegen sie die Stresswirkung, der Kleinkinder durch die Betreuung in Kindertageseinrichtungen ausgesetzt sind.[29] Die Bedeutung einer engen emotionalen und körperlichen Bindung an eine verlässliche, gleichbleibende Bezugsperson für die gesunde Entwicklung von Kindern wird in der Entwicklungspsychologie durchweg anerkannt.[30] Doch in der politischen Diskussion um die Vereinbarkeit der Ziele von GM mit den Grundbedürfnissen

---

[28] A. K. Bailey, „Verlust", S. 165. Vgl. J. Bowlby, *Bindung und Verlust*.
[29] Als Stressindikator gilt in vielen Studien der Anstieg und (v.a.) die folgende, nur teilweise stattfindende Reduktion des Cortisolgehalts im Blut von Babys und Kleinkindern im Verlauf eines Tages bzw. einer Woche. Vgl. S. Buchebner-Ferstl/ S. Dörfler/M. Kinn, *Kindgerechte außerfamiliale Kinderbetreuung für unter 3-Jährige*, S. 30 ff. Eine breitere Aufmerksamkeit fand der Zusammenhang zwischen erhöhtem Cortisolspiegel und frühkindlicher Fremdbetreuung durch die 2010 veröffentlichen Zwischenergebnisse der groß angelegten „Wiener Kinderkrippenstudie"; vgl. B. vom Lehn, „Stress in der Krippe". Die Zwischenergebnisse sind inzwischen aus dem Netz genommen worden; in den Endergebnissen wird dieser für die Kinderkrippen kritische Befund nicht mehr thematisiert. Dennoch lässt sich der negative Einfluss der Fremdbetreuung auf die Kindesentwicklung, insbesondere beim Zusammentreffen mehrerer problematischer Faktoren (wie z.B. unsichere Elternbindung), nicht bestreiten; vgl. R. Böhm, „Die ‚dunkle Seite' der Betreuung in der Kindheit".
[30] Vgl. B. Brazelton/S. Greenspan, *Die sieben Grundbedürfnisse von Kindern*, S. 31–108; und J. Juul, *Wem gehören unsere Kinder?*.

von Kindern ignoriert man diese Stimme der Psychologen, die eindringlich vor einem Ausbau der Kinderkrippen für unter Dreijährige warnt.[31]

Die Bindungsforschung hebt die Bedeutung einer verlässlichen Bezugsperson für die gesunde Entwicklung des Kindes in den ersten Lebensjahren hervor. Als eine solche Bezugsperson bietet sich aufgrund der biosozialen Zugehörigkeitsverhältnisse (Bindung durch Schwangerschaft und Stillen) zunächst einmal die Mutter an.[32] Auch andere Personen (wie Vater, Großeltern) können dafür in Betracht kommen, wenn die Art und Weise ihrer Interessen den Aufbau einer stabilen und vertrauensvollen Beziehung ermöglicht.[33] Gleichwohl können Beziehungsfähigkeit und Sinnerfahrung ohne die Erfahrung der Mutterbindung nicht oder nur schwer wachsen.

In der politischen Diskussion verschwindet der Bindungsaspekt völlig hinter dem Aspekt der *Bildung*. Die frühkindliche Bildung entscheide über die Lebenschancen von Mädchen und Jungen und könne in der Kita sogar besser geleistet werden als in der Familie.[34] Doch die Krippe bietet nicht das, was das Kleinkind (unter drei Jahre alt!) braucht, nämlich den Aufbau einer sicheren Bindung zu einer verlässlichen Bezugsperson.[35] Diese Bindung legt den Grund für die Ausbildung der sozialen Kompetenz, des Selbstvertrauens sowie der Selbstregulation – Faktoren, die vor der Entwicklung aggressiver und destruktiver Verhaltensweisen schützen.

---

[31] Vgl. „Memorandum der Deutschen Psychoanalytischen Vereinigung. Krippenausbau in Deutschland – Psychoanalytiker nehmen Stellung"; vgl. auch die anderen Beiträge in diesem Heft.

[32] Für den Psychologen Hans-Joachim Maaz ist die Mutter in „den ersten drei Lebensjahren des Kindes [...] die wichtigste Bezugsperson in jeder Hinsicht – durch nichts und niemanden wirklich zu ersetzen und ohne Schädigung des Kindes auch nicht zu kompensieren"; *Der Lilith-Komplex,* S. 81. Maaz plädiert für eine Integration der Mütterlichkeit in ein modernes Frauenbild.

[33] Der Neurobiologe Ralph Dawirs erinnert in einem Interview daran, dass die emotionale Intelligenz des Kindes, also seine Beziehungs- und Vertrauensfähigkeit, dem Kind nicht bereits mit der Geburt mitgegeben ist, sondern erst ausgebildet werden muss. Er erklärt: „Besonders wichtig sind hier die ersten drei Jahre. Damit die entsprechenden Hirnstrukturen sich aufbauen können, müssen die Bezugspersonen in dieser Zeit verbindlich sein. Es müssen nicht die leiblichen Eltern sein. Aber es kann nicht heute der und morgen der sein. Herrschen in diesem Zeitfenster suboptimale Bedingungen, sind die Folgen beim Sechsjährigen irreversibel", zitiert nach B. vom Lehn, „Kinder lernen mit Gefühl".

[34] So die von der Bertelsmann-Stiftung herausgegebene Studie *Volkswirtschaftlicher Nutzen von frühkindlicher Bildung in Deutschland.*

[35] Während John Bowlby die Bedeutung der (leiblichen) Mutter hervorgehoben hatte, geht die Forschung heute davon aus, dass es auf verlässliche, nicht wechselnde Bezugspersonen ankommt, was den Vater, aber auch weitere enge Familienangehörige wie Großeltern sowie auch (die nicht leiblichen) Adoptiv- oder Stiefeltern einschließt.

Die Störungen, die mit der nicht erfolgten Ausbildung einer sicheren Bindung im Kleinkindalter in Zusammenhang gebracht werden, begleiten einen Menschen oft durch sein ganzes weiteres Leben.[36] Forscher erklären, dass das Zeitfenster für die soziale und emotionale Entwicklung mit einem bestimmten Kindesalter abgeschlossen ist, sodass diese Entwicklungsphase nur mit sehr hohem Aufwand „nachgeholt" werden kann – was zumeist nicht geschieht. In einer nach Nützlichkeitsgesichtspunkten geführten Diskussion um die Notwendigkeit frühkindlicher Fremdbetreuung finden solche Erwägungen jedoch keinen Raum. Stattdessen geht es hauptsächlich darum, Eltern „trotz" Kind ein „selbstbestimmtes" (soll heißen: im Sinne des Erwerbslebens produktives) Leben zu führen. So lautet denn auch der allseits von Kindern am häufigsten geäußerte Wunsch: „Mehr Zeit mit den Eltern verbringen." Dieser Wunsch stimmt mit den in der Forschung erhobenen Bedürfnissen von Kindern völlig überein.[37]

Kinder erkennen sehr wohl den Unterschied zwischen Aufsicht *(custodial care)* und Aufmerksamkeit *(attentive care)*.[38] Was Kinder unter drei Jahren bei einem durchschnittlichen Betreuungsverhältnis von einer Erzieherin auf sechs Kinder erfahren, ist nicht die für ihre Persönlichkeitsentwicklung so zentrale Aufmerksamkeit, sondern schlicht Aufsicht. Die so bezeichneten „Qualitätsprobleme" der staatlichen Kleinkindbetreuung vermochte auch eine von der Bundesregierung in Auftrag gegebene Studie nicht zu kaschieren.[39] Zitiert wird die Studie von der Bundesregierung jedoch nur (wenn überhaupt), um zu begründen, dass noch mehr Geld in den Ausbau der U3-Betreuung gesteckt werden müsse.

Als jemand, der in der DDR aufgewachsen ist, hätte ich mir nicht träumen lassen, dass uns dieser Staat noch einmal als Vorbild präsentiert würde. Man könne vieles an der DDR kritisieren, heißt es heute, aber die Frage der Kleinkindbetreuung sei doch hervorragend geregelt gewesen. Ein flächendeckendes System von Kinderkrippen habe es auch den Frauen ermöglicht, beruflich durchzustarten und gleichberechtigt mit den Män-

---

[36] Die kanadische Psychologin Harry Hardin stellt fest: „Ein wesentlicher Befund ist bei außerfamiliärer Betreuung der fast unvermeidliche Verlust der Betreuungsperson oder häufig sogar der Verlust mehrerer Betreuungspersonen. Diese Verluste gehören vielleicht zu den häufigsten tiefgreifenden Traumata der frühen Kindheit und können für das Kind katastrophale Folgen haben." In: „Weinen, Mama, weinen!"', S. 137.
[37] Vgl. K. Hurrelmann/S. Andresen, *Kinder in Deutschland*.
[38] Diese Unterscheidung findet sich bei Robert Reich, hier zitiert nach N. Bolz, *Die Helden der Familie*, S. 41.
[39] Vgl. W. Tietze/F. Becker-Stoll u.a. (Hg.), *Nationale Untersuchung zur Bildung, Betreuung und Erziehung in der frühen Kindheit*.

nern zu agieren. Die Wirklichkeit sah allerdings anders aus: Das Durchschnittseinkommen der Frauen lag in der DDR 30 Prozent unter dem der Männer, der Arbeitsmarkt war stark nach Geschlecht sortiert (mit hohen Frauenanteilen im Gesundheits- und Bildungswesen), während in den Führungsetagen von Staatspartei und Betrieben Männer eindeutig dominierten. Der DDR-Staat war in den entscheidenden Machtpositionen eine Männerherrschaft. Die heute viel gepriesenen Kinderkrippen galten übrigens auch als Verbreitungsherde von Infektionskrankheiten mit hohem Krankenstand bei Erzieherinnen und den (erwerbstätigen) Müttern der Null- bis Dreijährigen.[40] Warum sollte dieses System nachahmenswert sein?

Insbesondere die Bertelsmann-Stiftung möchte zeigen, dass Kinder, die eine Krippe besucht haben, im späteren Leben Bildungsvorteile haben, konkret: dass sie mit einer höheren Wahrscheinlichkeit das Gymnasium besuchen werden.[41] Das mag manchen Eltern wichtig sein, aber es rechtfertigt sicherlich nicht, die Ergebnisse mehrerer internationaler Langzeitstudien beiseitezuschieben.

Wie der führende Familiensoziologe Rüdiger Peuckert in einer Auswertung dieser Studien schreibt, hat die staatliche Fremdbetreuung von Kindern unter drei Jahren entgegen anderslautenden Behauptungen *keinen* positiven Effekt auf die Persönlichkeitsentwicklung dieser Kinder. Die von ihm referierten Studien werden teilweise selbst noch deutlicher und sprechen davon, dass sich Krippenbetreuung „unabhängig von allen anderen Merkmalen negativ auf die sozioemotionalen Kompetenzen der Kinder aus[wirkt]".[42] Worin genau diese Auswirkungen liegen und wie massiv sie auftreten, hängt von vielen Faktoren ab, die in den Studien näher erläutert werden. Die erhöhte Tendenz zu Hyperaktivität, Unaufmerksamkeit und Aggressivität ist jedoch vielfach belegt.[43] Während die Politik darüber ge-

---

[40] Vgl. U. Boßdorf/C. Grosch/G. Niebsch, „Schutz der Gesundheit von Kindern und Jugendlichen".
[41] Vgl. Bertelmann-Stiftung (Hg.), *Volkswirtschaftlicher Nutzen von frühkindlicher Bildung in Deutschland*.
[42] R. Peuckert, *Das Leben der Geschlechter*, S. 153.
[43] Eine der ersten und bis heute größten Langzeitstudien ist die von der staatlichen Gesundheitsbehörde der Vereinigten Staaten 1989 in Auftrag gegebene *NICHD Study of Early Child Care*. Die von der Studie erhobenen negativen Effekte frühkindlicher Fremdbetreuung – von den Kritikern kleingeredet – sind inzwischen in weiteren Studien bestätigt worden, z.B. in der „Quebec-Studie"; vgl. M. Baker/J. Gruber/K. Milligan, *Non-Congnitive Deficits and Young Adult Outcomes*. Diese Studie ermittelte sogar einen Zusammenhang zwischen der Tagesbetreuung in Kanada und erhöhter Kriminalitätsneigung bei Jungen.

flissentlich hinwegsieht, wird in der Wissenschaft „längst nicht mehr darüber gestritten, ob diese Risiken existieren. Gestritten wird darüber, ob diese Risiken tragbar sind oder nicht".[44]

Natürlich geht es hierbei um Tendenzen. Statistisch signifikante Risiken bezeichnen eine gegenüber der Vergleichsgruppe höhere Neigung zu einem Merkmal bzw. Verhalten. Solche Ergebnisse lassen sich natürlich nicht auf die Aussage reduzieren: „Wer eine Kinderkrippe besucht hat, wird kriminell." Um von den Vorzügen einer gewaltfreien Erziehung überzeugt zu werden, muss mir auch nicht bewiesen werden, dass *alle* Kinder Schäden davontragen, die von ihren Eltern geschlagen werden – es genügt, um das Risiko zu wissen. Und um diese Risiken zu wissen ist Voraussetzung für ein informiertes Urteil über Vor- und Nachteile der frühkindlichen Fremdbetreuung.

Das Drängen auf einen raschen Wiedereinstieg von Müttern in die Berufstätigkeit und die Abgabe von Kindern unter drei Jahren in eine Fremdbetreuungseinrichtung orientiert sich also nicht an den Entwicklungsbedürfnissen der Kinder. Diesbezügliche Forschungsergebnisse werden konsequent ignoriert oder uminterpretiert. Dominiert wird die Diskussion klar von der Leitvorstellung einer statistischen Gleichstellung von Frauen und Männern in Beruf und Familie.

Der schon erwähnte demografische Wandel, also der nun schon Jahrzehnte während Rückgang der Kinderzahlen, tut sein Übriges, indem auch aus der Wirtschaft der – nach marktlogischen Gesichtspunkten verständliche – Ruf nach den Frauen laut wird.[45] Was Eltern selbst wünschen und was den Kindern guttut, wird auf diejenigen Aspekte zurechtgestutzt, die ins gewünschte Bild passen: nämlich die verstärkte Präsenz von Vätern in der Familie.[46]

Der massiv geförderte Ausbau der frühkindlichen Ganztagsbetreuung zielt darauf ab, den Eltern zu ermöglichen, „Kinder zu haben, als hätte man sie nicht".[47] Die Erziehung der Kinder wird zur Aufgabe des Staates erklärt. Der Journalist Rainer Stadler kommentiert:

> Gut ausgebildete Frauen sollen ihre Kinder der Fremdbetreuung überlassen, weil ihre Zeit und ihr Wissen an der Erziehung der Kinder verschwendet wäre, und gering qualifizierte Eltern sollen ihre Kinder abgeben, weil sie für deren

---

44 R. Stadler, *Vater, Mutter, Staat*, S. 51.
45 Vgl. dazu F. X. Kaufmann, *Schrumpfende Gesellschaft*.
46 Ausgeblendet bleibt auch die massenhafte Praxis der Abtreibung, die wesentlich zum Rückgang der Bevölkerung beigetragen hat. Zu den wenigen Autoren, die auf diesen Zusammenhang hinweisen, gehört M. Spieker, „Mehr Kinder oder mehr Erwerbstätige?".
47 N. Bolz, *Die Helden der Familie*, S. 62.

Erziehung und Förderung in den Augen der Experten offenbar zu dumm und/ oder zu faul sind.[48]

Diese subtile Bevormundung der Familie ist das Gegenteil von einem auf die Stärkung von Familien zielenden Politikansatz.

Totalitäre Staaten haben von jeher gewusst, warum sie die Kinder beim Staat besser aufgehoben sahen als in der Familie. Wer Leitbilder wie das Verständnis von Geschlecht und sexueller Vielfalt in der Gesellschaft verankern möchte, der muss möglichst früh bei den Kindern ansetzen. In seiner ersten Stufe verfolgte der Ansatz von GM zunächst das Ziel, Frauen durch eigene Erwerbstätigkeit zu wirtschaftlicher Selbstständigkeit zu führen, was für Mütter nur durch Abgabe der Kinder in eine Betreuungseinrichtung möglich ist.

Die radikalisierte Variante von GM, die bereits Kinder in ihrer „aufgezwungenen Identität" heterosexueller Zweigeschlechtlichkeit verunsichern will, kann bei der immer stärker ausgebauten Fremdbetreuung der Kinder ansetzen. Denn je mehr Kinder von Anfang an die Kita besuchen, desto mehr Kinder kommen in den Genuss einer staatlichen Sexualerziehung, die nach WHO-Vorgaben „mit der Geburt" beginnt (vgl. 5.1). Dagegen geraten Familien, in denen die Kinder in den ersten Lebensjahren zu Hause betreut werden, unter den Verdacht, sich den Maßnahmen zur kollektiven „Beglückung" zu widersetzen und mutmaßlich Horte der Intoleranz zu sein.

Flankiert werden diese Maßnahmen durch Bestrebungen, im Grundgesetz „Kinderrechte" festzuschreiben.[49] Es scheint, als seien Kinder durch das Grundgesetz in seiner geltenden Fassung nicht hinreichend geschützt. So konkret möchten das Politiker dann aber doch nicht behaupten. Sie sprechen allgemeiner von den besonderen Bedürfnissen von Kindern und der Absicht, mit einer Ergänzung des Grundgesetzes das Bewusstsein der Bevölkerung für die Rechte der Kinder zu stärken. Allerdings wird eine Gruppe (wie die der Kinder) nicht erst dadurch Grundrechtsträger, dass sie im Grundgesetz ausdrücklich erwähnt wird – zumal dies bei den Kindern bereits der Fall ist, nämlich in Art. 6 Abs. 2, wo das Recht und die Pflicht der Eltern zur Erziehung ihrer Kinder festgeschrieben ist.

Genau diese explizite Einbindung der Kinderrechte – nämlich ihres Rechts darauf, von ihren *Eltern* erzogen zu werden – stört die Befürworter von Kinderrechten im Grundgesetz. Der Wissenschaftliche Dienst des

---

[48] R. Stadler, *Vater, Mutter, Staat*, S. 116.
[49] Die UNICEF hat dazu eine eigene Kampagne gestartet: *Kinderrechte ins Grundgesetz*.

Bundesrates hat in seinem Gutachten zur Sache vorliegender Änderungsentwürfe den Paradigmenwechsel klar identifiziert: „Bislang ist das Wächteramt [des Staates] im Wesentlichen in Bezug zur (grundsätzlich vorrangigen) Elternverantwortung ausgestaltet. Die vorgeschlagene Neuregelung würde hingegen eine davon losgelöste Verantwortung des Staates für die Schaffung besonderer, kindgerechter Lebensbedingungen festschreiben."[50] Und genau dies scheint gewollt, auch wenn z.B. UNICEF die Kodifizierung der Kinderrechte – wenig plausibel – mit den Elternrechten zu begründen sucht. Nicht die Fürsorge für Kinder, wohl aber ein seine eigentlichen Anliegen verschleiernder Aktionismus ist entbehrlich. Denn die Pointe des „Menschenwürdeschutzes, den unsere Verfassung verspricht, liegt freilich darin, dass Merkmale nicht zählen. In der Abstraktion von Alter, Geschlecht und Herkunft behauptet der Mensch seine Würde – und mit ihm das Kind".[51]

Fassen wir alles, was wir bis hierher zu Gender-Mainstreaming erarbeitet haben, in kritischer Beurteilung zusammen: Das erklärte Ziel von GM, Männer und Frauen – ob mit oder ohne eigene Familie – darin gleichzustellen, dass sie (nahezu) Vollzeit erwerbstätig sind (und aus diesem Grund auch die Familienarbeit paritätisch zwischen ihnen aufgeteilt ist), widerspricht sowohl den Wünschen einer deutlichen Mehrheit der Paare als auch der von ihnen gelebten Wirklichkeit. Die Sozialingenieure der geschlechtergerechten Gesellschaft werden deshalb die Stellschrauben weiter anziehen (müssen), um die gelebte Wirklichkeit in die von ihnen gewünschte Richtung zu lenken. Dies dürfte bis zu einem gewissen Punkt auch gelingen, denn Angebot schafft Nachfrage, weshalb z.B. die neu hochgezogenen Kinderkrippen auch tatsächlich in Anspruch genommen werden. Bei Ganztagsschulen lässt sich Ähnliches beobachten.

Dass jedoch das Modell, „Familie zu leben, als hätte man keine", zum tiefsten Bedürfnis von Paaren wird, möchte ich bezweifeln. Kinder werden ihren Wunsch, mehr von Mama und Papa zu haben, auch weiterhin artikulieren, weil keine andere Sozialform existiert, die ihnen geben kann, was die (intakte) Familie ihnen zu geben vermag. Mögen Erwachsene auch lernen, ihre Präferenzen an dem auszurichten, was ihnen als gesellschaftliches Leitbild vermittelt wird, die soziale Natur des Menschen wird sich nicht vollständig zerstören lassen. Die Folgen frühkindlicher Bindungsstörungen, von Überarbeitung, Kontaktarmut etc., werden den Markt an Lebensberatung und Therapien weiter wachsen lassen. Doch nachhaltig werden

---

50   Deutscher Bundestag – Wissenschaftliche Dienste, *Fragen zum Thema „Kinderrechte in die Verfassung"*, S. 5.
51   C. Geyer, „Eine Frechheit".

diese Angebote nur dann wirksam werden, wenn sie die systemischen Probleme einer Gesellschaft, in der sich alles um die Erwerbsarbeit dreht, nicht ausblendet. Eine – wirtschaftlich noch so wohlhabende – Gesellschaft verarmt, wenn ihre Akteure sich nur noch als Träger von Ansprüchen – wie dem auf bedingungslose Gleichbehandlung – verstehen und nicht mehr als zur Gemeinschaft bestimmte Personen, auf deren Gemeinwohlorientierung eine Gesellschaft angewiesen ist.

Auch wenn die biologische Differenz zwischen Mann und Frau im GM nicht prinzipiell bestritten wird, so wird doch das Muttersein – in einem erstaunlich biologistisch anmutenden Sinn – auf die Vorgänge von Schwangerschaft und Geburt reduziert. Die Wirklichkeit sozialer Beziehungen und originär elterlicher Fürsorgeleistungen wird als eine Konstruktion verstanden, deren Akteure frei austauschbar sind (anders als bei Schwangerschaft und Geburt, wo dies noch nicht möglich ist).

Die Familie wird in dieser Betrachtungsweise nicht mehr als soziale Einheit verstanden, sondern als Raum widerstreitender individueller Interessen, in deren Ausgleich der Staat lenkend einzugreifen habe, weil er besser als die Paare weiß, was für die Gesellschaft gut ist. Die Rhetorik staatlicher Fürsorge wird mit Hinweisen unterfüttert, wonach viele Eltern nicht in der Lage seien, angemessen für die Kinder zu sorgen: „Mit jedem in der Familie misshandelten Kind – die Fälle werden von den Medien meist umfangreich ausgebreitet – festigt sich der gesellschaftliche Konsens, dass die staatlichen Eingriffe richtig und wichtig sind. Das mag im Einzelfall zutreffen, schwächt aber die Position der Familie".[52] So wird die Normalfamilie zum potenziell dysfunktionalen System erklärt, dessen Retter der Staat ist.

Das Konzept „Arbeit" wird vollständig auf die Erwerbsarbeit reduziert. Nicht bezahlte (zu Hause und im Ehrenamt oft von Frauen erbrachte!) Leistungen werden demgegenüber deutlich abgewertet. Der Schlachtruf „Frauen in die Firmen" untergräbt die gesellschaftlichen Fundamente des ehrenamtlichen Engagements, v.a. aber der reproduktiven und pflegerischen Leistungen, die in Familien immer noch vornehmlich von Frauen erbracht werden. Frauen, die sich dafür entscheiden, ihre Kinder selber großzuziehen, werden vom Staat abgestraft, weil, wie der Sozialrichter Jürgen Borchert es formuliert, „Kindererziehung ein Ehrenamt sei, Mütter in der Logik dieses Systems nichts leisteten und Kindererziehung nach der

---

[52] R. Stadler, *Vater, Mutter, Staat*, S. 159.

höchstrichterlichen Rechtsprechung des Bundessozialgerichts für das System sogar schädlich sei".[53] Damit wird ein Großteil der immer noch vornehmlich von Frauen in und für die Gesellschaft erbrachten Leistungen herabgewürdigt. Im Blick auf pflegerische Aufgaben wird signalisiert: Fürsorgeleistungen verdienen nur dann Anerkennung, wenn sie als *bezahlte* Dienstleistungen erbracht werden. Das führt zu der absurden Konsequenz, dass Eltern – in Gestalt der staatlichen Subventionierung von Kita-Plätzen – Förderung dafür erhalten, dass sie ihre Kinder fremdbetreuen lassen, aber die Kosten dafür zu tragen haben, wenn sie diese zu Hause selbst betreuen. Um diesen Wertungswiderspruch aufzulösen, könnte man gesellschaftliche Anstrengungen unternehmen, nicht bezahlte Leistungen im Ansehen aufzuwerten. Doch dem stehen geschlechterideologisch motivierte feministische sowie demografisch begründete Interessen der Wirtschaft entgegen. Ein weiterer Weg wäre die finanzielle Aufwertung durch die Zahlung eines auch rentenwirksamen Erziehungsgehalts in angemessener Höhe, um reproduktive Leistungen den produktiven gleichzustellen. Im Moment ist nicht absehbar, dass dieser Weg beschritten würde.

Der Gleichstellungsansatz von GM untergräbt – seinem eigenen Anspruch zuwiderlaufend – das Fundament der Gesellschaft, denn Familien als kleinste soziale Einheit „bilden die Welt der akzeptablen Ungleichheit", weil die Partner in je unterschiedlicher Weise Opfer bringen.[54] Verordnete Gleichheit destabilisiert die Partnerbeziehungen und stellt die Beziehung unter das Vorzeichen der Selbstverwirklichung, die beide Partner in eine Konkurrenzkonstellation treibt. Ins Zentrum des Selbstverständnisses rückt die Frage, wer mehr zurückstecken muss, um z.B. für ein Kind da zu sein. Der Argwohn, dass der oder die andere weniger Opfer bringe, lässt den emotionalen Nährboden einer Partnerschaft austrocknen. Es braucht daher ein sehr tief gegründetes Vertrauen, überhaupt Kinder zu bekommen. Nimmt man das Eheversprechen (nicht als Garant, wohl aber) als Zeichen solchen Vertrauens, dann verwundert es nicht, dass in Ehen deutlich mehr Kinder geboren werden als in jeder anderen Beziehungsform.[55] Im Umkehrschluss gilt: Wer mehr Kinder möchte, der muss bestehende Ehen stärken und zur Eheschließung ermutigen. Er muss Paaren und Familien den Freiraum geben, in dem sie sich für die von ihnen bevorzugte Aufteilung von Erwerbs- und Fürsorgearbeit entscheiden können, und sie dabei für die Bedürfnisse der Kinder sensibilisieren.

---

[53] J. Borchert, *Sozialstaats-Dämmerung*, S. 107.
[54] Ebd., S. 50 f.
[55] Bundesinstitut für Bevölkerungsforschung, „Durchschnittliche Kinderzahl nach Lebensformen in Deutschland, 1996 bis 2015".

Kapitel 9: Beziehungen wagen – Freiheit gestalten
Sexualpädagogik der Bindung statt sexuelle Vielfalt

Gender-Mainstreaming konzentriert sich als gesellschaftspolitischer Handlungsansatz auf die Angleichung von Geschlechter*rollen*, wobei in letzter Konsequenz von zwei Geschlechtern ausgegangen wird. Ausgehend von dieser Leitvorstellung lässt sich GM der ersten Stufe von einem radikalisierten GM der zweiten Stufe unterscheiden. Hier geht es, wie wir bereits sahen, um die Vervielfältigung von Geschlechts*identitäten*. Diese Entwicklung scheint konsequent: Wer Geschlechterungleichheiten beseitigen möchte, der nimmt dieser Ungleichheit einfach ihre Protagonisten, also Mann und Frau. Natürlich geht es dabei nicht um die Ausmerzung von männlich und weiblich, sondern um die Einebnung dieser beiden „Identitäten" in ein Meer von Geschlechtsidentitäten, also der nicht begrenzbaren Vielfalt *empfundener* Geschlechter.

In diesem Kapitel soll der radikalisierte Gender-Ansatz, der vor allem in den Gender Studies und der Sexualpädagogik der Vielfalt greifbar wird, einer kritischen Bewertung unterzogen werden. An früherer Stelle ist bereits darauf hingewiesen worden, dass der radikale Konstruktivismus, der diesem Ansatz zugrunde liegt, auch innerfeministisch umstritten ist. Hier geht es jetzt um die Perspektive der christlich-theologischen Ethik.

9.1 Der einsame und zerteilte Mensch

Dem radikalen Konstruktivismus liegt ein zutiefst verkürztes Menschenbild zugrunde. Er negiert die bereits herausgearbeiteten Konstitutionsbedingungen des Menschseins, was hier an zwei Punkten noch einmal verdeutlicht werden soll:

Da ist zum einen die behauptete Fähigkeit zur gänzlich freien Selbstinszenierung: Die Vorstellung vom absolut selbstbestimmten Menschen ist einseitig, weil jeder Mensch nur ein mehr oder minder bedingtes Maß an Freiheit hat. Wir sind, noch bevor wir uns dafür entscheiden, immer in Bezüge eingebunden, die wir zwar verleugnen, aber nicht wirklich abstreifen können. Ein Individuum, das sich aus allen nicht selbst gewählten Bezügen herausgelöst hat, ist eine Fiktion. Wer den Menschen abseits dieser Bezüge zu definieren sucht, macht ihn einsam. Menschsein gibt es nur in Beziehungen; und darunter ist – wie gezeigt wurde – die Herkunftsbeziehung und mit ihr die Zweigeschlechtlichkeit als Norm von fundamentaler Bedeutung. Denn die

> geschlechtliche Unterscheidung ist das erste Beweismittel dafür, dass der Mensch nicht für sich selbst geschaffen wurde, sondern für die Liebe; die Ausmerzung oder Überwindung der Unterscheidung beseitigt die Andersartigkeit, die mich begrenzt, weil dann das Du nur von mir aus bestimmt wird: ich bin es, der ihm den Sinn zuweist, den es haben soll.[1]

Die Herkunftsbeziehung mitsamt der ihr inhärenten Geschlechterpolarität zu ignorieren ist konzeptionell widersinnig und lebensgeschichtlich absurd. Vermutlich stehen hier bei einigen Protagonisten eigene nicht bearbeitete Konflikte im realen Elternverhältnis im Hintergrund (eine Vermutung, der wir unter 10.1 noch nachgehen werden).

Die Abspaltung dieses generativen Aspekts aus dem Konzept von „sexueller Identität" hat Konsequenzen, die weit über die Frage hinausgehen, wie ein Mensch seine Sexualität gestaltet. Zunächst verband sich mit der Vorstellung von der „freien" Sexualität der Gedanke, dass sich dank frei verfügbarer Verhütungsmittel die natürlichen Folgen des Sex (nämlich ein mögliches Kind) vermeiden lassen. Damit fiel ein Hinderungsgrund für die Frau weg, am Erwerbsleben teilzunehmen und sich eine wirtschaftlich eigenständige Existenz aufzubauen. Die Abkopplung des generativen Aspekts aus der Sexualität öffnete aber auch Tür und Tor für eine Aufwertung aller sexuellen Praktiken und Beziehungsformen, die natürlicherweise gar nicht fruchtbar, sondern vorrangig vom Lustaspekt her bestimmt sind. In der These von der sexuellen Vielfalt findet diese Vorstellung dann ihre theoretische Ausformung.

Außerdem wird der Körper insbesondere in den radikal-konstruktivistischen Gendertheorien zur unbeschränkt formbaren Verfügungsmasse des von ihm abgelösten Denkens gemacht (vgl. 4.3). „Der Würde des *Leibes* entkleidet, ist unser *Körper* nackt und gefährdet".[2] Solcherart entkleidet wird es möglich, Transsexualität und Transgender als legitime Äußerungsformen der sexuellen Identität aufzufassen, obwohl hier dem Leib Gewalt angetan wird. Der Körper wird zum formbaren Instrument eines Willens, der keine Grenzen des natürlichen Geschlechts mehr anzuerkennen bereit

---

[1] R. Aldana, *„Das ungeheure und begrenzte Ja-und-Amen-Sagen"*, S. 18f.
[2] I. Sipos, „Gottes Schöpfungsplan steckt uns in den Knochen", S. 97.

ist. In diesen Vorstellungswelten wird der Mensch nur als eigentümlich geteiltes Wesen ansichtig: Es wird der Eindruck erweckt, als wäre das Körperliche zufällig, verfüg- und manipulierbar. Wenn das „psychologische" Geschlecht (besser: das *empfundene* Geschlecht) zum Regenten der eigenen Geschlechtsidentität gemacht wird, dann mag der Eindruck entstehen, im „falschen" Körper zu stecken. Doch dieser Eindruck ist überhaupt nur möglich, wenn die menschliche Person nicht mehr in ihrer geschöpflichen Einheit verstanden wird.

Die Alternative scheint dann darin zu bestehen, die seelische und leibliche Dimension der Person als Module aufzufassen, die bei Bedarf austauschbar sind: Wenn dieser Geschlechtskörper nicht passt, dann wird Hand an ihn gelegt; er wird – im ursprünglichen Sinne des Wortes – manipuliert. Kraft dieser Manipulation wird eine Illusion geschaffen, die scheinbar eine neue, stimmige Identität begründet. Doch niemand kann sich selbst jemals loswerden; im Tiefsten weiß das jeder Mensch.

Tatsächlich ist der menschliche Körper nicht einfach Projektionsfläche individueller Wünsche, die zu realisieren die Gesellschaft dem Einzelnen zu gestatten (und zu finanzieren!) hat. Es ist nicht Ausdruck von Freiheit, sondern ein Missverständnis davon, wenn ein Mensch meint, sein Geschlecht wählen zu können. Die Freiheit des Menschen besteht im Tiefsten darin, „Ja zu sagen zu der Gabe von etwas, das uns grundlegt".[3] Wenn jedoch das natürliche Geschlecht *(„sex")* nicht mehr von der im Lebensverlauf erworbenen und formbaren Geschlechtsidentität *(„gender")* unterschieden wird (wie bei Judith Butler u.a.), dann geht damit die Fähigkeit zur Unterscheidung verloren, „welche gesellschaftlichen Bedingungen Gegenstand sinnvoller sozialer oder kultureller Änderungsbemühungen sind und welche nicht".[4]

Wer diese Unterscheidungsfähigkeit verliert, gebraucht die ihm von Gott verliehene Macht zur Gestaltung der Lebensverhältnisse maßlos und damit in letzter Konsequenz zerstörerisch. So hat das Bild vom vereinzelten und zerteilten Menschen weitreichende Konsequenzen für das Leben in den durch Geschöpflichkeit und Sünde gesetzten Grenzen, die ein Mensch zwar missachten, aber in letzter Konsequenz nicht aufheben kann.

---

[3] R. Aldana, *„Das ungeheure unbegrenzte Ja-und-Amen-Sagen"*, S. 21.
[4] W. Härle, *Ethik,* S. 316.

9.2 Genderforschung als Ideologiekritik

Der radikale Gender-Konstruktivismus widerspricht in wesentlichen Grundentscheidungen dem christlichen Bild vom Menschsein in Beziehungen. Doch ist das überraschend? Will der Konstruktivismus, in der Gestalt der Gender Studies, nicht dezidiert ideologiekritisch sein? Ist es nicht gerade der Anspruch, aus der Sicht seiner Akteure überholte Vorstellungen zu dekonsturieren und einen verheißungsvolleren Entwurf an ihre Stelle zu setzen? Doch wie steht es um den beschworenen ideologiekritischen Anspruch der Gender Studies? Und wie gestaltet sich ihr Verhältnis zu den anderen Disziplinen der Universität, an der die Gender Studies ihren Platz beanspruchen und behaupten möchten?

Die schärfsten Konfliktlinien in der Gender-Diskussion verlaufen nicht zwischen Genderforschung und Theologie (die sich in ihren Vertretern gegenüber den Gendertheorien sehr unterschiedlich positioniert)[5], sondern zwischen der Genderforschung und den Naturwissenschaften, insbesondere der Biologie und der empirisch arbeitenden Psychologie, die von Gender-Theoretikern als Konstrukte modernen Machbarkeitsdenkens unter Ideologieverdacht gestellt werden. Radikale Gendertheoretiker bestreiten, dass auf naturwissenschaftlichem Weg überhaupt verbindliche Aussagen über den Menschen gewonnen werden können.

Hinter diesem Urteil steht ein ideologiekritischer Ansatz, der die sozialen Konstitutionsbedingungen naturwissenschaftlichen Arbeitens hervorhebt und geltend macht, dass diese von einer Logik der Weltbemächtigung angetrieben werden. Vor allem im Anschluss an Michel Foucault (1926–1984) hebt die politische Genderforschung den Machtaspekt naturwissenschaftlicher Diskurse hervor.[6] Die Biologie, weithin von Männern betrieben, reproduziere im Gewand „objektiver" Fachsprache die immer schon vorausgesetzte Heteronormativität und stabilisiere mit ihren Ergebnissen das vorhandene Machtgefälle zwischen Männern und Frauen.

Nun sollte man diesen Vorwurf nicht ungeprüft zurückweisen. Immerhin verdanken wir den Naturwissenschaften, die im 19. Jahrhundert eine bahnbrechende Erfolgsgeschichte eingeleitet haben und deren Segnungen

---

[5] Für eine positive Rezeption vgl. I. Karle, „Da ist nicht mehr Mann noch Frau"; kritisch W. Härle, *Ethik*, S. 314–317.
[6] Foucault hat seine Überlegungen zu Macht und Diskurs in verschiedenen Werken entwickelt; vgl. als Einführung zu seinen geschlechterpolitischen Überlegungen A. Moser, *Kampfzone Geschlechterwissen*, S. 15ff.

wir in vielen Bereichen heute ganz selbstverständlich nutzen, auch zerstörerische Technologien und Forschungsleistungen, die in direktem Interesse von Krieg, Rassenhygiene und anderen Übeln standen und stehen. Es ist kaum zu bestreiten, dass *alle* menschlichen Lebensäußerungen für Ideologie anfällig sind und damit auch die Wissenschaft.

Auch die Theologie bildet da keine Ausnahme. Kein Mensch kann sich selbst (und andere) im Blick auf die Motive, die ihn antreiben, bis ins Letzte durchschauen. Wir werden immer auch mit verborgenen Motiven und uneingestandenen Interessen rechnen müssen, die begründen, warum wir bestimmte Sachverhalte sehen und andere nicht. Die Sünde hat das Herz des Menschen verdunkelt; diese Finsternis legt sich über das Denken, Wollen und Handeln des Menschen.

Vor diesem Hintergrund sollte es zum Ethos guten wissenschaftlichen Arbeitens gehören, dass Wissenschaftler sich über ihre Motive und die (erwartbaren) Folgen ihrer Arbeit Gedanken machen. Das wird sinnvollerweise nicht nur im stillen Kämmerlein geschehen, sondern auch im kritischen Austausch der Forschergemeinschaft, die über den eigenen Fachbereich hinausgeht.

Trotzdem gibt es ein Problem in der Art und Weise, wie die Genderforschung Ideologiekritik verwendet und begründet. Auffällig ist, dass sich der ideologiekritische Impetus der politischen Genderforschung ausschließlich gegen *andere* Wissenschaften richtet und nicht gleichermaßen gegen die eigene Arbeitsweise. Schon deshalb muss sie selbst mit einem erheblichen Ideologieverdacht behaftet bleiben. Die Frage, wessen Machtansprüche sich in den Gender- und Queer-Wissenschaften artikulieren, muss untersucht werden, und wenn dieser Wissenschaftszweig (für viele Kritiker lediglich eine Pseudowissenschaft) hierzu selbst nicht bereit ist, müssen andere es tun.

Ein weiteres Problem tut sich auf, wenn wir den ideologiekritischen Ansatz der Genderforscher bis auf ihren bei Foucault gelegten Grund zurückverfolgen. Während man den Biologen, die das Konzept der Zweigeschlechtlichkeit verteidigen, unverhohlen „Biologismus" vorwirft (also die weltanschauliche Überfrachtung der Wissenschaft), folgt man nämlich seinerseits einer stark weltanschaulichen Prägung.

So vertreten Foucault und andere Protagonisten einen dezidierten *Werterelativismus,* bei dem die Fähigkeit des Menschen zur Wahrheitserkenntnis radikal bestritten wird.[7] Eine Unterscheidung von an sich Bösem und an sich Gutem wird für unmöglich gehalten – was allerdings im krassen

---

[7] Vgl. M. Foucault, *Der Wille zum Wissen.*

Widerspruch zu der Überzeugung steht, dass verschleierte Machtverhältnisse, die man ja aufdecken will, durchaus etwas *Böses* seien. Stattdessen heißt es: Wenn der Mensch erst mal von allen bedrückenden Machtverhältnissen befreit ist, findet jeder Mensch seine *eigene* Wahrheit. „Vielfalt statt Einfalt" lautet das griffige Motto.

Die Schärfe der Auseinandersetzung zwischen Naturwissenschaft und Genderforschung hat auch damit zu tun, dass die theoretischen Grundentscheidungen der Genderforschung nicht einzuleuchten vermögen, solange man sich nicht den ihnen zugrunde liegenden moralischen und erkenntnistheoretischen Relativismus zu eigen macht. Und zuweilen fällt der nach außen gerichtete Vorwurf des Biologismus dann auch auf die eigene Zunft zurück, wenn wie schon ausgeführt die Lehrstühle für Genderforschung fast ausschließlich an Frauen vergeben werden.

Philosophisch gesprochen liegt der Ablehnung der Biologie zudem ein unerlaubter Ebenenwechsel zugrunde: Häufig durchaus plausibel werden die sozialen Entstehungsbedingungen und Folgewirkungen biologischer Erkenntnisse rekonstruiert. In der feministischen Literatur wird z.B. darauf hingewiesen, dass die Erforschung der weiblichen Anatomie, die zu Beginn des 19. Jahrhunderts zur Entstehung des Zweigs der Gynäkologie führte, historisch betrachtet zunächst dazu diente, die Unterteilung der Lebenssphären nach Frauen und Männern zu *legitimieren*, also männlichem Herrschaftserhalt dienstbar gemacht wurde.

Ein unerlaubter Ebenenwechsel liegt aber dann vor, wenn aus der historischen Rekonstruktion bestimmter Entdeckungszusammenhänge darauf geschlossen wird, dass die in diesem Zusammenhang gewonnenen Erkenntnisse auch sachlich falsch sein müssten. Das kann dann z.B. bedeuten, dass ernsthaft an Geburtsvorbereitungskursen kritisiert wird, dass sie schon von ihrer Anlage her Geschlechterdifferenzen hervorhöben und mit ihrer Konzentration auf Vorgänge der Schwangerschaft, Geburt und Mutter-Kind-Beziehung der Naturalisierung von Geschlecht und Geschlechterstereotypen Vorschub leisteten.[8]

Nach dieser Logik ließen sich die Gesetze der Atomphysik mit dem Hinweis in Abrede stellen, dass wir ihre Entdeckung überwiegend männlichen Physikern verdanken, die bereit waren, ihre Forschungen für militärische Zwecke zur Verfügung zu stellen. Wenn wir die sozialen Entstehungsbedingungen naturwissenschaftlicher Entdeckungen analysieren,

---

[8] So die These des Aufsatzes von M. Müller/N. Zillien, „Das Rätsel der Retraditionalisierung". Für den Hinweis auf diesen Artikel danke ich Matthias Dietzsch (Wettenberg-Launsbach).

dann haben wir damit (hoffentlich zutreffend) die *äußeren* Gründe erhellt, die diese Entdeckung ermöglichten. Doch mit dieser Analyse ist kein (zwingendes) Urteil über den inneren Grund verbunden, d.h. die *Wahrheit* der behaupteten Entdeckung.

Daher muss sauber zwischen einer biologischen Beschreibungsweise der natürlichen Zweigeschlechtlichkeit einerseits und dem weltanschaulichen Programm des Biologismus andererseits unterschieden werden. Biologismus wäre, der Biologie als Wissenschaft zuzutrauen, dass sie den Menschen umfassend erklären könne. Das aber kann sie nicht. Sie kann die biologischen Bedingungen natürlichen Lebens einschließlich der Fortpflanzung erhellen, doch zu erklären, wo der Mensch entwicklungsgeschichtlich herkommt und wie er als Organismus funktioniert, beantwortet noch nicht die Frage, was den Menschen als Person und Ebenbild Gottes auszeichnet und von den anderen Lebewesen unterscheidet.

In verschiedenen geschichtlichen Epochen sind aus unterschiedlichen Perspektiven Aussagen zur Herkunft des Menschen getroffen worden. Bereits für die Antike lassen sich mythische Darstellungen ebenso finden wie frühe Versuche, den Zeugungsvorgang aufzuhellen. Noch heute stehen verschiedene Erzählungen religiöser, philosophischer und naturwissenschaftlicher Art nebeneinander. Was die naturwissenschaftliche „Erzählung" angeht, werden wir jedoch nicht hinter die Einsicht zurückfallen können, dass die natürliche Zeugung ein Vorgang ist, der wesenhaft durch die heterosexuelle Zweigeschlechtlichkeit des Menschen ermöglicht ist. Alle Formen künstlicher Befruchtung suchen diese Erzählung auf die eine oder andere Weise umzuschreiben, doch die Grunderzählung scheint in allen diesen Varianten immer noch durch. Diese für die Fortpflanzung grundlegende Geschlechterpolarität bildet nicht nur einen an den primären Geschlechtsmerkmalen aufweisbaren „kleinen Unterschied" (A. Schwarzer), sondern ist dem Gesamtorganismus eingeschrieben. Daher ist mit weiteren Unterschieden zu rechnen.

Besonders umstritten sind in diesem Zusammenhang Forschungen, die *psychologische* bzw. psychosoziale Geschlechterunterschiede aufzuweisen beanspruchen. Am Streit um diese Forschungsergebnisse wird einmal mehr deutlich, wie politisiert die damit verbundenen Fragestellungen sind.

Kein Zweifel: Die Fragestellung bestimmt immer mit darüber, was für Ergebnisse generiert werden. Warum z.B. wird überhaupt nach Unterschieden zwischen den (zwei) Geschlechtern gefragt? Behalten wir daher im Blick, dass nicht nur Männer und Frauen sich unterscheiden, sondern z.B. jeweils auch Männer mit unterschiedlichem Sozialstatus oder Alter. Das bedeutet allerdings nicht, dass man Männer und Frauen überhaupt nicht miteinander vergleichen dürfe, sondern allein, dass die in einem solchen Vergleich erhobenen Ergebnisse mit anderen, weitere Parameter einbeziehenden Anordnungen zu verbinden sind, um zu noch genaueren Ergebnissen zu kommen.

Konkret untersucht die Hirnforschung Strukturen und Leistungen des Gehirns auf unterschiedlichen Ebenen.[9] Beschrieben worden sind bislang anatomische sowie biochemische Unterschiede, die auf eine geringere Vernetzung der Hirnareale bei Männern als bei Frauen hinweisen[10] und sich bis auf das Niveau der Genexpression zurückverfolgen lassen.

Diese beobachteten Unterschiede manifestieren sich in geschlechterbezogenen Überlegenheiten bei bestimmten Fähigkeiten. So verfügen Frauen „über umfangreicheres Vokabular, besseres sprachliches Ausdrucksvermögen, mehr Empathie, schnellere Auffassungsgabe, besseres Vorstellungsvermögen, bessere Gefühlserkennung, höhere soziale Sensibilität, bessere Feinmotorik". Männer sind hingegen durch eine „ausgeprägtere Aggressivität, bessere visuell-räumliche Fähigkeiten, bessere mathematische Fähigkeiten, mehr Durchsetzungskraft" gekennzeichnet und können „besser systematisieren, besser 3-D-Rotationen/mentale Rotationen nachvollziehen, besser Landkarten lesen, besser eine Form in einem größeren Design finden".[11]

Auch im Vergleich verschiedener Kulturen bestätigen sich Unterschiede zwischen Männern und Frauen im Hinblick auf die Partnerwahl: Danach legen Männer mehr Wert auf gutes Aussehen als Frauen, während Frauen einen hohen sozialen Status und hohe Leistungsorientierung stärker gewichten.[12] Inzwischen gibt es zehntausende Studien zu psychologischen Geschlechterunterschieden, sodass auf (besonders aussagekräftige) Metaanalysen zurückgegriffen werden kann.

---

[9] Vgl. z.B. in S. Lautenbacher/O. Güntürkün/M. Hausmann (Hg.), *Gehirn und Geschlecht:* M. Spreng, „Adam und Eva – die unüberbrückbaren neurophysiologischen Unterschiede". Der hier gewählte Vortragstitel ist ungünstig gewählt, denn zum einen arbeitet er selbst heraus, dass sich Männer und Frauen in ihren Gehirnleistungen hervorragend ergänzen, zum anderen ist daran zu erinnern, dass psychologische Unterschiede statistische Differenzen markieren, es bei Gehirnleistungen auf der Ebene des Individuums also Geschlechterüberlappungen geben kann, was im Blick auf die Fortpflanzungsfunktionen nicht gegeben ist.

[10] „The brains of men exhibit a far smaller degree of interconnectedness, both within and across the hemispheres, than do those of women", L. Cahill, „Fundamental Sex Differences in Human Brain Architecture", S. 577.

[11] A. Meyer, *Adams Apfel und Evas Erbe,* S. 327. Im Original handelt es sich um eine tabellarische Auflistung (Tabelle 14.1).

[12] Vgl. D. M. Buss, *Evolutionäre Psychologie,* Kap. 5.

Nicht vergessen werden darf dabei, worauf schon hingewiesen wurde: Zum einen lassen sich diese Unterschiede zwischen Männern und Frauen nur als *statistische* Durchschnittswerte beschreiben. Weil sich in der Merkmalsverteilung Männer und Frauen überlappen, kann aus der Kenntnis eines Merkmals (z.B. „kann gut Karten lesen") nicht eindeutig darauf geschlossen werden, ob es sich um einen Mann oder eine Frau handelt. Man spricht daher auch von geschlechts*typischen* Merkmalen – im Unterschied zu geschlechts*spezifischen* Merkmalen, die solche eindeutigen Rückschlüsse zulassen: Das Austragen eines Kindes ist ein Merkmal, das sich spezifisch Frauen zuweisen lässt. Eine solche Eindeutigkeit ist bei psychologischen Geschlechterdifferenzen eher selten.

Zum anderen zeigen die Studien, dass die nachgewiesenen Differenzen nicht ausschließlich durch die Übernahme kultureller Geschlechterstereotypen erklärt werden können,[13] obwohl diese ohne Zweifel eine erhebliche Rolle spielen. Während sich nämlich Geschlechterstereotype im Laufe des Vorschulalters ausbilden, lassen sich einige Geschlechterunterschiede bereits im Verhalten vor der Geburt oder in den ersten Wochen und Monaten nach der Geburt nachweisen (wie die Bevorzugung von Gesichtern bzw. unbelebten Objekten bei wenige Wochen alten Mädchen bzw. Jungen).[14] In dieser Phase verfügen Kinder noch über kein Geschlechtskonzept, das sie in ihrer Verhaltenswahl beeinflussen könnte.

Fazit: Gender Studies beanspruchen einen Ort an staatlichen Universitäten, ohne den der „universitas" zugrunde liegenden Gedanken des geteilten Wissens auf der Basis einer gemeinsamen Wahrheit, die multiperspektivisch erschlossen wird, anzuerkennen. Vielmehr bringen sie ihre eigene Rekonstruktion von Wirklichkeit insbesondere gegen die empirisch arbeitenden Naturwissenschaften in Stellung, denen sie unterstellen, nach einer Logik zu arbeiten, die vor allem im Dienste der Stabilisierung männlicher Dominanzverhältnisse steht.

Aus christlicher Sicht ist an diesem Vorgehen problematisch, dass der ideologiekritische Impuls der Gender Studies *ausschließlich* nach außen gerichtet wird und eine selbstkritische Offenlegung der erkenntnisleitenden Interessen unterbleibt. So wird der Eindruck vermittelt, in einer weithin von männlichen Machtinteressen durchsetzten (Wissenschafts-)Welt würden allein die Gender Studies „wertfrei" agieren, denn bei ihnen zähle die Freiheit jedes Einzelnen im Sinne der Menschenrechtsidee. Abgesehen davon, dass die Praxis das schon in Zweifel zieht, ist dieser Anspruch nicht

---

13 Vgl. J. Asendorpf/F. Neyer, *Psychologie der Persönlichkeit,* Kap. 7.
14 Einen Überblick über den Forschungsstand bieten G. M. Alexander/T. Wilcox, „Sex Differences in Early Infancy".

überzeugend, weil die die Erkenntnis verdunkelnde Macht der Sünde nicht an Fachbereichsgrenzen haltmacht.

Die Aufklärung über erkenntnisleitende Interessen ist grundsätzlich und überall nötig. Die Behauptung, es gebe nicht die eine allen zugängliche, sondern immer nur die je eigene Wahrheit, ist selbst eine mit Absolutheitsanspruch vorgetragene Behauptung, die sich selbst widerlegt. Warum sollten wir ausgerechnet dieser Behauptung trauen?

Der von den Gender Studies behauptete, nicht einlösbare Ansatz des Wahrheits- und Werterelativismus steht christlicher Überzeugung, wonach Jesus Christus die Wahrheit in Person ist (Joh 14,6), diametral gegenüber. Die Wahrheit erschließt sich in der *Begegnung*, darin hat die These, dass alle Vernunft geschichtlich situiert ist, ihre Bedeutung. Der Bezugspunkt dieser Begegnung ist jedoch zumindest denen gemeinsam, die tatsächlich nach der Wahrheit trachten. Auch die perspektivisch gewonnene ist eine geteilte, also gemeinsame Wahrheit. In den Gender Studies dagegen erscheint die Wahrheit im Besitz einiger weniger Eingeweihter, die den Geschlechtskörper neu zu lesen gelernt hätten. Paradox daran ist, dass die „Wahrheit", wonach Geschlecht nur als unbegrenzbare Vielfalt von geschlechtlichen Identitäten greifbar sei, ausweislich der Lehrstuhlbesetzungen an den Gender-Instituten deutscher Hochschulen von wenigen Ausnahmen abgesehen von Frauen vertreten wird.

9.3 Lustvergötterung und Lebensverweigerung

Problematisch ist bereits der Überlegenheitsgestus, mit dem Gender-Wissenschaft heute betrieben wird. Er weckt Misstrauen, ist für sich genommen jedoch kein ultimatives Wahrheitskriterium. Die Auseinandersetzung muss im Kern inhaltlich geführt werden. Diese Auseinandersetzung ist durch die Entfaltung des christlichen Bildes vom Menschen bereits begonnen worden, sie soll hier in der vertieften Auseinandersetzung mit der Sexualpädagogik der Vielfalt inhaltlich weiter geführt werden.

„Alle Lust will Ewigkeit", so heißt es in Nietzsches *Zarathustra*.[15] Bei Nietzsche ist damit die absolute, d.h. bindungslose Bejahung des eigenen Lebens gemeint. Mit „Lust" meint er die höchste und unmittelbare Selbsterfahrung des Lebens in der Überwindung von allem, was diese Selbster-

---

[15] F. Nietzsche, *Also sprach Zarathustra*, Buch III, *Das andere Tanzlied,* und sinngemäß öfter in Buch IV.

fahrung stört. In der Sexualpädagogik der Vielfalt setzt sich diese Vorstellung Nietzsches in aller Radikalität durch. Sexualität wird als unbändige „Lebensenergie" (Uwe Sielert) aufgefasst, die sich im sexuellen Lusterleben Bahn schafft und die Gewissheit schenkt: Ich empfinde Lust, also bin ich.

Nicht erst Nietzsche und seine Jünger haben verstanden, dass die Sexualität eine enorme Macht hat, die über den Menschen herrschen will. Diesem Willen zur Macht setzt die Bibel den Zuspruch und Anspruch der *beherrschten* Sexualität entgegen: „So tötet nun die Glieder, die auf Erden sind, Unzucht, Unreinheit, schändliche Leidenschaft, böse Begierde und die Habsucht, die Götzendienst ist" (Kol 3,5). Paulus redet hier keiner Sexualfeindlichkeit das Wort, sondern sagt: Gebraucht die Gabe der Sexualität der Absicht und dem Wesen ihres Gebers gemäß; sie ist Gabe Gottes, die die Ehepartner verbindet, sie ihrer Liebe vergewissert und in der Offenheit für Kinder zugleich über sich hinausweist. Sexualität ohne Bindung stumpft den Einzelnen ab und zersetzt das Bindegewebe einer Gesellschaft. Sie ist in letzter Konsequenz menschenverachtend.

Die absolute Selbstbejahung im Lusterleben geht einher mit einer starken Abneigung gegen den generativen Aspekt von Sexualität, also Fruchtbarkeit und Fortpflanzung. Neben Nietzsche prägte auch der Pessimist Schopenhauer die misanthropische, das menschliche Leben verachtende Stimmung der klassischen Moderne. Für Schopenhauer besteht die größte Schuld des Menschen darin, „daß er geboren ward".[16] Genau genommen klagt Schopenhauer nicht das Geborensein an (in dem er eher ein großes Unglück sieht), sondern das Gebären, in dem das unglückselige Geschäft des Lebens seine Fortsetzung nimmt.[17] Diese Einstellung nährt eine Verachtung von allem, was mit Fortpflanzung und Geburt zu tun hat; das „ganze Geschäft des Familienlebens und Kinderkriegens" soll zugrunde gehen.[18] Die sexuelle Selbsterfahrung derer, die nun einmal ungefragt geboren wurden und am Leben sind, ist daher ganz auf die Lust konzentriert, während die Zeugung neuen Lebens um jeden Preis verhindert, also *verhütet* werden soll.

Die Sexualpädagogik der Vielfalt speist sich aus diesem Wurzelgeflecht von Lustvergötterung und Lebensverweigerung. Weil dieses Programm schon innerfeministisch umstritten und gesamtgesellschaftlich nicht mehrheitsfähig ist, wird es, wie wir in Kapitel 3 gesehen haben, unter

---

[16] A. Schopenhauer, *Die Welt als Wille und Vorstellung*, S. 419.
[17] Damit verbindet sich bei Schopenhauer eine stark misogyne Haltung, also die Verachtung des Weiblichen.
[18] Vgl. C. Taylor, *Ein säkulares Zeitalter*, S. 1160.

dem Banner der Gleichheit, Gerechtigkeit und Freiheit vorangetrieben. Was den Sex angeht, so kann eine Gleichheit aller möglichen Orientierungen und Praktiken jedoch nur behauptet werden, wenn vom Aspekt der Fortpflanzung abgesehen wird.

Weil auf natürlichem Wege einzig aus der Verbindung von Mann und Frau Kinder hervorgehen können, muss die Lebensform der natürlichen, triangulären Ehe und Familie „unsichtbar" gemacht werden. Dafür wird sie in den Lehrplänen und Methodenbüchern in eine Reihe mit anderen Lebensformen gestellt, die viel seltener sind. Außerdem wird die Heterosexualität als bisherige „Dominanzkultur" als repressiv und überholt dargestellt und der Lächerlichkeit preisgegeben.

So wird ungeachtet aller ideologiekritischen Vorbehalte gegen „Normen" durch die Hintertür eine neue Norm etabliert: Sex ist Lust, idealerweise ohne „Folgen". Diese Norm begründet, warum in der Sexualaufklärung und schulischen „Sexualerziehung" Themen wie Verhütung von Kindern und Vermeidung von Krankheiten, die durch Geschlechtsverkehr übertragen werden, so einen breiten Raum einnehmen, während mögliche seelisch-emotionale Verletzungen durch unreife Preisgabe der Intimsphäre oder durch Abbruch von Beziehungen von hoher emotionaler Intensität komplett ausgeblendet werden.

Die Sexualpädagogik der Vielfalt, wie sie gegenwärtig Einzug in die Lehrpläne der Bundesländer findet, ist im Kern kein sexualpädagogisches Konzept, sondern hat das Ziel, zur Übernahme einer von allen „repressiven" Vorgaben befreiten Sexualität anzuleiten. Weil eine Aufklärung, die laut WHO-Leitlinien schon „nach der Geburt" beginnt, von vielen Eltern als *Frühsexualisierung* ihrer Kinder empfunden wird, stößt diese Form von Sexualpädagogik, wo sie durch Presseberichte etc. Gegenstand der öffentlichen Diskussion wird, auf den Widerstand breiter, ansonsten weltanschaulich sehr heterogener Bevölkerungskreise. Oft wird intuitiv abgelehnt, was hier mit den Kindern veranstaltet wird. Die Unbeirrbarkeit, mit der die Lehrpläne gleichwohl entsprechend verändert werden, weckt bei Eltern den Eindruck, dass es sich hierbei um das gesellschaftspolitisch motivierte Umerziehungsprogramm einer zur Machtausübung nicht demokratisch legitimierten Minderheit handelt.

Das Problem liegt genau in diesem Machtanspruch, wie schon C. S. Lewis feststellte: „Es gibt keine einseitige Machtsteigerung für die Menschheit im ganzen, und es kann keine geben. Jede *von* Menschen neu erlangte Macht ist gleichzeitig Macht *über* Menschen".[19] So erklärt eine Minderheit der Mehrheit, dass es im Interesse der Gleichheit aller nötig sei, historisch gewachsene Identitäten, Moralkodizes und Verhaltensstandards zu zerstören und den Menschen zu suggerieren, dass frei allein derjenige sei, der sich aller Bindungen entledigt hat.[20]

Das Ergebnis soll sein, dass als solcherart „Freie" alle Menschen gleich sind. Doch das ist ein Irrtum. Hinter den Gleichheitsvisionen totalitärer Systeme steht immer eine Gruppe von Menschen, die „gleicher" zu sein behauptet als alle anderen. Es ist die Gruppe, die der Gleichheitsthese ihre Deutung gibt und sich anschickt, sie – gegen jede andere – durchzusetzen. Tatsächlich setzt dieses Verständnis von Gleichheit nicht freie Bürger voraus, sondern eine tyrannische Macht, die die Interessen einer kleinen Minderheit durchsetzt. Die Macht des Menschen, aus sich das zu machen, was er will, ohne Rücksicht auf sein leiblich-natürliches Leben, meint praktisch die Macht einiger weniger, aus *anderen* Menschen zu machen, was diese gar nicht wollen.[21]

Nach christlicher Überzeugung setzt Gerechtigkeit gerade nicht voraus, dass in der Gesellschaft alle gleich sind und gleich behandelt werden. Vielmehr bezieht sich die Tugend der Gerechtigkeit gerade auf die Verschiedenheit der Menschen. Gerechtigkeit üben, das Rechte tun, heißt nach Josef Pieper:

> den Anderen als Anderen gelten lassen; es heißt: da anerkennen, wo man nicht lieben kann. Gerechtigkeit sagt: Es gibt den Anderen, der nicht ist wie ich und dem dennoch das Seinige zusteht. Der Gerechte ist dadurch gerecht, dass er den Anderen in seinem Anderssein bestätigt und ihm zu dem verhilft, was ihm zusteht.[22]

„Was dem Anderen zusteht" – das ist das, was ich ihm schulde; gerecht zu handeln heißt, das ihm Schuldige zu leisten.

Wenn diese Grundbestimmung akzeptiert wird, die tief in der abendländischen Geistesgeschichte verwurzelt ist, dann lässt sich von hier aus auf eine Gesellschaft hinarbeiten, die zugleich gerechter *und* freier ist. Gerecht ist, Kindern eine natürliche Elternkonstellation nicht vorzuenthalten, denn wir schulden den Kindern, auf optimale Aufwuchsbedingungen für sie hinzuwirken (auch wenn sie niemals ganz erreicht werden). Gerecht ist,

---

19 C. S. Lewis, *Die Abschaffung des Menschen*, S. 61; Hervorhebungen im Original.
20 Vgl. J. Kalb, *Against Inclusiveness*. Für eine kürzere Darstellung vgl. E. Dowler, *Inclusive Gospel?*.
21 Vgl. C. S. Lewis, *Die Abschaffung des Menschen*, S. 62.
22 J. Pieper, *Das Viergespann*, S. 82.

Menschen darin zu helfen, die Folgen einer unerwünschten Schwangerschaft anzunehmen, anstatt ungewolltes Leben zu töten. Gerecht ist, einen aus welchen Gründen auch immer kinderlosen Lebensentwurf zu respektieren und darin ernst zu nehmen, dass die Betroffenen aus dem ihnen im Vergleich zu Familien höheren verfügbaren Einkommen für ihre Rente vorsorgen, anstatt Eltern durch Einzahlung und Erziehungsleistungen doppelt zur Kasse zu bitten.

Und wo bleibt die Freiheit? Nun, wirklich frei ist, wer seine Grenzen kennt; wer darum weiß, dass „Gott spielen" die größte Versuchung, aber auch die größte Gefährdung des Menschen ist, und dieser Versuchung nicht erliegt. Der Glaube und die von ihm erhellte Vernunft lassen den Menschen die Grenzen menschlicher Selbstdefinition und Selbstmanipulation erkennen.

Ein Ja zum Leben statt nihilistischer Lebensverweigerung heißt auch, die Endlichkeit des Lebens samt seiner Zerbrechlichkeit und Unzulänglichkeit anzunehmen. Zur Endlichkeit gehört, darum zu wissen, dass ich in ein natürliches Geschlecht hineingeboren bin. Auch wenn meine Geschlechtsidentität vielleicht Brüche aufweist aufgrund bestimmter Irritationen, seien diese angeboren oder erworben (vgl. das zu den sexuellen Identitäten Gesagte), die sich auch operativ nicht völlig überspielen lassen. Die Störungen sind mir zu (er)tragen aufgegeben, um trotz allem zu einer reifen Identität zu finden.

Fazit: Die Gabe der Sexualität wird in der Sexualpädagogik der Vielfalt in den Kontext der Lustvergötterung und Lebensverweigerung gestellt. Sie wird damit ihrer schöpfungsgemäßen Bestimmung entzogen und ganz auf die sexuelle Selbstverwirklichung hin ausgerichtet. Folglich geht es nicht mehr um die der Sexualität ihren Kontext gebende Bindung an den (Ehe-)Partner, sondern um die Wahrung der eigenen sexuellen Rechte, die man sich von moralischen Instanzen nicht vorgeben oder absprechen lässt, und den Schutz vor unerwünschten Folgen des Sex (wie Schwangerschaft oder Geschlechtskrankheiten).

Die Sexualpädagogik zersetzt damit das Bindegewebe der Gesellschaft, weil sie den Begriff der Freiheit überdehnt und den der Gleichheit seines Sinns beraubt, wenn wesentlich Ungleiches nicht länger ungleich behandelt werden darf. Obwohl sie von Verantwortung spricht, fehlt ihr doch der Sinn für die Verantwortung, die jeder nicht nur für sich selbst, sondern auch für das Gemeinwohl trägt. Für eine Sexualerziehung, die den Menschen in den für ihn konstitutiven Beziehungen eingebettet sieht, kann sie kein geeignetes Konzept sein.

Kapitel 10: Was können wir tun?
Zwischen Anstand und Aufstand

In diesem letzten Kapitel wenden wir uns den verschiedenen Bereichen des Alltags zu, in denen geschlechterpolitische Entscheidungen relevant werden können. Was können wir tun? Wie sollten wir uns verhalten? Worauf müssen wir achten?

10.1 Einladende Apologetik
Menschen gewinnen statt Diskussionen

Warum scheint es fast unmöglich, über die Sexualpädagogik der Vielfalt in einen kritischen Dialog einzutreten? Warum werden so weitreichende Schritte wie die Neubestimmung sexualpädagogischer Lernziele für die Schule unter weitgehendem Ausschluss der Öffentlichkeit durchgesetzt – und dafür in enger Abstimmung und vor allem im Einvernehmen mit den politisch agierenden Interessenvertretungen sexueller Minderheiten? Diese Frage stellt sich umso mehr, als Demonstrationen radikaler Gender-Befürworter, die sich meist gegen Veranstaltungen von Gender-Kritikern richten, häufig von erschreckender Häme, obszönen, fäkalsprachlichen Entgleisungen und nicht zuletzt gewalttätigen Ausschreitungen gekennzeichnet sind. Man muss sich nur noch einmal die Bilder von Atomkraft- und Kriegsgegnern aus den 1980er- und 1990er-Jahren vor Augen führen, um sich das neue Ausmaß von Hass und Abscheu zu verdeutlichen.

Mein Versuch einer Erklärung liegt auf zwei Ebenen, nämlich der anthropologischen und der psychologischen. Die (anthropologische) Vorstellung, der Mensch habe eine unbegrenzte Macht zur Selbstdefinition und Selbstmanipulation, ruht auf einem vom Fortschritts- und Erziehungsgedanken getragenen Menschenbild. Der Mensch wird als das seiner selbst mächtige Wesen vorgestellt: Ihm wird die Macht zur Selbstoptimierung, ja -perfektionierung, zugeschrieben, die er auch tatsächlich zum „Guten" nutze. Zwar ist kaum begreiflich, wie sich diese Vorstellung angesichts aller ihrer grausamen Widerlegungen im 20. und beginnenden 21. Jahrhundert halten konnte, doch der Mensch glaubt anscheinend weiter an das Gute im Menschen. Und wer noch nicht gut ist, der kann gut *werden,* und zwar (so der Ansatz bei Karl Marx) durch die Veränderung der gesellschaftlichen Verhältnisse, denn: „Das Sein (die gegebenen Verhältnisse) bestimmt das Bewusstsein".[1]

Wer sich in linksautonomen Gruppen, schwul-lesbischen Communities oder universitären Instituten für Genderforschung bewegt (und ihren Grundsatz teilt, dass alle Geschlechtsidentitäten und Lebensformen gleich wert zu achten sind), der wird dort auf eher gewöhnliche Menschen treffen: keine makellosen, aber fröhlich-freundliche, begeisterungsfähige und engagierte Menschen. Vielleicht begegnet einem sogar ein höheres Maß an Empathie, Offenheit und Herzlichkeit als in manchen christlichen Gemeinden, wie Rosaria Butterfield beschreibt, eine ehemals radikalfeministisch orientierte, damals lesbisch lebende Englischprofessorin, die zum Glauben an Jesus Christus fand und eine tiefe Lebensveränderung erfuhr.[2] Woher dann aber dieser starke Hass gegen alle, die eine andere Sichtweise haben?

Hier haben wir es mit dem schon skizzierten Menschenbild zu tun: Weil alle Menschen wesensmäßig gut sind, werden sie auch als *bildungsfähig* gesehen. Deshalb machen sie sich schuldig, wenn sie nicht dazulernen, und das bedeutet: Wer bereits weiter in der Erkenntnis ist, hat andersherum die Pflicht, andere zu belehren, zur Not mit quasireligiösem Moralismus und inquisitorischer Härte. Je höher das Potenzial des Menschen zur Selbstoptimierung eingeschätzt wird, umso größer ist die Frustration, wenn andere Menschen sich dem Weg des erkannten Guten verweigern, weil sie in einer „doktrinären" Haltung verharren, wonach der Mensch fehlbar und verführbar sei und daher immerzu genötigt, das Gute vom Bösen (dem oft scheinbar Guten) zu unterscheiden.

Der Christ, der sich dem proklamierten Wertrelativismus verweigert, stellt die einzige These infrage, die von moralischen Relativisten mit einem Absolutheitsanspruch vertreten wird: dass es das absolut Gute, das für *alle* gut ist, überhaupt nicht gibt. Im Relativisten bricht nun der frustrierte Tyrann durch: Sind diese Menschen meine Bemühungen überhaupt wert? Wäre es nicht besser, sie zum Guten zu zwingen? Und wenn das nicht geht, sollte man sie nicht wenigstens konsequent ausgrenzen?

---

[1] Wörtlich heißt es bei K. Marx: „Es ist nicht das Bewusstsein der Menschen, das ihr Sein bestimmt, sondern umgekehrt ihr gesellschaftliches Sein, das ihr Bewusstsein bestimmt", Vorwort in: *Zur Kritik der politischen Ökonomie* (MEW 13), S. 9.

[2] Vgl. ihr Lebenszeugnis *The Secret Thoughts of an Unlikely Convert,* in dem sie davon berichtet, dass sie unter ihren LSBTTIQ-Freunden auf viele verständnisvolle und gastfreundliche Menschen traf.

Die Liebe zum edlen Menschen kann schnell in Hass umschlagen, wenn man mit Menschen konfrontiert wird, die sich der Vision eines moralrelativistischen „Paradieses" verweigern. In diesem Weltbild findet sich das Böse immer nur bei den anderen, außerhalb der eigenen Gruppe. Die Identität der Gruppe beruht wesentlich auf der Vorstellung, zur Avantgarde der Guten zu gehören und den Fortschritt zu verkörpern. Das führt zu einem enormen Sendungsbewusstsein. Schon die Kraft und der Hass, mit dem das Böse bekämpft wird, beweisen dann, „dass dieses Böse [da] draußen ist. Wir [die Guten] dürfen niemals nachlassen, sondern müssen ganz im Gegenteil unsere Anstrengungen verdoppeln und in puncto Empörung und Verunglimpfung miteinander wetteifern".[3]

So werden solche radikalen Gruppen zu Zentren und Motoren von Hass, Gewalt und neuer Ungerechtigkeit, obwohl sie von einer großen Leidenschaft für Gerechtigkeit und Gleichheit ausgegangen sind. Charles Taylor spricht vom „ausgrenzenden Humanismus" und hat das gleiche Potenzial zu beunruhigenden Umschwüngen herausgearbeitet, das auch Rosaria Butterfield erfährt, die in ihrer Zeit als lesbische Aktivistin nur Herzlichkeit und Gastfreundschaft erlebte, doch nun als Konvertitin mit abgrundtiefem Hass überzogen wird. Er beschreibt die Umschwünge als

> von der Hingabe an andere hin zu egoistischen Wohlfühlreaktionen, von einem hochfliegenden Sinn für menschliche Würde hin zu von Verachtung und Hass getriebenen Kontrollmaßnahmen, von absoluter Freiheit hin zu absolutem Despotismus, vom leidenschaftlichen Wunsch, den Unterdrückten zu helfen, hin zum glühenden Hass auf alle, die im Weg stehen. Je höher der Flug, desto tiefer der potenzielle Absturz.[4]

Taylors Analyse zeigt, wie schmal der Grat zwischen Menschenliebe und Menschenhass ist. Wir können ein und dieselbe Person einmal als freundlich-empathisch und dann wiederum als kühl ablehnend erleben, wenn sie ahnt, dass der andere die geistigen Fundamente des eigenen Daseins angreift.

Kurz gesagt: Für die Empfindlichkeit, Verbohrtheit und (bei einigen Gruppen) Gewaltbereitschaft in den geschlechterpolitischen Debatten, die sich um Lehr- und Aktionspläne drehen, ist ein Menschenbild ursächlich, das den Menschen nicht als Geschöpf und nicht als Sünder anerkennt und deshalb den Menschen verfehlt. Es wird ein idealisiertes Menschenbild

---

[3] C. Taylor, *Ein säkulares Zeitalter*, S. 1157. Ich greife hier auf Taylors Analyse zurück, auch wenn sie sich bei ihm umfassender auf den von ihm sogenannten „ausgrenzenden Humanismus" bezieht.
[4] Ebd., S. 1159.

aufgerichtet, dem viele Menschen mit ihren Lebensentscheidungen und ihren Grundüberzeugungen widersprechen. Und dieser Widerspruch wird zum Stachel, der die Leidenschaft für das Gute in Hass auf die Bösen umschlagen lässt.

Eine Anmerkung zu den möglichen psychologischen Ursachen: Die Vehemenz, mit der Generativität und Mutterrolle in den meisten Strömungen des Feminismus abgelehnt werden, legt die Frage nach möglichen biografischen Ursachen nahe. Bislang gibt es dazu jedoch nur wenige Untersuchungen, sodass es an verlässlichen Befunden mangelt. Im Blick auf amerikanische Feministinnen der zweiten Welle (also der 1970er-Jahre) konnte immerhin die Vorstellung korrigiert werden, wonach feministisch eingestellte Töchter ihr Engagement mit dem von ihren Müttern erlittenen Unrecht begründeten. Stattdessen finden sich Narrative über abwesende Mütter, über die mit einem individuell verschiedenen Maß von Bedauern, Trauer und Sehnsucht nach Anerkennung gesprochen wird.[5]

Die politisch engagierte Mutter, die ihrem Kind den Eindruck vermittelt, in diesem Kampf um die Rechte von Frauen mehr oder weniger ein Störfaktor zu sein, führt für die Tochter zur Ablehnung der Mutter. Bleibt dies unbewusst, kann nun jede Mutterschaft zur Projektionsfläche dieser „Matriphobie" werden. Es verheißt Linderung, wenn die Mutter als soziale Rolle aus dem eigenen und wenn möglich auch kollektiven Gedächtnis verbannt wird. Davon ist auch die Annahme der eigenen geschenkten weiblichen Identität betroffen, die sich weder wegoperieren noch wegtherapieren lässt und die sich von geschlechterpolitischem Aktionismus vielleicht unterdrücken, aber nicht abstreifen lässt. Die starke Präsenz von Frauen in Gruppen, die permanent ihre Geschlechtsidentität problematisieren und dekonstruieren, ist als Hinweis darauf deutbar, dass diese Frauen auf der Suche nach innerer Heimat und bedingungsloser Annahme sind. Doch für diese Sehnsucht kann ein Theoriegebäude lediglich ein Wartesaal sein.

Die öffentliche Auseinandersetzung mit der Gender-Agenda in all ihren Facetten ist unverzichtbar und muss aus guten Gründen und mit klugen Argumenten geführt werden. Doch die Verfechter kruder Theorien, die sich als Streiter für Gerechtigkeit und Freiheit sehen, werden letztlich nicht mit Argumenten gewonnen. Sie können nur heimgeliebt werden zu Gott, dem Vater, der wie eine Mutter ist, gerade auch für diejenigen, die ihre Mutter entbehrt oder nie ein positives Verhältnis zu ihr aufgebaut haben.

---

[5] Vgl. J. Stephens, *Confronting Paternal Thinking,* S. 45–59.

Die Frage ist: Finden diese Menschen in unseren Gemeinden, wenn sie diese aus welchem Grund auch immer einmal betreten, herzliche, liebevolle, vertrauenswürdige Gegenüber? Menschen, die bereit sind, sie zu umarmen, anstatt mit ihnen zu streiten? Menschen, die Gottes Geschichte mit den Menschen einladend und authentisch erzählen und dann auch noch Ablehnung ertragen können? Dabei wird es meistens nicht um große Erfolge gehen. Auf die Treue im Kleinen kommt es an.

Und auf den Ton, der die Musik macht. Das galt schon immer, es gilt aber heute mehr denn je zuvor. Stellungnahmen von Christen werden von ihren Kritikern gründlich auf Anzeichen von Häme und Arroganz abgeklopft, besonders wenn sie aus evangelikaler Ecke kommen. Das mag einseitig sein und auf der anderen Seite jede Selbstkritik vermissen lassen, aber es erinnert daran, dass wir die Maßstäbe des zivilisatorischen Anstands nicht unterbieten sollten.

In der „vergifteten" Atmosphäre vieler Gender-Debatten mag das nicht leicht sein. Doch eine differenzierte Bewertung und ein zielgerichtetes Handeln sind auch in Gender-Fragen für Christen unverzichtbar. Gerhard Schröder hat einmal vom „Aufstand der Anständigen" gesprochen, als es um Bürgerproteste gegen fremdenfeindliche Übergriffe ging. Andere haben diese Wendung dann um den „Anstand der Aufständigen" ergänzt, den es eben auch braucht. Auch ich bin überzeugt, dass beides zusammengehört, denn der Aufstand braucht Anstand, sonst wird er abstoßend. Und er braucht auch Abstand, und zwar die Fähigkeit zur kritischen Selbstprüfung wie auch die Gabe der Unterscheidung der Geister, ohne die ein Protest in die Leere geht, verbohrt wirkt oder sich blind verrennt.

Daher möchte ich in diesem letzten Kapitel einige Orientierungen und Praxishinweise zu der Frage geben: „Was können wir als Christen, als Gemeinden oder einfach als besorgte Zeitgenossen und Eltern tun?" Weil es auf diese Frage nicht die eine richtige Antwort gibt, werde ich verschiedene Lebensbereiche daraufhin befragen. Dabei bleiben diese Ausführungen Richtungsangaben, die das eigene Nachdenken und die Berücksichtigung der konkreten Situation nicht ersetzen können.

10.2 Gesellschaft und öffentlicher Raum

a) Informieren Sie sich! Wenn Sie dieses Buch durchgelesen haben, dann verfügen sie über grundlegende Informationen zum weiten Feld der Gender-Debatten. Ohne eine gewisse Klarheit, worum es geht, werden Sie kein ernst zu nehmender Gesprächspartner sein. Sie müssen nicht alle Verästelungen der Theoriediskussion und der Praxiskonzeption kennen, doch Sie sollten verstanden haben, wohin die Reise geht, wie die Grundentscheidungen aussehen und wer die maßgeblichen Akteure sind. Bleiben Sie nicht allein. Besuchen Sie Informationsveranstaltungen zum Thema – wenn die Zeit es erlaubt, auch Veranstaltungen konträrer Akteure. So hören Sie die Argumente beider Seiten aus erster Hand und können sich ein eigenes, begründetes Urteil bilden.[6] Kürzer und bequemer ist freilich der Weg über Autoren oder Redner, denen Sie vertrauen und deren Urteil Sie zu folgen bereit sind.

b) Engagieren Sie sich! Viele evangelikale Christen beschränken sich darauf, sich in ihrer Gemeinde zu engagieren. Die Wertschätzung von Gemeinde, die darin zum Ausdruck kommt, ist anerkennenswert. Aber es hilft nicht weiter, über die böse Welt zu klagen, wenn wir uns aus ihr zurückziehen. Es gibt viele Möglichkeiten, sich ehrenamtlich in Parteien, Vereinen und Aktionsgruppen zu betätigen. Wenn Sie nach einer Partei oder Initiative suchen, die exakt Ihre eigene Position vertritt, werden Sie wahrscheinlich vergeblich suchen. Was den Schutz von Ehe und Familie angeht sowie die Bereitschaft, das Kindeswohl vor die Selbstentfaltungsansprüche von Eltern zu stellen, gibt es kaum noch politische Programme und Angebote, die von christlichen Grundüberzeugungen her vollumfänglich bejaht werden können (ohne durch fremdenfeindliche Passagen wieder „neutralisiert" zu werden). Auch bei gender-kritischen Initiativen lassen sich bei genauem Hinschauen Aussagen und Aktionen finden, die nicht überzeugen.[7] Doch die Teilnahme an Demonstrationen wie der „Demo für alle"[8], das Abfassen von Stellungnahmen und Leserbriefen (auch Posts in den sozialen Medien) oder das Unterzeichnen von Petitionen sollten in ihrer Wirksamkeit nicht unterschätzt werden. Zudem sind Bürgerrechte in dem Maße gefährdet, wie sie nicht in Anspruch genommen werden.

---

[6] Meine Überzeugung, dass die Infragestellung der menschlichen Zweigeschlechtlichkeit nicht einleuchtet, hat sich z.B. maßgeblich durch peinlich zu nennende Vorträge und Debattenbeiträge von ausgewiesenen Gender-Akteuren verfestigt.

[7] So hat die Initiative *Familien-Schutz* einige begrüßenswerte Aktionen angestoßen, war aber schlecht beraten, ein gender-kritisches Faltblatt mit dem Titel zu versehen: „Ein Fisch ist kein Fahrrad und eine Frau ist kein Mann" (vgl. *Faltblatt gegen Gender und Frühsexualisierung*). Hier sind grundlegende Kategorien verrutscht, denn Mann und Frau sind als Personen in dialogischer Polarität aufeinander hin geordnet und sich von daher wesensmäßig niemals so fremd wie das Lebewesen Fisch und das Ding Fahrrad.

[8] www.demofueralle.de.

10.3 Familie und persönliches Umfeld

Die Bedeutung, die der Familie für die Ausbildung eines gesunden Urvertrauens, die Entwicklung persönlicher Reife und die Übernahme von Verantwortung für das eigene Leben zukommt, kann kaum hoch genug angesetzt werden. Daher hätten die nachfolgenden Hinweise eigentlich jeder für sich eine eingehendere Behandlung verdient. Versuchen wir uns aber wenigstens an einer groben Richtungsangabe.

a) Begleiten Sie Ihre Kinder liebevoll und achtsam auf den ersten Etappen ihrer Lebensreise hin zu einer gefestigten sexuellen Identität. Widerstehen Sie den Einflüsterungen des Zeitgeistes, wonach heute Eltern weithin nicht mehr in der Lage seien, ihre Kinder zu erziehen. Sie müssen nicht zum „Erziehungsprofi" werden, der im Lichte der neuesten Ratgeberliteratur das Verhältnis zum Kind reflektiert. Leben Sie einfach als Eltern Ihre Beziehung zum Kind, das liebevolle Zuwendung ebenso braucht wie Grenzziehungen. Vertrauen Sie darauf, dass das Kind als Junge oder Mädchen persönliche Spielvorlieben und Verhaltensweisen ausbildet, und gehen Sie positiv darauf ein.

Eltern sollten unterscheiden können zwischen geschlechtsuntypischem Spielverhalten (wie z.B. ein Faible von Mädchen für Fußball und Computerspiele, das an sich kein Anlass zur Sorge ist) und einem sich immer deutlicher abzeichnenden zwanghaften Verhalten, das ein Problem mit der vom biologischen Geschlecht aufgegebenen Geschlechtsidentität anzeigt (z.B. bei einem Jungen dauerhaftes Bestehen darauf, Mädchenkleidung zu tragen, sich zu schminken und vor der Pubertät nur mit Mädchen befreundet zu sein). In solchen (seltenen) Fällen sollten Eltern Rat und Hilfe in Anspruch nehmen, denn es gibt Anzeichen dafür, dass das eigene Geschlecht, das dem Kind fremd bleibt, dann in der Pubertät erotisiert wird.[9] Vor allem aber ist es wichtig, dem Kind ein familiäres Umfeld zu vermitteln, in dem es in dieser persönlichen Entwicklung liebevolle Annahme erfährt und nicht auf seine Besonderheit in der Sexualentwicklung reduziert wird.

b) Sprechen Sie respektvoll über Menschen, die sich zu einer abweichenden Ausprägung ihrer sexuellen Identität bekennen. Pflegen Sie zu Hause eine vertrauensvolle, ehrliche und taktvolle Gesprächskultur und Umgangsweise. Kinder lernen als Erstes zu Hause, wie über Transgender und Homosexuelle gesprochen und geurteilt wird. Im vertrauten Familienkreis erfahren sie am ehesten, was die Eltern wirklich denken. Sie sollten frühzeitig lernen, dass Christen sich gegenüber Menschen, die anders sind

---

[9] Vgl. dazu die Untersuchungen von D. J. Bem, „The Exotic-Becomes-Erotic Theory of Sexual Orientation".

(aus welchem Grund auch immer), keiner abfälligen Sprache oder zweifelhafter Witze bedienen. Tut sich in diesem Bereich eine Schere auf zwischen dem, wie die Eltern in der Familie reden, und dem, was sie in der Gemeinde, im Bekanntenkreis oder im Betrieb sagen, kann dies zu einem erheblichen Vertrauensverlust bei den Kindern führen oder andererseits zur Nachahmung solch doppelbödigen Verhaltens animieren.

Wie reagieren Sie, wenn Ihr pubertierender Jugendliche Sie fragt: „Was würdet ihr machen, wenn ich mich als schwul oder transsexuell oute?" Eltern sollten in der Lage sein, auf diese Frage so zu antworten, dass kein Zweifel an ihrer Liebe aufkommt, aber zugleich auch deutlich wird, dass Gottes Liebe jeden Menschen über Bitten und Verstehen hinaus verändern kann.

c) Vertrauen Sie den Entscheidungen Ihrer Kinder. Bleiben Sie in Beziehung, auch wenn die Kinder ihre eigenen Wege gehen. Kinder müssen selbstständig werden. Eltern begleiten Berufs- und Partnerwahlentscheidungen berechtigterweise mit erhöhter Aufmerksamkeit. Sie haben ihren Kindern, wenn es gut läuft, vermitteln können, dass der geteilte und miteinander gelebte Glaube ein gutes Fundament für das Leben in Ehe und Familie ist, sodass diese Überzeugung in der Partnerwahl berücksichtigt wird. Die Kinder haben ihre eigenen Neigungen und Talente entdecken und entfalten dürfen. Sie sollten kaum noch erleben, dass ihr Geschlecht bestimmte Laufbahnentscheidungen prinzipiell vorherbestimmt oder ausschließt. Gut qualifiziert und auf dem Arbeitsmarkt gefragt, wie Frauen und Männer heute sind, werden sie sich spätestens mit einer Familiengründung der Herausforderung stellen müssen, die Erwartungen an das Familienleben und im Berufsalltag miteinander zu vereinbaren.

Wer sich davon frei gemacht hat, im Leben alles (und zwar sofort) erreichen zu müssen, dem wird es leichter fallen, zugunsten der Pflege von Partnerschaft und Familie finanzielle oder berufliche Einbußen hinzunehmen. In dieser Lebensphase werden junge Familien in der Regel dankbar sein, auf die größeren familiären Netzwerke zurückgreifen zu können. Spätestens jetzt werden sie sich auch mit den Biografien ihrer Eltern auseinandersetzen und herausfinden, was daran für sie Vorbildcharakter hat. Und dann ihre eigenen Entscheidungen treffen und zunehmend Verantwortung für ihr Leben übernehmen.

10.4 Arbeitswelt

Nicht jeder hat die Möglichkeit, selbst auf ein familienfreundliches Arbeitsumfeld hinzuwirken. Das Maß an Führungsverantwortung spielt hier sicher eine Rolle. Außerdem gestalten sich die Arbeitsbedingungen je nach Branche sehr unterschiedlich. Dennoch möchte ich einige Hinweise dazu geben, welche Argumente von Bedeutung sein können und welche Verhaltensweisen weiterhelfen, wenn die eigene Meinung gefragt ist oder die Stimme bei betrieblichen Entscheidungen erhoben werden kann.

a) Ohne Werte geht es nicht. Obwohl die Stimmung in vielen Unternehmen es kaum vermuten lässt, gibt es einflussreiche Unternehmensberatungen und Unternehmerinitiativen, die betonen, dass ein Unternehmen sich nicht allein anhand von Renditezielen führen lässt.[10] Mitarbeiterführung setzt eine Wertematrix voraus, die allerdings im unternehmerischen Alltag nur selten zur Sprache kommt. Auch wenn die Praxis oft hinter dem selbst gesteckten Anspruch zurückbleibt, nennen viele Führungskräfte Familie und Partnerschaft als oberste Priorität.[11] Solche Anknüpfungspunkte sollten wahrgenommen, verstärkt und für unternehmerische Entscheidungen fruchtbar gemacht werden.

b) Familienfreundlichkeit zahlt sich aus. Unternehmen müssen auch bei anerkannter Werteorientierung der Logik einer Marktökonomie folgen. Deshalb wird die Frage aufkommen, was Familienfreundlichkeit dem Unternehmen einbringt. Aus der Wirtschaft kommende Autoren geben zahlreiche ökonomische Vorteile an.[12] So heißt es etwa in *Familie und Beruf,* dass sich Familienfreundlichkeit für ein Unternehmen auszahlt,

- „weil zufriedene Eltern in Unternehmen besser, motivierter, produktiver und konzentrierter arbeiten;
- weil Mütter und Väter in der Familie wichtige organisatorische und soziale Fähigkeiten auch für den Beruf erwerben;
- weil durch Familienfreundlichkeit gute Arbeitskräfte für Unternehmen gewonnen und im Unternehmen gehalten werden können;
- weil Unternehmen durch familienfreundliche Maßnahmen Vorteile und Innovationen erreichen können;
- weil familienfreundliche Unternehmer als attraktive und verantwortungsvolle Arbeitgeber wahrgenommen werden;
- weil Kinder die beste Investition in die Zukunft sind – für alle".[13]

---

10 Ich nenne exemplarisch die *Initiative Wert Bewusste Führung,* die jährliche Führungskräftebefragungen durchführt; www.wertekommission.de. Vgl. auch S. Holthaus, *Mit Werten führen.*
11 Vgl. B. Müller-Urlaub (Hg.), *Die Rendite-Revolution,* S. 19.
12 Vgl. U. Lange, *Erfolgsfaktor Beruf & Familienmanagement.*
13 M. Ochs/R. Orban, *Familie und Beruf,* S. 29.

c) Vielfalt wertschätzen und dabei Vernunft bewahren. In vielen Wirtschaftsunternehmen ist kaum von Gender-Mainstreaming die Rede, das seinen Stammplatz eher in öffentlichen Verwaltungen hat. Umso mehr wird von „Diversity-Management" gesprochen. Vielen Christen kommt auch dieser Begriff verdächtig vor, weil er in politisch motivierten Publikationen und Werbeaktionen auffallend stark für die positive Bewertung *sexueller* Vielfalt verwendet wird.

Doch in der betriebswirtschaftlichen Diskussion findet sich die Verengung auf dieses Personenmerkmal meiner Beobachtung nach deutlich seltener. Hier geht es grundsätzlicher um die Einsicht, dass es in Unternehmen Normalitätskulturen gibt, die zwar das Selbstwert- und Zugehörigkeitsgefühl derjenigen stärken, die „dazugehören", aber gleichzeitig solchen Mitarbeitern, die aufgrund ihrer Herkunft, ihres Alters, ihrer Religion oder auch ihres Geschlechts nicht dazugehören, den gleichberechtigten Zugang zu allen Ressourcen (z.B. Führungsaufgaben) verbauen, sodass diese ihr Potenzial nicht voll ausschöpfen können. So wird der in einer Vielfalt liegende Mehrwert nicht adäquat genutzt.[14]

Allerdings ist „Vielfalt" nicht schon an sich wertschöpfend, sondern wird es erst durch Kooperation – also durch den Austausch der Gaben und Talente, über die Menschen in je einzigartiger Weise verfügen. Wenn „Diversity" nicht von bestimmten Minderheiten als ideologische Speerspitze instrumentalisiert wird, sondern als der Nährboden fruchtbarer Zusammenarbeit gedacht wird, dann kann Diversity-Management durchaus ein hilfreiches unternehmerisches Steuerungselement sein, weil es dazu beiträgt, dass Menschen verschiedener Kulturen und Lebensalter aus unterschiedlichen Perspektiven auf dasselbe Problem schauen und damit die Chancen für eine Lösung erhöhen.

d) Chancen- statt Ergebnisgleichheit fördern. Frauen sollten in unternehmerischen Kontexten ihre Persönlichkeit genauso entfalten können, wie Männer das ganz selbstverständlich für sich in Anspruch nehmen. Die hinter dem Anspruch der Geschlechtergerechtigkeit stehende Logik, dass Frauen *per se* das benachteiligte Geschlecht sind, führt sich allerdings in der Praxis *ad absurdum* und wird uns in der Zukunft weitere rechtliche Auseinandersetzungen bescheren.[15] Christen sollten positiv dadurch in Erscheinung treten, dass sie Menschen Chancen eröffnen, die von anderen

---

14 Vgl. P. Döge, *Von der Antidiskriminierung zum Diversity-Management.*
15 So beabsichtigt das Land Nordrhein-Westfalen, Frauen im öffentlichen Dienst schon bei „wesentlich" *gleicher* Eignung bei der Beförderung vorzuziehen. Die alleinstehende Frau ohne Kind (so das Beispiel im WDR) kann dann selbst bei etwas

ausgegrenzt oder gering geachtet werden, und damit die fragwürdige Ergebnisgleichheit von einem positiven Ansatz der Chancengleichheit her infrage stellen.

10.5 Schule und Ausbildung

In der Schule sind die Zeiten längst vorbei, in denen über die Sinnhaftigkeit von „Girls'Days" gestritten wurde. Diese Möglichkeit, in Berufsfelder hineinzuschnuppern, wird gerne von den Schülerinnen in Anspruch genommen – bevor sie dann doch weithin geschlechtertypische Berufslaufbahnen wählen. Während im Gender-Mainstreaming der ersten Stufe (vgl. Kap. 2) immer noch diskutiert wird, warum der Anteil von Grundschullehrerinnen immer noch weiter steigt und die Geschlechtergerechtigkeit (gemessen an der Logik gewünschter Ergebnisgleichheit) sich einfach nicht einstellen mag, will sich die postmoderne Sexualpädagogik gerade von diesen biologischen Kategorien verabschieden. Abgesehen von den universitären Gender-Instituten haben sich radikal-konstruktivistische Gendertheorien in keinem anderen Bereich der Gesellschaft so breit gemacht wie in den Bildungs- und Lehrplänen der Bundesländer (vgl. 5.1).

Als in Baden-Württemberg die Lehrpläne eingeführt werden sollten, in denen die Erziehung zur Akzeptanz sexueller Vielfalt zur Querschnittsaufgabe aller Fächer erklärt wird, gab es starken öffentlichen Protest mit vielen Demonstrationen. Das Ergebnis war, dass immerhin einige Korrekturen vorgenommen wurden, während die Umstellung der Lehrpläne in anderen Bundesländern nahezu geräuschlos erfolgte. Nun ist die „Sexualpädagogik der Vielfalt" (vgl. 5.1) in unseren Schulen angekommen. Was kann man also tun?

a) Informieren Sie sich über die Rechte der Eltern, die sowohl grundgesetzlich als auch (mindestens der Form nach) in den Schulgesetzen der Bundesländer weiterhin verankert sind.[16] Ein Lehrplan hebt keine Gesetze auf und ist selbst auch kein Gesetz. Verweisen Sie bei Elternabenden oder

---

schlechteren Noten dem Mann mit Kindern vorgezogen werden; und dass die Landesregierung das Gesetz in diesem Sinne anzuwenden gedenkt, hat sie mit dem Hinweis auf die gebotene Frauenförderung hinreichend deutlich gemacht. Sowohl im Ausland als auch in Deutschland gab es erste Klagen von männlichen Bewerbern, die bei gleicher Qualifikation einer Bewerberin unterlagen, obwohl in der Abteilung bereits mehrheitlich Frauen beschäftigt sind. Allerdings ist eine ungerechtfertigte Diskriminierung im Einzelfall nur schwer nachzuweisen, sodass das Beschreiten des Rechtswegs wenig aussichtsreich erscheint.

[16] Für die diesbezüglichen Bestimmungen des Grundgesetzes vgl. C. Hillgruber, „Verfassungsrechtliche Grenzen der Sexualpädagogik in der staatlichen Schule".

anderen Gelegenheiten darauf. Zeigen Sie sich informiert – die wenigsten sind es. Gründen Sie Elterninitiativen und engagieren Sie sich. In Frankreich haben v.a. Elterninitiativen verhindert, dass die verordnete Gender-Lehre auf Schulebene ihre volle Wirkung entfalten konnte.

Bringen Sie sich in die inhaltlichen Ausgestaltungsprozesse ein und legen Sie Ihre Meinung gegenüber Lehrern und Schulleitung dar.[17] Schulleitungen und Fachlehrer haben eine gewisse Freiheit in der Auswahl der Schulbücher. Drängen Sie darauf, dass bei der Auswahl der Lehrmittel nach wissenschaftlichen und pädagogischen Kriterien entschieden wird. Nikolaus Franke schreibt: „Eltern haben die Möglichkeit, hier die Schulleitungen zu bitten, ungeeignete Inhalte den Verlagen und Kultusbehörden zurückzumelden."[18] Insbesondere Verlage haben ein (wirtschaftliches) Interesse, dass ihre Bücher empfohlen und verwendet werden. Manche Lehrpersonen sind auch dankbar für gute (werteorientierte) Literatur oder didaktische Mittel, auch wenn diese, weil nicht vom Land gelistet, nicht als Lehrmittel im engeren Sinne gelten können.[19] Wenden Sie sich an das Lehrpersonal in verbindlicher, aber freundlicher Weise. Kommunizieren Sie in „Ich-Botschaften" wie z.B. „Es bereitet mir Sorge, dass ...". Fragen Sie, wie es dem Lehrer bzw. der Lehrerin persönlich mit diesen Entwicklungen geht, wie sie z.B. als Mutter bzw. Vater darüber denkt bzw. vielleicht denken würde.

b) Drängen Sie darauf, dass die Schule nicht instrumentalisiert wird.
Reagieren Sie kritisch darauf, wenn Sie feststellen, dass die Lieblingsthemen sexueller Minderheiten in Diktaten, angewandten Mathematikaufgaben oder Fremdsprachenvermittlung auftauchen (also zum „Querschnittsthema" gemacht werden). Schule hat einen Bildungsauftrag in einer pluralen Gesellschaft zu erfüllen und darf sich nicht zum Erfüllungsgehilfen von einzelnen Interessengruppen machen lassen, die allein die Grenzen der Toleranz zu definieren beanspruchen. Gegenüber Lehrern, die ihre eigene sexuelle Orientierung stark thematisieren, um dem Vielfaltsaspekt Nachdruck zu verleihen, bestehen Sie auf die pädagogisch gebotene professionelle Distanz. Protestieren Sie, wenn Sie erfahren, dass externe „Sexualpädagogen" eingeladen werden und die Lehrperson nicht anwesend sein soll. Letzteres ist in allen Bundesländern ein Verstoß gegen die in den Schulgesetzen aufgetragene Aufsichtspflicht des Lehrers. Da vieles nicht

---

[17] Wichtige Anregungen für die folgenden Absätze verdanke ich N. Franke, *Sexuelle Vielfalt im Unterricht?*, S. 18 ff.
[18] Ebd., S. 18.
[19] Z.B. T. Freitag, *Fit for Love?*.

Schule und Ausbildung 195

im Detail angekündigt wird, fragen Sie nach, wie die Sexualaufklärung ablaufen soll. In den meisten Bundesländern ist vorgeschrieben, dass der Sexualkundeunterricht einer schriftlichen Vorabinformation der Eltern seitens der Schule bedarf und/oder der Unterricht im Rahmen eines Elternabends vorgestellt wird. Sie sollten an diesem Abend nicht fehlen!

Eine Abmeldung Ihres Kindes vom Sexualkundeunterricht ist nicht möglich. Wenn Ihnen wichtig ist, dass Ihr Kind unter keinen Umständen in Kontakt mit der staatlichen Sexualerziehung kommen soll, müssen Sie sich von vornherein für eine (z.B. evangelikale) bekenntnisgebundene Schule entscheiden. In staatlichen Schulen können Sie versuchen zu erreichen, dass Sie als Eltern hospitieren dürfen. Einen Rechtsanspruch darauf gibt es aber nicht. Ihren Wunsch müssen Sie *pädagogisch* begründen; weltanschauliche Aspekte dürften kaum akzeptiert werden. Argwohn werden Sie allerdings vermutlich auch so wecken.

c) Bleiben Sie mit Ihren Kindern im Gespräch. Was auch immer in der Schule gut oder schlecht laufen sollte, bleiben Sie als Eltern mit Ihren Kindern im Gespräch. Lassen Sie sich erzählen, was in Sexualkunde besprochen wurde und wie die Inhalte vermittelt wurden. Schauen Sie sich die Lehrmaterialien an. Sprechen Sie in der Schule oder der Schulverwaltung vor, wenn Absprachen nicht eingehalten wurden. Anders als LSBTTIQ-Gruppen haben Schulleitungen und Verwaltungen in der Regel kein Interesse daran, dass die Thematik der Sexualkunde für Unruhe sorgt oder die Schule gar in den Ruf gerät, in dieser Hinsicht ein extremes Profil zu haben.

Die Vorbehalte gegen die Sexualpädagogik der Vielfalt gehen deutlich über das Milieu evangelikaler Christen hinaus. In Zeiten grassierender Internetpornografie, Skandalen um kinderpornografische Nutzer oder der Aufarbeitung früherer pädophiler Übergriffe sind, wie ein Experte es ausdrückte, „viele Eltern [...] in der Sexualität sehr weltanschaulich unterwegs".[20] Man könnte auch sagen: Viele Eltern, gerade auch muslimische, sind im Blick auf ihre Kinder sehr besorgt – mit Recht, wie dieses Buch zu zeigen versucht. Vor allem aber: Überlassen Sie die Aufklärung nicht der Schule, sondern klären Sie selbst Ihre Kinder altersgemäß und werteorientiert über Liebe, Sexualität und Familie auf.[21] Was Sie Ihrem Kind in einem vertrauensvollen Rahmen mitgeben, kann ihm niemand mehr nehmen.

---

[20] So drückt es Eckhard Schroll aus, Abteilungsleiter Sexualaufklärung bei der Bundeszentrale für gesundheitliche Aufklärung; in: T. Vitzhum, „Sexualkunde".
[21] Für Vorschulkinder zu empfehlen ist: M. Doney/N. Butterworth/M. Inkpen, *Mama, Papa und ich*; für Grundschulkinder: M. Furian, *Das Buch vom Liebhaben*.

10.6 Akademischer Bereich

Auch an Universitäten ist die radikale Gender-Agenda auf dem Vormarsch. Während ein konstruktivistisches Verständnis vom Menschen in einigen Fachbereichen (wie den Sozialwissenschaften) schneller, in anderen (wie den Naturwissenschaften) kaum wirksam Einzug hält, verändert sich doch die allgemeine Atmosphäre. Denn überall machen Uniwerwaltungen, häufig in Gestalt der Gleichstellungsbeauftragten oder der Antidiskriminierungsstelle, „speech codes" und Verhaltenskodizes verbindlich, die festlegen, was als diskriminierend, homophob etc. gilt.

Spektakulär ist der Fall der Universität in Leipzig, an der nun alle Professoren den Titel „Professorin" führen müssen. Die meisten werden darüber vermutlich eher lächeln, zumal der Titel normalerweise ohnehin mit „Prof." abgekürzt wird und sie zudem als Beamte auf Lebenszeit keine Kündigung befürchten müssen, wenn sie sich der Verwendung der weiblichen Form verweigern.

Doch für Studenten, die sich der Verstümmelung der Sprache (vgl. 5.3) verweigern, stellen sich existenzielle Fragen. An einigen Hochschulen werden Hausarbeiten mit Notenabzug versehen, wenn nicht der Unterstrich (Mitarbeiter_innen) oder Ähnliches auch die Zwischengeschlechtlichkeit sichtbar macht. Die Ankündigung per Fußnote, dass im Folgenden die männliche Form alle Geschlechter einschließt, ist an manchen Fachbereichen einiger Universitäten bereits ausdrücklich verboten. Was kann man tun?

a) Prüfen Sie die juristische Sachlage. Wo derlei geschieht, sollte man recherchieren, welche Rechtsbindung solche Vorschriften haben. Oft wirken sie vor allem aufgrund ihrer (moralischen) Appellstruktur, während die Universität offiziell gar keine rechtsverbindlichen Bestimmungen erlassen hat. Gleichstellungs- und Antidiskriminierungsbeauftragte sind häufig sehr produktiv, was solche Texte angeht, die moralischen Druck erzeugen sollen. In der Rechtsabteilung der Hochschule erfährt man in der Regel, ob z.B. ein Notenabzug für Nichteinhaltung einer verordneten Sprachnorm gerechtfertigt ist.[22]

b) Plädieren Sie für einen Raum der Diskussionsfreiheit. Bei aller Unterschiedlichkeit der Hochschulen und Studiengänge: Gegenüber geschlechterpolitisch motivierten Versuchen, die Hochschule zu einem Raum

---

[22] Dass dies an der Technischen Universität nicht der Fall ist, erfuhr z.B. der Student Sebastian Zidek; vgl. M. Müller, „Student für Kampf gegen Gender-Sprache ausgezeichnet".

zu machen, in dem niemand in seiner sexuellen Befindlichkeit gestört oder infrage gestellt wird, sind Hochschulen und Universitäten als öffentliche Räume des freien Diskurses zu verteidigen. Viele Christen erleben, während des Studiums in ihren Grundüberzeugungen massiv infrage gestellt zu werden, und reifen (hoffentlich) an den damit verbundenen Herausforderungen. Es ist nicht einzusehen, warum die sexuelle Identität oder geschlechtliche Orientierung vom Diskurs ausgenommen und von jeder Infragestellung freigehalten werden sollte.

10.7 Kirchen und Gemeinden

Christliche Kirchen sind erfahrungsgemäß betont familienfreundlich. Daher werden sie dem Plädoyer für ein „Familien-Mainstreaming" in der Gesellschaft vermutlich gerne zustimmen. Insbesondere für evangelikale Gemeinden liegen die Herausforderungen in einer etwas anderen Richtung.

a) Hinterfragen Sie die christlichen Gemeinden. Angezeigt sind erstens Selbstprüfung und Buße. Christen und Gemeinden haben die jeweils vorherrschenden gesellschaftlichen (bürgerlichen) Normen unkritisch als gut evangelisch übernommen und sind den Reformen (die heute vielen Christen als selbstverständlich gelten) früher skeptisch bis ablehnend begegnet. Die Frage lautet also auch heute: Wo zementieren wir tradierte Geschlechterverhältnisse, nicht weil sie in der von Gott gestifteten geschöpflichen Ordnung begründet sind, sondern weil wir uns in ihnen eingerichtet haben und Veränderung uns verunsichert? Wo werden theologische Argumente zur Absicherung bestimmter Machtverhältnisse oder Einflusssphären instrumentalisiert?

Das kann schnell geschehen, wenn christliche Leiter, die von ihrem Charakter her gerne Macht über andere Menschen ausüben, sich mit Verweis auf die Bibel gegen Kritik immunisieren wollen oder wenn Entscheidungen zwar in gewählten Gemeindegremien diskutiert und formal beschlossen, tatsächlich aber in Hinterzimmergesprächen abgesegnet werden, bei denen faktisch die „richtige" Familienzugehörigkeit oder das Geschlecht ausschlaggebend ist.

b) Hinterfragen Sie sich selbst. Weiter gefragt: Wo war oder ist unser Leben in Ehe, Familie oder Singlesein nicht Zeugnis des Evangeliums von Jesus Christus, sondern eher Zeugnis unseres Durchsetzungswillens? Wo legen wir Menschen stereotyp auf eine Rolle fest, ohne ihre Einzigartigkeit in den Augen Gottes zu sehen? Christen sollten diesen Fragen nicht aus dem Weg gehen, auch wenn die Selbstkritik uns vordergründig in der Auseinandersetzung zu schwächen scheint. Die Freiheit, füreinander einzustehen, erwächst nach christlicher Überzeugung aus der Offenheit für Gottes Reden, das ermutigt, aber auch zur Umkehr ruft.

c) Seien Sie ein Vorbild. Der Beruf des Pastors/Pfarrers ist ebenso wie der Dienst anderer hauptamtlicher Gemeindemitarbeiter immer auch Berufung. Ihr Dienstauftrag bringt es mit sich, dass sich berufliche und familiäre Sphäre nicht vollständig voneinander trennen lassen.[23] Umso wichtiger ist es, dass die Gemeinde und ihre angestellten Dienstträger miteinander Wege entwickeln, die es z.B. einem Pastor ermöglichen, das von ihm gepredigte Ethos familiären Lebens auch selbst zu leben. Leitungsverantwortliche sind in besonderer Weise gefordert, ein gesundes Maß an Selbstsorge zu pflegen. Gleichzeitig ist die Leidenschaft für das Evangelium und für die Menschen, die dieses Wort brauchen, nicht teilbar, sie ist kein Raum im Leben des Pastors, der sich zeitweilig abschließen lässt, sondern ein Feuer, das auch dann brennt, wenn man nicht „im Dienst" ist. In dieser ungeteilten Hingabe sind diejenigen, die der Gemeinde vorstehen, ihr von Paulus als Vorbilder hingestellt (1Thess 5,12).

c) Bringen Sie Frauen die gleiche Wertschätzung entgegen wie Männern. Besonders in evangelikalen Gemeinden und bei Mitgliedern in der römisch-katholischen Kirche gibt es unterschiedliche Auffassungen, in welchem Umfang und welcher Weise das Neue Testament den Dienst von Frauen in der Gemeindeleitung und Verkündigung gestattet. Diese Diskussionen sollten nicht den Blick für die generelle Wertschätzung gegenüber Frauen verstellen, die sich übrigens nicht schon an der Pro- oder Kontraposition zu dieser Frage ablesen lässt.

Für das alltägliche Gemeindeleben ist es wichtig und heilsam, sich gelegentlich einmal diese Fragen zu stellen: Erfahren bei uns die Dienste, die vorrangig von Frauen ausgeübt werden, das gleiche Maß an Wertschätzung wie Aufgaben, die mehrheitlich Männer ausüben? Kann sich die Vielfalt an Begabungen entfalten, die in der Gemeinde vorhanden sind, oder erleben sich Männer oder Frauen auf angeblich biblische Geschlechterstereotype festgelegt? Dazu reicht der Blick auf die Geschlechterverteilung in den einzelnen Dienstbereichen nicht aus, denn in den wenigsten Entscheidungen, die wir treffen, ist die Geschlechtszugehörigkeit *allein* relevant. Wichtiger sind Gemeindeprozesse, in denen es überhaupt möglich wird, die Vielfalt der Altersgruppen, der sozialen Schichten, der Lebensformen und des Geschlechts als Gabe und Aufgabe wahr- und anzunehmen.

---

[23] Dies gilt räumlich verstärkt, wenn der Pastor im bzw. am Gemeindehaus wohnt.

*d) **Integrieren Sie Singles**.* Die starke Fokussierung auf die Familie hat viele Christen einsam werden lassen, die – in der Regel zumindest anfangs ungewollt – Singles sind und bleiben (vgl. 7.6). Oft erleben sie Gemeinden so, dass der Ledigenstand als eine Lebensgestalt zweiter Klasse gilt und höchstens als Übergangsstadium auf dem Weg in die Ehe gesehen wird. Der wachsende Erwartungsdruck an das, was als gutes Leben verstanden wird, macht die Wahrscheinlichkeit nicht unbedingt größer, eine eigene Familie zu gründen. In unseren Gemeinden sind viele Ledige nicht Singles aus Überzeugung, sondern weil sie nicht den Partner gefunden haben, mit dem sie sich ein gemeinsames Leben vorstellen konnten. Der deutliche Überhang an Frauen (oder andersherum gesagt: der bedrückende Mangel an Männern) in den Gemeinden trägt dazu bei, zumal wenn diese sich einen ebenfalls gläubigen Partner wünschen.

Nach dem Zeugnis des Neuen Testaments sind Ehe- und Ledigenstand zwei dem Evangelium gemäße Lebensformen (vgl. 1Kor 7,7), die beide sich ergänzenden Zeichencharakter haben. Ehen, die dafür offen sind, sich zur Familie zu erweitern, bezeugen, dass Gott der Herr der Geschichte ist und man die Zukunft nicht zu fürchten braucht. Sie widersprechen damit der Vorstellung, dass man in diese Welt doch keine Kinder setzen könne. Singles bezeugen dagegen mit ihrer enthaltsamen Lebensführung, dass Jesus Christus der Herr und Bräutigam ist, der sich die Gemeinde zur Braut erwählt hat (Offb 19,7). Ihr Leben steht zeichenhaft für den Horizont des Reiches Gottes, in dem Mann und Frau ohne Ehepartner, aber Christus, das Haupt, nicht ohne seinen Leib, die Gemeinde, sein kann (Kol 1,18). So hat die vertrauensvolle Bindung an Gott Vorrang vor allen anderen Bindungen, die Menschen auf der Erde eingehen. Von daher sollten Gemeinden auch ein Raum versöhnter Beziehungen zwischen Verheirateten und Unverheirateten sein und ebenso zwischen Familien und Kinderlosen.

Nach meinem Eindruck entsteht ein solcher Raum nicht primär durch Programme, bei denen über „Events" versucht wird, die verschiedenen Gruppen und ihre Bedürfnisse in Kontakt miteinander zu bringen. Gemeindefreizeiten haben sich als Format bewährt, doch nachhaltiger ist eine durch Lehre und Seelsorge gewachsene Haltung gegenseitiger Achtsamkeit. Wo Singles in den Alltag von Gemeindefamilien hineingenommen werden (z.B. durch eine Einladung zum Essen oder zum gemeinsamen Urlaub) und diese umgekehrt Hilfe von Singles erfahren, die ihnen punktuell (wie beim Babysitting) oder längerfristig (wie bei einer Patenschaft) angeboten wird, ist es möglich, die je eigene Lebensform als das zu begreifen, was Paulus in ihr sieht: eine Gnadengabe Gottes (1Kor 7,7).

e) Heißen Sie Menschen mit abweichender Sexualität willkommen.
Keine noch so rechtgläubige Theologie kommt an der Tatsache vorbei, dass es Menschen gibt (auch in unseren Gemeinden!), die sich in die Schöpfungsgabe heterosexueller Zweigeschlechtlichkeit nicht einfinden können. Viele von ihnen bezeugen, dass sie sich ihre sexuelle Orientierung nicht ausgesucht haben. Selbst unter denen, die eine Veränderung anstreben, gibt es die Erfahrung, dass sich ihre Neigung einer Neuorientierung widersetzt. Daher steht es christlichen Gemeinden gut an, diese Menschen als von Gott geliebt zu achten, ihnen Heimat zu geben und sie auf ihrem von besonderen Herausforderungen gezeichneten Weg zu begleiten.[24] Weil die Liebe die Wahrheit des Evangeliums nicht preisgibt – dann wäre sie zumindest nicht Agape-Liebe –, sondern sich an ihr freut (1Kor 13,6), darum können Wahrheit und Liebe im Leben der Gemeinde miteinander bestehen.

Von Gender-Mainstreaming der ersten Stufe bis zur Akzeptanz sexueller Vielfalt – ein weites Feld; unübersichtlich, dunkel, voller Berge und Täler. Lassen wir uns nicht von Ängsten steuern; verfallen wir nicht in Strategien, uns gegen das immun zu machen, was in der Gesellschaft geschieht. Erliegen wir aber auch nicht unkritisch dem Zeitgeist, der uns suggeriert, dass alles andere „intolerant" und damit lieblos wäre. So steht am Schluss die apostolische Weisung: „Prüfet alles, und das Gute behaltet" (1Thess 5,21).

---

[24] Was dies z.B. im Blick auf homosexuell empfindende Menschen praktisch bedeuten kann, ist in einer Stellungnahme der Britischen Evangelischen Allianz ausgearbeitet: A. Goddard/D. Horrocks (Hg.), *Homosexualität*.

Literaturverzeichnis

Abbott, Douglas A., "Do Lesbian Couples Make Better Parents than Heterosexual Couples?", in: *International Journal of Humanities and Social Sciences,* Bd. 2.13 (2012), S. 30–46.

Ahnert, Lieselotte, *Wieviel Mutter braucht ein Kind? Bindung – Bildung – Betreuung: öffentlich und privat* (Spektrum-Akademischer-Verlag-Sachbuch), Heidelberg 2010 (Spektrum).

Alberta Education (Hg.), *Guidelines for Best Practises. Creating Learning Enviroments that Respect Diverse Sexual Orientations, Gender Identities and Gender Expressions,* 2016, zu finden unter https://education.alberta.ca/media/1626737/91383-attachment-1-guidelines-final.pdf [01.02.2017].

Aldana, Ricardo, „*Das ungeheure und begrenzte Ja-und-Amen-Sagen". Ein Beitrag zur heutigen Gender-Debatte* (Neue Kriterien 16), Freiburg i.Br. 2016 (Johannes).

Alexander, Gerianne M./Teresa Wilcox, „Sex Differences in Early Infancy", in: *Child Development Perspectives,* Bd. 6/4 (2012), S. 400–406.

Alexander, Robin, „Wem nützt der Code der Gleichstellung?", in: *Literarische Welt,* 29.11.2014.

Allmendinger, Jutta/Kathrin Leuze/Jonna M. Blanck, „50 Jahre Geschlechtergerechtigkeit auf dem Arbeitsmarkt", in: *Aus Politik und Zeitgeschichte,* Bd. 24/25 (2008), S. 18–25.

„Anlage II: Aktionsplattform", in: Vereinte Nationen (Hg.), *Bericht der vierten Weltfrauenkonferenz (Beijing 4.–15. September 1995),* zu finden unter: www.un.org/depts/german/conf/beijing/anh_2.html [25.01.2017] (engl. Original: United Nations (Hg.), *Report of the Fourth World Conference on Women. Beijing 4–15 September 1995,* New York 1996, zu finden unter: www.un.org/womenwatch/daw/beijing/pdf/Beijing%20full%20report%20E.pdf [25.01.2017]).

Antidiskriminierungsstelle des Bundes (Hg.), „Beratung. Was ist Diskriminierung?", zu finden unter www.antidiskriminierungsstelle.de/SharedDocs/FAQs/DE/1_Was_ist_Diskriminierung.html?nn=6574754 [27.01.2017].

Antidiskriminierungsstelle des Bundes (Hg.), *Allgemeines Gleichbehandlungsgesetz (AGG),* 8. Aufl.: Juni 2008.

Antidiskriminierungsstelle des Bundes (Hg.), *Diskriminierungserfahrungen in Deutschland. Erste Ergebnisse einer repräsentativen Erhebung und einer Betroffenenbefragung,* Berlin 2016.

Aronson, Elliot/Timothy D. Wilson/Robin M. Akert, *Sozialpsychologie,* 6. Aufl.: München 2008 (Pearson Studium).

Asendorpf, Jens/Franz Neyer, *Psychologie der Persönlichkeit. Mit 110 Tabellen* (Springer Lehrbuch), 5. Aufl.: Berlin/Heidelberg (Springer-Medizin).

„Ausschreibung der Universität für Musik und darstellende Kunst Wien von 2013", zu finden unter www2.gender.hu-berlin.de/ztg-blog/2013/03/aus schreibung-professur-gender-studies-isnb-mit-kulturwiss-schwerpunkt-universitat-fur-musik-und-darstellende-kunst-wien [02.12.2015].

Bachofen, Johann Jakob, *Das Mutterrecht. Eine Untersuchung über die Gynaikokratie der alten Welt nach ihrer religiösen und rechtlichen Natur* (stw 135), Frankfurt a. M. 1975 (Suhrkamp; 1. Aufl.: Stuttgart 1861, Krais und Hoffmann).

Bailey, Anna Kathleen, „Verlust. Ein vernachlässigtes Thema in der Forschung zur außerfamiliären Betreuung", in: *Psyche*, Bd. 62 (2008), S. 154–170.

Bak, Raphael/Stephan Trinius/Clara Walther, *Coming-out im Klassenzimmer* (Entscheidung im Unterricht 1.11), Bonn 2011 (Bundeszentrale für politische Bildung).

Baker, Michael/Jonathan Gruber/Kevin Milligan, *Non-Congnitive Deficits and Young Adult Outcomes. The Long-Run Impacts of a Universal Child Care Program* (Working Paper 21571), Cambridge 2015 (National Bureau of Economic Research), zu finden unter www.gwern.net/docs/2015-baker.pdf [02.02.2017].

Bancroft, John (Hg.), *The Role of Theory in Sex Research* (Kinsey Institute Series Bd. 6), Bloomington 2000 (Indiana University Press).

Baron-Cohen, Simon, *The Essential Difference. Men, Women and the Extreme Male Brain,* London 2003 (Basic Book).

Barth, Karl, *Kirchliche Dogmatik* (Bd. III/4: Die Lehre von der Schöpfung), Zürich 1951 (Theologischer Verl.).

Baumgarten, Diana u.a., „Warum werden manche Männer Väter, andere nicht? Männlichkeit und Kinderwunsch", in: H. Walter/A. Eickhorst (Hg.), *Das Väter-Handbuch*, S. 515–543.

Beauvoir, Simone de, *Das andere Geschlecht. Sitte und Sexus der Frau* (rororo 6621), Hamburg 1990 (Rowohlt).

Beck, Volker, „Legalisierung schwuler und lesbischer Lebensgemeinschaften", in: *Demokratie und Recht,* Bd. 4 (1991), S. 446–464.

Bem, Daryl J., „The Exotic-Becomes-Erotic-Theory of Sexual Orientation", in: J. Bancroft (Hg.), *The Role of Theory in Sex Research,* S. 67–81.

Benedict, Daniel, „Mainzer Skandal: Sexualität als Kita-Thema – was ist richtig?", zu finden unter www.noz.de/deutschland-welt/gut-zu-wissen/artikel/587834/mainzer-skandal-sexualitat-als-kita-thema-was-ist-richtig [12.08.2016].

Bereswill, Mechthild, „‚Gender' als neue Humanressource? Gender Mainstreaming und Geschlechterdemokratie zwischen Ökonomisierung und Gesellschaftskritik", in: M. M. Jansen/A. Röming/M. Rohde (Hg.), *Gender Mainstreaming*, S. 52–70.

Berliner Senatsverwaltung für Bildung, Wissenschaft und Forschung, *Konzept zur Umsetzung der Initiative „Berlin tritt ein für Selbstbestimmung und Akzeptanz Sexueller Vielfalt" (ISV) für den Bereich Schule*, Berlin 2011.

Bernhardt, Janine/Lena Hipp/Jutta Allmendinger, *Warum nicht fifty-fifty? Betriebliche Rahmenbedingungen der Aufteilung von Erwerbs- und Fürsorgearbeit in Paarfamilien*, Berlin 2016 (WZB).

Bertelsmann-Stiftung (Hg.), *Volkswirtschaftlicher Nutzen von frühkindlicher Bildung in Deutschland. Eine ökonomische Bewertung langfristiger Bildungseffekte bei Kinderkrippen*, Gütersloh 2008.

Bertram, Hans/C. Katharina Spieß (Hg.), *Fragt die Eltern! Ravensburger Elternsurvey Elterliches Wohlbefinden in Deutschland*, Baden-Baden 2011 (Nomos).

BILD der Frau (Hg.), *Der Mann 2013. Arbeits- und Lebenswelten – Wunsch und Wirklichkeit* (Durchführung: Institut für Demoskopie Allensbach), Hamburg 2013 (Axel Springer), zu finden unter www.axelspringer.de/downloads/21/16383966/BdF_Studie_Ma__776_nner1-86_finale_Version.pdf [02.02.2017].

Bildungs- und Sozialwerk des Lesben- und Schwulenverbandes Berlin-Brandenburg (Hg.), *90 Minuten für sexuelle Vielfalt. Handreichung für den Berliner Ethikunterricht*, Berlin o.J.

Birg, Herwig, *Die alternde Republik und das Versagen der Politik. Eine demografische Prognose*, Berlin/Münster 2014 (Lit).

Bischof-Köhler, Doris, „Geschlechtstypisches Verhalten von Mädchen unter evolutionstheoretischer und entwicklungspsychologischer Perspektive", in: Michael Matzner/Irit Wyrobnik (Hg.), *Handbuch Mädchen-Pädagogik*, Weinheim/Basel 2010 (Beltz), S. 79–94.

Bischof-Köhler, Doris, *Von Natur aus anders. Die Psychologie der Geschlechterunterschiede*, Stuttgart 2002 (Kohlhammer).

BMFSFJ, *Strategie „Gender Mainstreaming"*, zu finden unter www.bmfsfj.de/BMFSFJ/gleichstellung,did=192702.html [26.01.2017].

Bode, Heidrun/Angelika Heßling, *Jugendsexualität 2015. Die Perspektive der 14- bis 25-Jährigen. Ergebnisse einer aktuellen Repräsentativen Wiederholungsbefragung*, Köln 2015.

Böhm, Rainer, „Die ‚dunkle Seite' der Betreuung in der Kindheit", in: *Bildung und Erziehung*, Bd. 66/2 (2013), S. 207–214.

Bolz, Norbert, *Die Helden der Familie*, München 2006 (W. Fink).

Bonhoeffer, Dietrich, *Schöpfung und Fall* (DBW 3), Gütersloh 1989 (Kaiser).

Borchert, Jürgen, *Sozialstaats-Dämmerung*, München 2013 (Riemann).

Boßdorf, Ursula/Christa Grosch/Gerda Niebsch, „Schutz der Gesundheit von Kindern und Jugendlichen – Gesundheitliche Betreuung von Kindern in Kindereinrichtungen", in: D. Kirchhöfer (Hg.), *Kindheit in der DDR*, S. 127–132.

Boulnois, Olivier, „Haben wir eine geschlechtliche Identität? Ontologie und symbolische Ordnung", In: *IKZ Communio*, Bd. 35 (2006), S. 336–354.

Bowlby, John, *Bindung und Verlust* (3 Bde.), München/Basel 2006 (E. Reinhardt).

Brazelton, Barry/Stanley Greenspan, *Die sieben Grundbedürfnisse von Kindern*, Basel 2008 (Beltz).

Buchebner-Ferstl, Sabine/Sonja Dörfler/Michael Kinn, *Kindgerechte außerfamiliale Kinderbetreuung für unter 3-Jährige. Eine interdisziplinäre Literaturrecherche* (ÖIF Working Paper 72), Wien 2009 (Österreichisches Institut für Familienforschung), zu finden unter http://nbn-resolving.de/urn:nbn:de:0168-ssoar-368218 [10.03.2017].

Buchholz, Günter, „Gender Studies – Die Niedersächsische Forschungsevaluation und ihre offenen Fragen", zu finden unter www.wiwi-online.de/fachartikel.php?artikel=601 [23.08.2016].

Buchsteiner, Jochen, „Hassverbrechen auf englische Art", in: *Frankfurter Allgemeine Zeitung*, 22.10.2016.

Bujard, Martin, *Talsohle bei Akademikerinnen durchschritten? Kinderzahl und Kinderlosigkeit in Deutschland nach Bildungs- und Berufsgruppen*, Wiesbaden 2012 (Bundesinstitut für Bevölkerungsforschung).

Bundesinstitut für Bevölkerungsforschung (Hg.), „Durchschnittliche Kinderzahl nach Lebensformen in Deutschland, 1996 bis 2015", zu finden unter http://www.bib-demografie.de/DE/ZahlenundFakten/12/Abbildungen/a_12_33b_durchschnittl_kinderzahl_lebensform_d_ab1996.html [17.4.2017].

Burchell, Brendan/Vincent Hardy/Jill Rubery/Mark Smith, *A New Method to Understand Occupational Gender Segregation in European Labour Markets*, Belgien 2014 (European Union), zu finden unter http://ec.europa.eu/justice/gender-equality/files/documents/150119_segregation_report_web_en.pdf [02.02.2017].

Buss, David M., *Evolutionäre Psychologie*, 2. Aufl. München 2004 (Pearson Studium).

Butler, Judith, *Das Unbehagen der Geschlechter* (Edition Suhrkamp 1722), Frankfurt a. M. 1991 (Suhrkamp).

Butler, Judith, *Körper von Gewicht. Die diskursiven Grenzen des Geschlechts* (Edition Suhrkamp 1737), Frankfurt a. M. 1997 (Suhrkamp).

Butler, Judith, *Undoing Gender*, New York/London 2004 (Routledge).

Butterfield, Rosaria, *The Secret Thoughts of an Unlikely Convert. An English Professor's Journey into Christian Faith,* Expanded Edition: Pittsburgh 2014 (Crown and Covenant).

Cahill, Larry, „Equal ≠ The Same. Sex Differences in the Human Brain", in: *Cerebrum,* April 2014, zu finden unter www.dana.org/WorkArea/DownloadAsset.aspx?id=113611 [01.02.2017].

Cahill, Larry, „Fundamental Sex Differences in Human Brain Architecture", in: *Proceedings of the National Academy of Sciences of the United States of America,* Bd. 111 (2014), S. 577–578.

Christian Geyer, „Eine Frechheit. Im Grundgesetz haben Kinder nichts zu suchen", in: *Frankfurter Allgemeine Zeitung,* 05.03.2017.

Conradi, Elisabeth, *Take Care. Grundlagen einer Ethik der Achtsamkeit,* Frankfurt a. M. 2001 (Campus).

Council of Europe, *Gender mainstreaming. Conceptual framework, Methodology and Presentation of Good practices,* Strasburg 2004.

Degele, Nina, *Gender/Queer Studies. Eine Einführung* (UTB 2986), Paderborn 2008 (W. Fink).

Deutscher Bundestag – Wissenschaftliche Dienste (Hg.), *Fragen zum Thema „Kinderrechte in die Verfassung"* (WD 3 – 073/07), Deutscher Bundestag 2007, zu finden unter https://www.bundestag.de/blob/423572/1797e023a074f07761d2b2ac9e489fcd/wd-3-073-07-pdf-data.pdf [17.05.2017].

Deutscher Ethikrat (Hg.), *Intersexualität. Stellungnahme,* Berlin 2012 (Deutscher Ethikrat).

Dirscherl, Erwin, *Grundriss Theologischer Anthropologie. Die Entschiedenheit des Menschen angesichts des Anderen,* Regensburg 2006 (Pustet).

Döge, Peter, *Von der Antidiskriminierung zum Diversity-Management. Ein Leitfaden,* Göttingen 2008 (Vandenhoeck & Ruprecht).

Donath, Orna, *Regretting Motherhood. Wenn Mütter bereuen,* München 2016 (Albrecht Knaus).

Doney, Meryl/Nick Butterworth/Mick Inkpen, *Mama, Papa und ich. Wo kommen die kleinen Babys her?,* 23. Aufl. Gießen 2015 (Brunnen).

Dörner, Norbert, *Werden alle Menschen Schwestern? Sprachfeminismus und die Folgen,* Heimbach/Eifel 2016 (Patrimonium).

Dowler, Edward, *Inclusive Gospel?,* Cambridge 2015 (Grove Books).

Drieschner, Frank, „Hexenverbrennung" in: *DIE ZEIT,* Bd. 22 (2011), zu finden unter www.zeit.de/2011/22/Ortstermin-Goslar [26.01.2017].

Ebeling, Monika, *Die Gleichberechtigungsfalle. Ich habe mich als Gleichstellungsbeauftragte für Männer eingesetzt und wurde gefeuert,* Freiburg i. Br. 2012 (Herder).

Ehrhardt, Angelika, „Gender Mainstreaming – wo es herkommt, was es will und wie es geht", in: M. M. Jansen/A. Röming/M. Rohde (Hg.), *Gender Mainstreaming*, S. 13–33.

Eibach, Ulrich, *Heilung für den ganzen Menschen. Ganzheitliches Denken als Herausforderung von Theologie und Kirche*, Bd. 1, Neukirchen-Vluyn 1991 (Neukirchner).

Eldridge, Stephanie, „Gleichstellung als ein europäischer Wert mit besonderem Bezug zu sexueller Ausrichtung", in: C. Sedmak (Hg.), *Gleichheit*, S. 141–165.

Engels, David, *Auf dem Weg ins Imperium. Die Krise der Europäischen Union und der Untergang der Römischen Republik. Historische Parallelen*, Berlin 2014 (Europa Verl. Berlin).

Etschenberg, Karla, „Erziehung zu Lust und Liebe. Gemeinsamkeiten und Unterschiede, Möglichkeiten und Grenzen der Sexualerziehung in Schule und Jugendarbeit", in: *PÄD Forum*, Bd. 28 (2000), S. 180–183.

Etschenberg, Karla, „Grund und Grundlagen schulischer Sexualerziehung und Sexualbildung", in: A. Uhle (Hg.), *Sexuelle Vielfalt*, S. 79–106.

Europäisches Parlament (Hg.), *Bericht über den EU-Fahrplan zur Bekämpfung von Homophobie und Diskriminierung aus Gründen der sexuellen Orientierung und der Geschlechtsidentität* (2013/2183(INI)).

European Court of Human Rights/Councel of Europe, *European Convention of Human Rights*, Strasburg 2010, zu finden unter www.echr.coe.int/Documents/Convention_ENG.pdf [27.01.2017].

European Parliament Assembly, *Combating Sexist Stereotypes in the Media* (Document number 12267), zu finden unter www.medrum.de/files/EDOC12267.pdf [23.08.2016].

EY Studentenstudie 2016. Studenten in Deutschland: Werte, Ziele, Perspektiven (Juli 2016), zu finden unter www.ey.com/Publication/vwLUAssets/EY-studentenstudie-2016-werte-ziele-perspektiven/%24FILE/EY-studentenstudie-2016-werte-ziele-perspektiven.pdf [05.10.2016].

Fähnle, Anja, „Sielert: ‚Naiver Umgang mit Pädophilie' (Interview Deutsche Welle)", zu finden unter www.dw.com/de/sielert-naiver-umgang-mit-pädophilie/a-17156907 [31.01.2017].

Farr, Rachel H./Charlotte J. Patterson, „Coparenting Among Lesbians, Gay, and Heterosexual Couples. Associations With Adopted Children's Outcomes", in: *Child Development*, Bd. 84/4 (2013), S. 1226–1240.

Fish, Stanley, „The Trouble With Tolerance", in: *The Chronicle of Higher Education*, 10.11.2006, zu finden unter http://chronicle.com/article/The-Trouble-With-Tolerance/15042 [31.01.2017].

Fleischhauer, Jan, „Die Erfindung des Opfers", in: DIJG, *Bulletin*, Bd. 18 (2009), S. 5–17, zu finden unter www.dijg.de/analysen-zeitgeist/fleischhauer-erfindung-opfers/ [27.01.2017].

Foucault, Michel, *Der Wille zum Wissen. Sexualität und Wahrheit 1*, Frankfurt am Main 1987 (Suhrkamp).

Franke, Nikolaus, *Sexuelle Vielfalt im Unterricht? Eine kritische Auseinandersetzung mit der Sexualpädagogik der Vielfalt*, Kassel 2015 (Weißes Kreuz).

Freitag, Tabea, *Fit for Love? Praxisbuch zur Prävention von Internet-Pornografie-Konsum – eine bindungsorientierte Sexualpädagogik*, Hannover 2013 (Return Fachstelle Mediensucht).

Frey, Regina, „Von Mythen und Vermischungen – Zur Konstruktion des ,Genderismus'", in: dies. u.a. (Hg.), *Gender, Wissenschaftlichkeit und Ideologie*, S. 28–37.

Frey, Regina, *Gender, Wissenschaftlichkeit und Ideologie. Argumente im Streit um Geschlechterverhältnisse* (Schriften des Gunda-Werner-Instituts Bd. 9), 2. Aufl.: Berlin 2014 (Heinrich-Böll-Stiftung).

Fritzsche, Bettina u.a. (Hg.), *Dekonstruktive Pädagogik. Erziehungswissenschaftliche Debatten unter poststrukturalistischen Perspektiven*, Opladen 2001 (Leske und Budrich).

Fthenakis, Wassilios/Beate Minsel, *Die Rolle des Vaters in der Familie* (Schriftenreihe des Bundesministeriums für Familie, Senioren, Frauen und Jugend 213), Stuttgart 2002 (Kohlhammer).

Füller, Christian, *Die Revolution missbraucht ihre Kinder. Sexuelle Gewalt in deutschen Protestbewegungen*, München 2015 (Hanser).

Furian, Martin, *Das Buch vom Liebhaben*, 11. Aufl. Wiebelsheim 2004 (Quelle und Meyer).

Gadamer, Hans-Georg, *Wahrheit und Methode*, 2. Aufl.: Tübingen 1965 (Mohr Siebeck).

Gadebusch Bondio, Mariacarla u.a. (Hg.), *„Gender-Medizin". Krankheit und Geschlecht in Zeiten der individualisierten Medizin* (Gender Studies), Bielefeld 2014 (Transcript).

Gärditz, Klaus Ferdinand, „Verfassungsgebot Gleichstellung? Ehe und eingetragene Lebenspartnerschaft im Spiegel der Judikatur des Bundesverfassungsgerichts", in: A. Uhle (Hg.), *Zur Disposition gestellt?*, S. 85–131.

Gause, Ute, „Friederike Fliedner und die ,Feminisierung des Religiösen' im 19. Jahrhundert", in: Martin Friedrich u.a. (Hg.), *Sozialer Protestantismus im Vormärz* (Bochumer Forum zur Geschichte des sozialen Protestantismus 2), Münster 2001 (Lit), S. 123–131

GenderKompetenzZentrum, *Die Geschichte(n) von Gender Mainstreaming*, zu finden unter http://www.genderkompetenz.info/gendermainstreaming/grundlagen/geschichten/ [29.04.2017].

GenderKompetenzZentrum, *Gender Mainstreaming*, zu finden unter www.genderkompetenz.info/genderkompetenz-2003-2010/gender mainstreaming [07.01.2014].

„Genderprofessuren. Aktuelle Daten", in: *Forschung & Lehre,* Bd. 11, 2014, S. 890–891.

Gerhard, Ute, *Frauenbewegung und Feminismus. Eine Geschichte seit 1789* (C. H. Beck Wissen 2463), 2. Aufl.: München 2009 (C. H. Beck).

Gerhard, Ute, *Gleichheit ohne Angleichung. Frauen im Recht,* München 1990 (C. H. Beck).

Gerl-Falkovitz, Hanna-Barbara, „Geschlechterdifferenz und Identität", in: Helmut Prader (Hg.), *Als Mann und Frau schuf er sie,* S. 37–54.

Gerl-Falkovitz, Hanna-Barbara, *Frau – Männin – Menschin. Zwischen Feminismus und Gender,* Kevelaer 2009 (Butzon & Bercker).

Gesterkamp, Thomas, „Für Männer, aber nicht gegen Frauen", in: *Aus Politik und Zeitgeschichte,* Bd. 62/40 (2012), S. 3–10.

Gestrich, Christof, *Die Wiederkehr des Glanzes in der Welt. Die christliche Lehre von der Sünde und ihrer Vergebung in gegenwärtiger Verantwortung,* Tübingen 1989 (Mohr).

Gilligan, Carol, *Die andere Stimme. Lebenskonflikte und Moral der Frau,* München 1984 (Piper).

Goddard, Andrew/Don Horrocks (Hg.), *Homosexualität. Biblische Leitlinien, ethische Überzeugungen, seelsorgerliche Perspektiven,* Gießen 2016 (Brunnen).

Goldie, Terry, *The Man Who Invented Gender. Engaging the Ideas of John Money,* Vancouver 2014 (UBC Press).

Göttner-Abendroth, Heide, *Der Weg zu einer egalitären Gesellschaft. Prinzipien und Praxis der Matriarchatspolitik,* Klein Jasedow 2008 (Drachen).

Groß, Dominik/Sabine Müller/Jan Steinmetzer (Hg.), *Normal – anders – krank? Akzeptanz, Stigmatisierung und Pathologisierung im Kontext der Medizin* (Schriftenreihe *Humandiskurs – medizinische Herausforderungen in Geschichte und Gegenwart),* Berlin 2008 (Med.-Wiss. Verl.-Ges.).

Guardini, Romano, *Gläubiges Dasein/Die Annahme seiner selbst,* 3. Aufl.: Ostfildern 1993 (Matthias Grünewald), S. 81.

Hakim, Catherine, *Models in the Family in Modern Societies. Ideals and Realities,* Aldershot 2003 (Ashgate Pub Ltd).

Hakim, Catherine, „Competing Family Models, Competing Social Policies", in: *Family Matters,* Bd. 64, 2003, S. 52–61.

Hakim, Catherine, *Work-Lifestyle Choices in the 21st Century. Preference Theory,* Oxford 2000 (Oxford University Press).

Hanfeld, Michael, „Der Krippensong", in: *Frankfurter Allgemeine Zeitung,* 22.07.2015, zu finden unter www.faz.net/aktuell/feuilleton/krippensongdie-debatte-ueber-das-betreuungsgeld-laeuft-schief-13715693.html [11.08.2016].

Hardin, Harry, „‚Weinen, Mama, weinen!' Außerfamiliäre mütterliche Betreuung und Verlusterfahrungen", in: *Psyche*, Bd. 62 (2008), S. 136–153.

Hark, Sabine/Paula-Irene Villa (Hg.), *Anti-Genderismus. Sexualität und Geschlecht als Schauplätze aktueller politischer Auseinandersetzungen* (Gender studies), Bielefeld 2015 (Transcript).

Härle, Wilfried, „Der Mensch VII. Dogmatisch und ethisch", in: *RGG*[4], Bd. 5, Tübingen 2002 (Mohr Siebeck), Sp. 1066–1072.

Härle, Wilfried, *Ethik*, Berlin/New York 2011 (de Gruyter).

Härle, Wilfried, *Würde. Groß vom Menschen denken*, München 2010 (Diederichs).

Hartmann, Jutta, „Bewegungsräume zwischen Kritischer Theorie und Poststrukturalismus. Eine Pädagogik vielfältiger Lebensweisen als Herausforderung für die Erziehungswissenschaft", in: B. Fritzsche u.a. (Hg.), *Dekonstruktive Pädagogik*, S. 65–84.

Hausmann, Ann-Christin/Corinna Kleinert, „Berufliche Segregation auf dem Arbeitsmarkt. Männer- und Frauendomänen kaum verändert", in: Institut für Arbeitsmarkt- und Berufsforschung der Bundesagentur für Arbeit (Hg.), *IAB Kurzbericht*, Bd. 9 (2014).

Hessisches Kultusministerium (Hg.), *Lehrplan Sexualerziehung. Für allgemeinbildende und berufliche Schulen in Hessen*, 2016, zu finden unter https://kultusministerium.hessen.de/sites/default/files/media/hkm/lehrplan_sexualerziehung_formatiert_neu.pdf [31.01.2017].

Hillgruber, Christian, „Verfassungsrechtliche Grenzen der Sexualpädagogik in der staatlichen Schule", in: A. Uhle (Hg.), *Sexuelle Vielfalt*, S. 131–167.

Hirschauer, Stefan, „Wozu Gender Studies?" in: *Forschung & Lehre*, Bd. 11/2014.

Hirschfeld-Eddy-Stiftung (Hg.), *Die Yogyakarta-Prinzipien. Prinzipien zur Anwendung der Menschenrechte in Bezug auf die sexuelle Orientierung und geschlechtliche Identität* (Schriftenreihe der Hirschfeld-Eddy-Stiftung 1), Berlin 2008, zu finden unter www.hirschfeld-eddy-stiftung.de/fileadmin/images/schriftenreihe/yogyakarta-principles_de.pdf [26.01.2017].

Hoffmann, Monika, „Gender Mainstreaming im Zeitalter der Postmoderne. Kleine Chronik der Durchsetzung einer Ideologie", in: D. Klenk (Hg.), *Gender Mainstreaming*, S. 33–43.

Hollstein, Walter, „Vom Singular zum Plural. Männlichkeit im Wandel", in: *Aus Politik und Zeitgeschichte*, Bd. 62/40 (2012), S. 10–16.

Hollstein, Walter, *Was vom Manne übrig blieb. Krise und Zukunft des starken Geschlechts*, Berlin 2008 (Aufbau).

Holthaus, Stephan, *Mit Werten führen. Erfolgsrezepte für Menschen in Verantwortung* (Ethik & Werte 5), Gießen 2011 (Brunnen).

„Homoheilungsangebote für Jugendliche verbieten", zu finden unter www.gruene-bundestag.de/themen/lesben-schwule/homoheilungsangebote-fuer-jugendliche-verbieten-26-03-2013.html [31.01.2017].

Honsell, Heinrich, „Die Erosion des Privatrechts durch das Europarecht", in: *Zeitschrift für Wirtschaftsrecht*, Bd. 29 (2008), S. 624–626.

Hopf, Hans, *Die Psychoanalyse des Jungen*, Stuttgart 2014 (Klett-Cotta).

Hornberg, Claudia/Andrea Pauli/Brigitta Wrede (Hg.), *Medizin – Gesundheit – Geschlecht. Eine gesundheitswissenschaftliche Perspektive*, Wiesbaden 2016 (Springer).

Höver, Gerhard u.a. (Hg.), *Die Familie im neuen Europa. Ethische Herausforderungen und interdisziplinäre Perspektiven* (Symposium 9), Münster 2008 (Lit).

Höyng, Stephan, „Getriebene – zu wenig Zeit für Beruf und Familie", in: H. Prömper/M. M. Jansen/A. Ruffing (Hg.), *Männer unter Druck*, S. 275–307.

Huber, Wolfgang, *Gerechtigkeit und Recht. Grundlinien christlicher Rechtsethik*, 3. Aufl. Gütersloh 2006 (Güthersloher Verl.-Haus).

Hughes, I. A. u.a., „LWPES/ESPE Consensus Group. Consensus statement on management of intersex disorders", in: *Archives of Disease in Childhood*, Bd. 91/7 (2006), S. 554–563.

Hungermann, Jens, „Gehören Bundesjugendspiele abgeschafft?", in: *Die Welt*, 25.06.2015.

Hurrelmann, Klaus/Sabine Andresen, *Kinder in Deutschland. 1. World Vision Kinderstudie*, Frankfurt a. M. 2007 (S. Fischer).

Initiative Familien-Schutz (Hg.), Faltblatt gegen Gender und Frühsexualisierung: „Ein Fisch ist kein Fahrrad und eine Frau ist kein Mann", zu finden unter www.familien-schutz.de/wp-content/uploads/2016/03/Ansichts-PDF-Faltblatt-Zweite-Version.pdf [02.02.2017].

Irigaray, Luce, *Ethik der sexuellen Differenz* (Edition Suhrkamp 1362), Frankfurt a. M. 1991 (Suhrkamp).

Janowski, Bernd, „Die lebendige Statue Gottes. Zur Anthropologie der priesterlichen Urgeschichte", in: ders., *Die Welt als Schöpfung Gottes* (Beiträge zur Theologie des Alten Testaments 4), Neukirchen-Vluyn 2008 (Neukirchner), S. 140–171.

Jansen, Mechtild M./Angelika Röming/Marianne Rohde (Hg.), *Gender Mainstreaming. Herausforderung für den Dialog der Geschlechter*, 2. Aufl.: München 2004 (Olzog).

Jan-Werner Müller, *Was ist Populismus? Ein Essay*, Berlin 2016 (Suhrkamp)

Jochmann-Döll, Andrea, *Führen in Teilzeit*. Möglichkeiten und Grenzen im Polizeidienst (Study Hans-Böckler-Stiftung 317), Düsseldorf 2016 (Hans-Böckler-Stiftung), zu finden unter https://www.boeckler.de/pdf/p_study_hbs_317.pdf [17.05.2017].

Juul, Jesper, *Mann und Vater sein*, Freiburg i.Br. 2011 (Kreuz).

Juul, Jesper, *Wem gehören unsere Kinder? Dem Staat, den Eltern oder sich selbst?*, Weinheim/Basel 2012 (Beltz)

Kalb, John, *Against Inclusiveness. How the Diversity Regime is Flattening America and the West and What to Do About It*, Tacoma 2013 (Angelico Press).

Kämpf, Katrin M., „Eine ‚Büchse der Pandora'? Die Anrufung der Kategorie Pädophilie in aktuellen antifeministischen und antiqueeren Krisen-Diskursen", in: S. Hark/P.-I. Villa (Hg.), *Anti-Genderismus*, S. 109–127.

Karle, Isolde, „*Da ist nicht mehr Mann noch Frau*". Theologie jenseits der Geschlechterdifferenz, Gütersloh 2006 (Gütersloher Verlagshaus).

Kaufmann, Franz Xaver, *Schrumpfende Gesellschaft. Vom Bevölkerungsrückgang und seinen Folgen* (Edition Suhrkamp 2406), Frankfurt a. M. 2005 (Suhrkamp).

Kentler, Helmut, *Sexualerziehung* (rororo Taschenbuch), Reinbek b. Hamburg 1970 (Rowohlt).

Kirchhöfer, Dieter (Hg.), *Kindheit in der DDR – die gegenwärtige Vergangenheit*, Frankfurt a. M. u.a. 2003 (Lang).

Klenk, Dominik (Hg.), *Gender Mainstreaming. Das Ende von Mann und Frau?*, Gießen/Basel 2009 (Brunnen)

Kröning, Anna, „Lesben- und Schwulenhasser sind oft psychisch krank", in: *Die Welt*, 28.10.2015.

Kuby, Gabriele, *Die globale sexuelle Revolution. Zerstörung der Freiheit im Namen der Freiheit*, 2. Aufl.: Kisslegg (Fe-Medienverlag).

Kuhlmann, Helga (Hg.), *Und drinnen waltet die züchtige Hausfrau. Zur Ethik der Geschlechterdifferenz*, Gütersloh 1995 (Gütersloher Verlagshaus).

Kutschera, Ulrich, *Das Gender-Paradoxon. Mann und Frau als evolvierte Menschentypen* (Science and Religion 13), Berlin 2016 (Lit).

Landgrebe, Ricarda, „Es muss weg", in: *Die Welt*, 22.06.2010.

Lange, Ursula, *Erfolgsfaktor Beruf & Familienmanagement. Glückliche Familien, gesunde Gesellschaft, leistungsstarke Unternehmen*, Hamburg 2006 (Merus).

Laqueur, Thomas, *Making Sex. Body and Gender from the Greeks to Freud*, Cambridge 1990 (Harvard University Press) [dt. *Auf den Leib geschrieben. Die Inszenierung der Geschlechter von der Antike bis Freud*, Frankfurt a. M./New York 1992 (Campus)].

Lautenbacher, Stefan/Onur Güntürkün/Markus Hausmann (Hg.), *Gehirn und Geschlecht. Neurowissenschaft des kleinen Unterschieds zwischen Mann und Frau,* Heidelberg 2007 (Springer).
Lehn, Brigitta vom, „Kinder lernen mit Gefühl", in: *Die Welt,* 03.11.2007.
Lehn, Brigitta vom, „Stress in der Krippe", in: *Frankfurter Rundschau,* 04.10.2010.
Lehnartz, Sascha, „Frankreichs Mutter der Nation", in: *Die Welt,* 10.01.2009.
Leick, Romain, „Acht Väter und ein Kind", in: *Der Spiegel,* 48/2012, S. 110.
Lengsfeld, Vera, „Sexuelle Vielfalt und neue Unisex-Toiletten", in: *The European,* 07.02.2017, zu finden unter: www.theeuropean.de/vera-lengsfeld/11782-das-erbe-der-gruenen [04.04.2017].
Lenz, Ilse (Hg.), *Die neue Frauenbewegung in Deutschland. Abschied vom kleinen Unterschied. Eine kleine Quellensammlung,* Wiesbaden 2008 (Springer).
Lenz, Michael, *Anlage-Umwelt-Diskurs, Historie, Systematik und erziehungswissenschaftliche Relevanz* (Klinkhardt Forschung), Bad Heilbrunn 2012 (Klinkhardt).
Leopardi, Angelo (Hg.), *Der pädosexuelle Komplex. Handbuch für Betroffene und ihre Gegner,* Berlin/Frankfurt a. M. 1988 (Foerster).
Lewis, C. S., *Die Abschaffung des Menschen* (Sammlung Kriterien 50), 5. Aufl.: Freiburg i. Br. 2003 (Johannes).
Lewis, C. S., *Pardon, ich bin Christ,* 6. Aufl.: Basel 1987 (Brunnen).
Limbach, Jutta/Siegfried Willutzki, „Die Entwicklung des Familienrechts seit 1949", in: Rosemarie Nave-Herz (Hg.), *Kontinuität und Wandel der Familie in Deutschland,* Stuttgart 2002 (Lucius & Lucius), S. 7–44.
Lippa, Richard A., *Gender, Nature and Nurture,* 2. Aufl.: New York 2009 (Routledge).
Locke, John, *Zwei Abhandlungen über die Regierung. Aus dem Englischen von Hans Jörn Hoffmann. Hg. und eingeleitet von Walter Euchner* (stw 213), 5. Aufl.: Frankfurt 1992 (Suhrkamp).
Lombard, Andreas, *Homosexualität gibt es nicht. Abschied von einem leeren Versprechen* (Edition Sonderwege), Waltrop/Leipzig 2015 (Manuscriptum Verlagsbuchhandlung).
Lopez, Robert Oscar /Britany Klein (Hg.), *Jephthah's Children. The Innocent Casualties of Same-sex Parenting,* London 2016 (Wilberforce Publication).
Luhmann, Niklas, *Die Gesellschaft der Gesellschaft* (stw 1360), Bd. 2, Frankfurt am Main 1998 (Suhrkamp)
Luther, Martin, *Genesisvorlesung 1535-1545* (Weimarer Ausgabe 43).
Maaz, Hans-Joachim, *Der Lilith-Komplex. Die dunklen Seiten der Mütterlichkeit,* München 2005 (dtv).

Maihofer, Andrea, *Geschlecht als Existenzweise. Macht, Moral, Recht und Geschlechterdifferenz*, Frankfurt a. M. 1995 (Ulrike Helmer).
Marquardt, Elizabeth, *Kind sein zwischen zwei Welten. Was im Inneren von Kindern geschiedener Eltern vorgeht*, Paderborn 2007 (Junfermann).
Marx, Karl, *Zur Kritik der politischen Ökonomie* (MEW Bd. 13), Berlin 1960 (Dietz).
McFadyen, Alistair I., *The Call to Personhood. A Christian Theory of the Individual in Social Relationships*, Cambridge 1990 (Cambridge University Press).
McLanahan, Sara/Gary Sandefur, *Growing Up with a Single Parent. What Hurts, What Helps*, Cambridge 1994 (Harvard University Press).
„Memorandum der Deutschen Psychoanalytischen Vereinigung. Krippenausbau in Deutschland – Psychoanalytiker nehmen Stellung", in: *Psyche*, Bd. 62 (2008), S. 202–205.
Meuser, Michael, „Gender Mainstreaming. Festschreibung oder Auflösung der Geschlechterdifferenz? Zum Verhältnis von Geschlechterforschung und Geschlechterpolitik", in: ders./C. Neusüß (Hg.), *Gender Mainstreaming*, S. 323–336.
Meuser, Michael/Claudia Neusüß (Hg.), *Gender Mainstreaming. Konzepte – Handlungsfelder – Instrumente*, Bonn 2004 (Bundeszentrale für politische Bildung).
Meyer, Axel, *Adams Apfel und Evas Erbe. Wie die Gene unser Leben bestimmen und warum Frauen anders sind als Männer. Mit einem Vorwort von Harald Martenstein*, 3. Aufl.: München 2015 (C. Bertelsmann).
Ministerium für Arbeit und Sozialordnung, Familie, Frauen und Senioren (Hg.), *Aktionsplan Für Akzeptanz und gleiche Rechte Baden-Württemberg*, Stuttgart 2015.
Mitteilung des Senats an die Bürgerschaft. Aktionsplan des Senats der Freien und Hansestadt Hamburg für Akzeptanz geschlechtlicher und sexueller Vielfalt (Drucksache 21/7485), zu finden unter www.hamburg.de/content blob/7918412/d3acc384b3d58757d20ec6b1517c0310/data/d-aktionsplandes-senats-der-freien-und-hansestadt-hamburg-fuer-akzeptanz-geschlechtlicher-und-sexueller-vielfalt.pdf [31.01.2017].
MMM Europe (Hg.), *Was Müttern in Europa wichtig ist. Umfrage unter Müttern in Europa. Ergebnisse 2011*, zu finden unter www.mmmeurope.org/ficdoc/2011-GERMAN-MMM-draft7webready.pdf, engl. Original unter http://www.mmmeurope.org/ficdoc/2011-MMM_BROCHURE_What_Matters_Mothers_Europe.pdf [02.02.2017].
Möller, Hans-Jürgen/Gerd Laux/Arno Deister, *Psychiatrie und Psychotherapie*, Bd. 1: *Allgemeine Psychiatrie*, 3., vollst. neu bearb. u. akt. Aufl. Heidelberg 2008.

Mönch, Regina, „Diese Koalition will Berlin umerziehen", in: *Frankfurter Allgemeine Zeitung,* 14.01.2017.
Moser, Andrea, *Kampfzone Geschlechterwissen. Kritische Analyse populärwissenschaftlicher Konzepte von Männlichkeit und Weiblichkeit* (VS Research), Wiesbaden 2010 (Verlag für Sozialwissenschaften).
Mückenberger, Ulrich/Karin Tondorf/Gertraude Krell, *Gender Mainstreaming. Informationen und Impulse,* hg. von Niedersächsisches Ministerium für Frauen, Arbeit und Soziales, 2. Auflage: Hannover 2001.
Müller, Anne, *Analyse der aktuellen Kritik an der Sexualpädagogik,* 2006, zu finden unter http://gsp-ev.de/wp-content/uploads/2016/04/Thesis.pdf [31.01.2017].
Müller, Marion/Nicole Zillien, „Das Rätsel der Retraditionalisierung – Zur Verweiblichung von Elternschaft in Geburtsvorbereitungskursen," in: *KZfSS,* Bd. 68 (2016), S. 409–433.
Müller, Michael, „Student für Kampf gegen Gender-Sprache ausgezeichnet", in: *Berlin Journal,* 16.03.2016.
Müller, Sabine, „Body Integrity Identity Disorder (BIID) – Ist der Amputationswunsch eine autonome Entscheidung oder Ausdruck einer neurologischen Störung?", in: D. Groß/S. Müller/J. Steinmetzer (Hg.), *Normal – anders – krank?,* S. 229–266.
Müller-Urlaub, Berthold (Hg.), *Die Rendite-Revolution. Familie und Beruf im Einklang. Ein Mittelstandsratgeber,* Halle 2009 (B. Müller-Urlaub).
Nave-Herz, Rosemarie (Hg.), *Kontinuität und Wandel der Familie in Deutschland. Eine zeitgeschichtliche Analyse (Der Mensch als soziales und personales Wesen),* Stuttgart 2002 (Lucius & Lucius).
NICHD (Hg.), *NICHD Study of Early Child Care and Youth Development. Findings for Children up to Age 4½ Years* (NIC Pub. 05-4318), 2006.
Nietzsche, Friedrich, *Also sprach Zarathustra. Ein Buch für alle und keinen* (Volker Gerhardt Hg.), 2. Aufl.: Berlin (Akad.-Verl.).
O'Donovan, Oliver, *Transsexualism. Issues and Argument,* Neudruck Cambridge 2007 (Grove Books).
O'Leary, Dale, *The Gender Agenda. Redefining Equality,* Lafayette 1997 (Huntington House Publishers).
Obergfell v. Hodges, Supreme Court, No. 14-556, slip opinion (26. Juni 2015), zu finden unter www.supremecourt.gov/opinions/ 14pdf/14-556_3204.pdf [27.01.2017].
Ochs, Matthias/Rainer Orban, *Familie und Beruf. „Work-Life-Balance" für Väter* (Beltz-Taschenbuch 901), Weinheim/Basel 2007 (Beltz).
Pastötter, Jakob, „Die Sexualpädagogik in Deutschland und ihr Verhältnis zum sexualwissenschaftlichen Fachwissen", in: A. Uhle (Hg.), *Sexuelle Vielfalt,* S. 107–130.

Peuckert, Rüdiger, *Das Leben der Geschlechter. Mythen und Fakten zu Ehe, Partnerschaft und Familie*, Frankfurt/New York 2015 (Campus)
Peuckert, Rüdiger, *Familienformen im sozialen Wandel*, 7. Aufl.: Wiesbaden 2008 (Verl. f. Sozialwiss.).
Philipps, Ina-Maria, *Körper, Liebe, Doktorspiele – Ein Ratgeber für Eltern zur kindlichen Sexualentwicklung*, Köln 2000 (BZgA), zu finden unter http://www.sexualpaedagogik.ch/gallery/doktorspiele.pdf [12.05.2017].
Pieper, Josef, *Das Viergespann. Klugheit – Gerechtigkeit –Tapferkeit – Maß*, München 1964 (Kösel).
Pieper, Josef, *Missbrauch der Sprache, Missbrauch der Macht*, Ostfildern bei Stuttgart 1986 (Schwabenverlag).
Pinker, Susan, *Das Geschlechterparadox. Über begabte Mädchen, schwierige Jungs und den wahren Unterschied zwischen Männern und Frauen*, München 2008 (DVA).
Prader, Helmut (Hg.), *Als Mann und Frau schuf er sie. Die Herausforderung der Gender-Ideologie* (Referate der „Internationalen Theologischen Sommerakademie 2014" des Linzer Priesterkreises), Kisslegg-Immenried 2015 (Christiana im Fe-Medienverlag).
Precht, Richard David, *Wer bin ich - und wenn ja, wie viele? Eine philosophische Reise*, 39. Aufl.: München 2007 (Goldmann).
Prömper, Hans/Mechthild M. Jansen/Andreas Ruffing (Hg.), *Männer unter Druck. Ein Themenbuch*, Opladen/Berlin/Toronto u.a. 2012 (Budrich).
Raedel, Christoph, „Die Bibel in der ethischen Urteilsbildung. Konzeption und exemplarische Konkretion", in: *Jahrbuch für Evangelikale Theologie*, Bd. 27 (2013), S. 69–122.
Raedel, Christoph, *Gender Mainstreaming. Auflösung der Geschlechter?* (Kurz und Bündig), Holzgerlingen 2014 (SCM Hänssler).
Rasmussen, Jeppe, „Gleichgeschlechtliche Elternschaft auf dem Prüfstand – eine Analyse aktueller Studien", in: *DIJG, Bulletin*, Bd. 23 (2015), S. 32–43, zu finden unter www.dijg.de/homosexualitaet/adoptionsrecht/gleichgeschlechtliche-elternschaft/ [31.01.2017].
Rauchfleisch, Udo, *Die stille und die schrille Szene. Erfahrungen von Schwulen im Alltag* (Herder-Spektrum 4349), Freiburg i. Br. 1995 (Herder).
Rohrmann, Tim, *Gender in Kindertageseinrichtungen. Ein Überblick über den Forschungsstand* (Wissenschaftliche Texte), München 2009 (Dt. Jugendinst.).
Rupp, Marina (Hg.), *Die Lebenssituation von Kindern in gleichgeschlechtlichen Lebensgemeinschaften* (Rechtstatsachenforschung), Köln 2009 (Bundesanzeiger-Verl.).
Sanyal, Mithu/Marie Albrecht, „Du Opfer", in: *taz*, 13.02.2017.

Sayers, Dorothy L., *Are Women Human? Penetrating, Sensible, and Witty Essays on the Role of Women in Society,* Neuauflage: Grand Rapids/Cambridge 2005 (Eerdmans).
Scheer, Ursula, „Erlebnis Vergewaltigung? Wie Verbrechen durch Sprache unsichtbar werden", in: *Frankfurter Allgemeine Zeitung*, 24.02.2017.
Schmalenbach, Hanna-Maria, *Frausein zur Ehre Gottes im Kontext verschiedener Kulturen,* Marburg 2007 (Francke).
Schmelcher, Antje, „Unter dem Deckmantel der Vielfalt", in: *Frankfurter Allgemeine Zeitung,* 14.10.2014.
Schmelzer, Christian (Hg.). *Gender Turn. Gesellschaft jenseits der Geschlechternorm* (Gender Studies), Bielefeld 2013 (Transcript).
Schmitt, Christian/Gert Wagner, „Kinderlosigkeit von Akademikerinnen überbewertet", in: *Wochenbericht des DIW Berlin,* Bd. 21, 2006, S. 313–317.
Schönwälder-Kuntze, Tatjana, u.a. (Hg.), *Störfall Gender. Grenzdiskussionen in und zwischen den Wissenschaften,* Wiesbaden 2003 (Westdt. Verl.).
Schopenhauer, Arthur, *Die Welt als Wille und Vorstellung* (Erster Band, hg. v. Julius Frauenstädt), 4. vermehrte und verbesserte Aufl.: Leipzig 1873 (F. A. Brockhaus).
Schule der Vielfalt (Hg.), *Homophobie – Zahlen und Fakten;* zu finden unter www.schule-der-vielfalt.de/homophobie_zahlen.htm [31.01.2017].
Schwarzer, Alice, *Der kleine Unterschied und seine großen Folgen. Frauen über sich. Beginn einer Befreiung* (Fischer-Taschenbücher 1805), erweiterte u. aktualisierte Ausg. Frankfurt a. M. 1977 (Fischer).
Schwarzer, Alice, *Die Antwort,* Köln 2007 (Kiepenhauer & Witsch).
Sedláček, Tomáš, *Die Ökonomie von Gut und Böse,* München 2012 (Carl Hanser).
Sedmak, Clemens (Hg.), *Gleichheit. Vom Wert der Nichtdiskriminierung,* Darmstadt 2013 (Wissenschaftliche Buchgesellschaft).
Seubert, Harald, „Gender Mainstreaming oder: Lasst uns einen neuen Menschen machen. Eine philosophische Kritik", in: Manfred Spreng/Harald Seubert, *Vergewaltigung der menschlichen Identität. Über die Irrtümer der Gender-Ideologie,* 2. überarb. u. erw. Aufl.: Ansbach 2012 (Logos Editions), S. 69–93.
Sielert, Uwe, „Gender Mainstreaming im Kontext einer Sexualpädagogik der Vielfalt", in: *FORUM Sexualaufklärung und Familienplanung,* Bd. 4/ 2001, S. 18–24, zu finden unter http://publikationen.sexualaufklaerung. de/cgi-sub/fetch.php?id=184.
Siems, Dorothea, „Quoten für alle!", in: *Die Welt,* 07.03.2015.
Sinn, Hans-Werner, *Verspielt nicht eure Zukunft!,* München 2013 (Redline).

Sipos, Irisz, „Gottes Schöpfungsplan steckt uns in den Knochen. Plädoyer für eine Theologie der Leiblichkeit", in: D. Klenk (Hg.), *Gender Mainstreaming,* S. 84–104.

Sloane, Andrew, „'Male and Female He Created Them'? Theological Reflexions on Gender, Biology and Identity", in: *Ethics in Brief,* Bd. 21/4, 2016, zu finden unter http://klice.co.uk/uploads/Ethics%20in%20Brief/EiB_ Sloane_21_4_WEB.pdf [02.02.2017].

Smith, Adam, *Der Wohlstand der Nationen. Eine Untersuchung seiner Natur und seiner Ursachen,* 8. Aufl.: München 1999 (dtv).

Spaemann, Robert, *Glück und Wohlwollen. Versuch über Ethik,* Stuttgart 1989 (Klett-Cotta), S. 218.

Späth, Andreas/Menno Aden (Hg.), *Die missbrauchte Republik. Aufklärung über die Aufklärer,* London/Hamburg 2010 (Inspiration Un Limited).

Spieker, Manfred, „Mehr Kinder oder mehr Erwerbstätige?", in: *Aus Politik und Zeitgeschichte,* Bd. 7 (2007), S. 8–14.

Spieker, Manfred, *Gender-Mainstreaming in Deutschland. Konsequenzen für Staat, Gesellschaft und Kirchen,* Paderborn 2015 (Schöningh).

Spreng, Manfred, „Adam und Eva – die unüberbrückbaren neurophysiologischen Unterschiede", in: M. Spreng/H. Seubert, *Vergewaltigung der menschlichen Identität,* S. 29–67.

Spreng, Manfred/Harald Seubert, *Vergewaltigung der menschlichen Identität. Über die Irrtümer der Gender-Ideologie,* 2. Aufl.: Ansbach 2012 (Logos Editions).

Stadler, Rainer, *Vater, Mutter, Staat. Wieviel Betreuung tut Kindern gut?,* München 2014 (Ludwig).

Stein, Edith, *Die Frau. Fragestellungen und Reflexionen* (Edith-Stein-Gesamtausgabe Bd. 13), Freiburg i. Br. 2000 (Herder).

Stein, Edward, *The Mismeasure of Desire. The Science, Theory, and Ethics of Sexual Orientation* (Ideologies of Desire), Oxford 1999 (Oxford University Press).

Stephens, Julie, *Confronting Postmaternal Thinking. Feminism, Memory, and Care,* New York 2011 (Columbia University Press).

Stiftung für Hochschulzulassung/Bundesagentur für Arbeit (Hg.), „Studienwahl – typisch Frau, typisch Mann?", zu finden unter www.studienwahl.de/ de/chorientieren/frau-mann-studium.htm#Anker_ ID_772d9889008e5844d5000164018e2250 [02.02.2017].

Stoehr, Irene, „Feministische Mütterlichkeit? Die Mütterfrage in der deutschen Frauenbewegung seit 1900", in: Guardini-Stiftung (Hg.), *Trigon,* Bd. 11 (2014), S. 117–126.

Stoldt, Till-R., „Die Politik will nicht, dass Mutti zu Hause bleibt", zu finden unter www.welt.de/regionales/nrw/article140680642/Die-Politik-will-nicht-dass-Mutti-zu-Hause-bleibt.html [23.09.2016].

Strüber, Daniel, „Geschlechtsspezifisches Verhalten aus Sicht der Hirnforschung", in: Michael Matzner/Irit Wyrobnik (Hg.), *Handbuch Mädchen-Pädagogik*, Weinheim/Basel 2010 (Beltz), S. 62–79.

Taylor, Charles, *Ein säkulares Zeitalter*, Wissenschaftliche Sonderausgabe: Berlin 2012 (Suhrkamp).

Thomas, Gina, „Es wird eng mit der Denkfreiheit auf dem Campus", in: *Frankfurter Allgemeine Zeitung*, 15.03.2017.

Thurner, Ingrid, „Der Gender-Krampf verhunzt die deutsche Sprache", in: *Die Welt*, 02.02.2013.

Tietze, Wolfgang/Fabienne Becker-Stoll u.a. (Hg.), *Nationale Untersuchung zur Bildung, Betreuung und Erziehung in der frühen Kindheit (NUBBEK)*, Berlin 2013.

TransIdent e.V. (Hg.), *Wie viele Transsexuelle gibt es in Deutschland?*, zu finden unter www.trans-ident.de/informationen/174-wie-viele-transsexuelle-gibt-es-in-deutschland [04.04.2017].

Trautsch, Matthias, „Neuer Lehrplan für Hessen", *Frankfurter Allgemeine Zeitung* Rhein-Main, 24.09.2016.

Treusch, Ulrike, „Mitarbeiter und Mitarbeiterinnen Gottes. Geschlechterverhältnisse in der Erweckungs- und Missionsgeschichte des 19. Jahrhunderts", in: Christoph Raedel (Hg.), *Das Leben der Geschlechter. Zwischen Gottesgabe und menschlicher Gestaltung* (Ethik im Theologischen Diskurs 24), Münster 2017 (Lit), S. 87–118.

Tuider, Elisabeth u.a., *Sexualpädagogik der Vielfalt. Praxismethoden zu Identität, Beziehungen, Körper und Prävention für Schule und Jugendarbeit* (Edition sozial), 2. überarb. Aufl.: Weinheim/Basel 2012 (Beltz Juventa).

Uhle, Arnd (Hg.), *Sexuelle Vielfalt – Gegenstand staatlicher Erziehung? Grund und Grenzen der Sexualpädagogik in der staatlichen Schule* (Wissenschaftliche Abhandlungen und Reden zur Philosophie, Politik und Geisteswissenschaft 83), Berlin 2016 (Duncker & Humblot).

Uhle, Arnd, (Hg.), *Zur Disposition gestellt? Der besondere Schutz von Ehe und Familie zwischen Verfassungsanspruch und Verfassungswirklichkeit* (Wissenschaftliche Abhandlungen und Reden zur Philosophie, Politik und Geistesgeschichte 78), Berlin 2014 (Duncker & Humblot).

Ulrich-Eschemann, Karin, „Lebensgestalt Familie", in: G. Höver u.a. (Hg.), *Die Familie im neuen Europa*, S. 147–166.

Ulrich-Eschemann, Karin, *Lebensgestalt Familie – miteinander werden und leben. Eine phänomenologisch-theologisch-ethische Betrachtung* (Ethik im theologischen Diskurs Bd. 11), Münster 2005 (Lit).

Ulrich-Eschemann, Karin, *Vom Geborenwerden des Menschen. Theologische und philosophische Erkundungen* (Studien zur systematischen Theologie und Ethik 27), Münster 2000 (Lit).

UNICEF, *Kinderrechte ins Grundgesetz,* zu finden unter http://www.kinderrechte-ins-grundgesetz.de/ [17.05.2017].
Vaaßen, Susanne, *Das Ende von Mann und Frau? Geschlechtsidentität in dekonstruktivistischen Gender-Theorien,* zu finden unter: www.logoi.de/wp-content/uploads/2010/07/Susanne-Vaa%C3%9Fen_Geschlechtsidentit%C3%A4t-in-dekonstruktivistischen-Gender-Theorien.pdf [07.01.2014].
Villa, Paula-Irene, *Judith Butler. Eine Einführung* (Campus Studium), 2. aktualisierte Aufl.: Frankfurt a. M. 2012 (Campus).
Vitzhum, Thomas, „Sexualkunde – die Grenzen der Aufklärung", in: *Die Welt,* 19.01.2014.
Volf, Miroslav, *Von der Ausgrenzung zur Umarmung. Versöhnendes Handeln als Ausdruck christlicher Identität,* Marburg 2012 (Francke).
Volz, Rainer/Paul M. Zulehner, *Männer in Bewegung. Zehn Jahre Männerentwicklung in Deutschland* (BMFSFJ Forschungsreihe Bd. 6), Baden-Baden 2009 (Nomos).
Vonholdt, Christl Ruth, „Das Kindeswohl nicht im Blick", in: DIJG (Hg.), *Bulletin,* Sonderdruck: Herbst 2009, S. 2–4, zu finden unter www.dijg.de/homosexualitaet/adoptionsrecht/kindeswohl-nicht-im-blick-homosexuelle/ [31.01.2017].
Vonholdt, Christl Ruth, „Die Gender Agenda Teil I."/„Die Gender Agenda Teil II", in: DIJG (Hg.), *Bulletin,* Bd. 13 (2007), zu finden unter www.dijg.de/bulletin/13-2007-gender-mainstreaming/ [26.01.2017].
Wallerstein, Judith S./Julia M. Lewis/Sandra Blakeslee, *Scheidungsfolgen – Die Kinder tragen die Last. Eine Langzeitstudie über 25 Jahre,* Münster 2003 (Votum).
Walter, Franz u.a. (Hg.), *Die Grünen und die Pädosexualität. Eine bundesdeutsche Geschichte,* Göttingen 2014 (Vandenhoeck & Ruprecht).
Walter, Heinz/Andreas Eickhorst (Hg.), *Das Väter-Handbuch. Theorie, Forschung, Praxis,* Gießen 2012 (Psychosozial).
Wannenwetsch, Bernd, „Frau und Mann III. Dogmatisch", in: *RGG*^{4}, Bd. 3., Tübingen 2000 (Mohr Siebeck), Sp. 281–282.
Wannenwetsch, Bernd, „Owning Our Bodies? The Politics of Self-Possession and the Body of Christ (Hobbes, Locke and Paul)", in: *Studies in Christian Ethics,* Bd. 26, 2013, S. 50–65.
Welding, Malte, *Seid fruchtbar und beschwert euch. Ein Plädoyer für Kinder – trotz allem,* Köln 2015 (Kiepenheuer & Witsch).
Wetterer, Angelika, „Strategien rhetorischer Modernisierung. Gender Mainstreaming, Managing Diversity und die Professionalisierung der Gender-Expertinnen", in: *Zeitschrift für Frauenforschung und Geschlechterstudien,* Bd. 20 (2002), S. 129–148.

WHO-Regionalbüro für Europa/Bundeszentrale für gesundheitliche Aufklärung (Hg.), *Standards für die Sexualaufklärung in Europa. Rahmenkonzept für politische Entscheidungsträger, Bildungseinrichtungen, Gesundheitsbehörden, Expertinnen und Experten*, Köln 2011 (BzgA).

„WHO: Transsexualität ist keine psychische Krankheit #notsick", zu finden unter www.change.org/p/who-transsexualit%C3%A4t-ist-keine-psychische-krankheit-notsick-2 [31.01.2017].

Winterhoff, Christian, *Rechtsgutachten zur Verfassungs- und Gesetzmäßigkeit der Erziehung von Schulkindern an öffentlichen Schulen in Schleswig-Holstein zur Akzeptanz sexueller Vielfalt*, Hamburg 2016, zu finden unter www.echte-toleranz.de/files/Dokumente/Rechtsgutachten.von.Prof.Dr.Christian.Winterhoff.v.29.08.2016.pdf [31.01.2017].

Wisdorff, Flora, „Zu viele Vätermonate sind ein Karriererisiko", in: *Die Welt*, 11.03.2015.

Wissenschaftlicher Beirat des Instituts für Sexualpädagogik Dortmund (isp), *Kampagnen gegen emanzipatorische sexuelle Bildung. Stellungnahme*, 2015, zu finden unter www.isp-dortmund.de/downloadfiles/Stellungnahme%20des%20Wissenschaftlichen%20Beirats%20des%20isp_1449823412.pdf [31.01.2017].

Wunder, Michael, „Intersexualität, Leben zwischen den Geschlechtern", in: *Aus Politik und Zeitgeschichte*, Bd. 62 (Heft 20/21, 2012), S. 34–40.

www.demofueralle.de [02.02.2017].

www.ehefueralle.de [15.08.2016].

www.IntoleranceAgainstChristians.eu [26.01.2017].

www.wertekommission.de [02.02.2017]

Yarhouse, Mark A., *Understanding Gender Dysphoria. Navigating Transgender Issues in a Changing Culture* (Christian Association for Psychological Studies Books), Downers Grove 2015 (IVP Academic).

Zastrow, Volker, „Der kleine Unterschied", zu finden unter www.faz.net/aktuell/politik/gender-mainstreaming-der-kleine-unterschied-1329701.html [31.01.2017].

Zastrow, Volker, *Gender. Politische Geschlechtsumwandlung*, Waltrop/Leipzig 2006 (Manuscriptum).

Zenthöfer, Jochen, „Der enttäuschte Autor lässt seinen Anwalt schreiben", in: *Frankfurter Allgemeine Zeitung*, 24.04.2017.

Register

§ 218 StGB 10
Abbott, Douglas 73
Abtreibung 9–10, 17, 40, 43, 54, 66, 129, 163
Achtundsechziger 9–10, 17, 31, 38–42
Aden, Menno 88
Ahnert, Lieselotte 157
Akert, Robin M. 141
Aktionsplan Für Akzeptanz und gleiche Rechte 64
Aktionsplattform von Peking 32–33, 38, 43, 65
Alberta Education 108
Albrecht, Marie 112
Aldana, Ricardo 170
Alexander, Gerianne M. 177
Alexander, Robin 110
Allgemeines Gleichbehandlungsgesetz 60
Allmendinger, Jutta 152, 154
Ambitionsdifferenz 44
Andresen, Sabine 161
Antidiskriminierung 50, 58–59, 63–66, 196
Antidiskriminierungsstelle des Bundes 60–62, 65
Apologetik IX, 183
Arbeitszeitmodell 18, 154
Aronson, Elliot 141
Asendorpf, Jens 141, 177
Auferstehung 120
Aufklärung 6–7, 10, 42, 141
- bezügl. Sexualität, Siehe Sexualaufklärung
Authentizität, Kultur der 40–42, 56
Bachofen, Johann Jakob 12–13
Bailey, Anna Kathleen 159
Bak, Raphael 70
Baker, Michael 162
Baumgarten, Diana 158
Beauvoir, Simone de 16–19, 22, 25
Beck, Volker 71
Becker-Stoll, Fabienne 161
Bem, Daryl J. 189

Benedict, Daniel 99
Bereswill, Mechthild 48
Bernhardt, Janine 154
Bertelsmann-Stiftung 160, 162
Bertram, Hans 156
Betreuungsgeld 9, 45–46
Betroffenheit, Kultur der VIII
Bielefeld, Heiner 55
BILD der Frau 155
Bildungsplan 25, 27
Bindungsforschung 159–160
Biologismus 142, 173–175
Birg, Herwig 103
Bischof-Köhler, Doris 139
Blakeslee, Sandra 45
Blanck, Jonna M. 152
Bode, Heidrun 41
Böhm, Rainer 159
Bolz, Norbert 156, 161, 163
Bonhoeffer, Dietrich 120–123
Borchert, Jürgen 166–167
Böse, das 42, 56, 64, 125, 128, 173–174, 184–185
Boßdorf, Ursula 162
Bottom-up-Prozess 35
Boulnois, Oliver 123–124
Bowlby, John 159
Brazelton, Barry 159
Buchebner-Ferstl, Sabine 159
Buchholz, Günter 104–105
Buchsteiner, Jochen 68
Bujard, Martin 153
Bulimie 83
Bundesagentur für Arbeit 151
Bundesinstitut für Bevölkerungsforschung 167
Bundesjugendspiele 61
Bundesministerium für Familie, Senioren, Frauen und Jugend 37–38
Bundessozialgericht 167
Bundesverfassungsgericht 147
Bundeszentrale für gesundheitliche Aufklärung 89, 93
Burchell, Brendan 150

Buss, David M. 176
Butler, Judith 22–26, 53, 69, 77–79, 171
Butterfield, Rosaria 184–185
Butterworth, Nick 196
Cahill, Larry 106, 176
Chicago Consensus Conference 2005 76
coming-out 95
Conradi, Elisabeth 15
D'Aelders, Etta Palm 6
Dati, Rachida 19
Dawirs, Ralph 160
Degele, Nina 26, 65, 67, 71, 103
Demo für alle 92
Demografischer Wandel 163
Deutsche Psychoanalytische Vereinigung 160
Deutscher Bundestag 44, 165
Deutscher Ethikrat 80
Dietzsch, Matthias 174
Differenz, biologische 20, 166
Dirscherl, Erwin 135
Diskriminierung VII, 28, 55–66, 71, 82, 94, 102, 193
Döge, Peter 192
Dominanzkultur, heterosexuelle 67, 95
Donath, Orna 141
Doney, Meryl 196
Doppelverdiener 18, 21, 47
Dörfler, Sonja 159
Dörner, Norbert 111
Dowler, Edward 181
Drieschner, Frank 48
Dröge, Peter 19
DSM 81
Ebeling, Monika 47
Ebenbild Gottes 118–122, 134–135, 175
Egoismus 12
Ehelosigkeit 145–146
Ehrenamt 101, 147, 166, 188
Ehrhardt, Angelika 34
Eibach, Ulrich 129
Eingetragene Lebenspartnerschaft 71
Eldridge, Stephanie 57
Elterngeld 45
Emanzipationsbewegung
- bürgerliche 8
- kirchenkritische 39
Enders, Ursula 100
Engels, David 35

Erlösung 120
Ernährermodell 47
Erwerbstätigkeit 16, 33, 45–47, 50, 132, 146–147, 152–153, 158, 164
Erziehungsgeld 45
Essenzialismus 13
Ethik der Achtsamkeit 15
Etschenberg, Karla 97–98, 101
Europäische Kommission 36
Europäische Menschenrechtskonvention 59
Europäischer Rat 65
Europäisches Parlament 66–68, 111
Europäische Union VII, 34–36, 152
Europarat 36–37
Fähnle, Anja 89
Familienfreundlichkeit 148, 191
Familienrecht 10, 20, 39–40, 42, 53, 129
Farr, Rachel H. 73
Feminismus
- allgemein 10, 14–15, 20, 26, 31, 40, 49, 105, 154, 186
- der Differenz 5, 9, 11–15, 21, 31
- der Gleichheit 5, 9, 15–21, 25, 31, 48, 53, 77, 129
- der zweiten Welle 10, 17, 186
- historischer Hintergrund 8–9
- konstruktivistischer 9, 31, 54
- Postfeminismus 22
Fish, Stanley 92
Fleischhauer, Jan 61, 64–65
Foucault, Michel 172–173
Franke, Nikolaus 91, 100, 194
Französische Revolution *Siehe* Revolution
Frauen
- *adaptive women* 152
- Aktivist(inn)en 48
- -anteil in Berufen 150
- -bewegung *Siehe* Feminismus
- -emanzipation 11–12, 32
- -förderung 47
- -heilkunde 11
- *home centered women* 152
- Lebenspräferenzen von 149, 152–154
- -quote 27–28, 33, 49, 154
- -rechte 11, 53
- -rechtsbewegung 5, 8–10, 38

- UN-Weltfrauenkonferenz *Siehe* UN-Weltfrauenkonferenz
- -wahlrecht 8–9, 38
- *work centered women* 152
Freiheit 16
- der Wahl 46–47, 56, 152
- des Geistes 68
- des Menschen 43, 117, 120, 136, 140, 142, 145, 169, 171, 177, 182
- Diskussionsfreiheit 197
- Freiheitsrechte 58–59, 92
- Gedankenfreiheit 55–57
- Gewissensfreiheit 55–57
- Meinungsfreiheit 57–58
- politisch/gesellschaftlich 6–7, 10, 16, 20, 39, 42–44, 55, 59, 92, 102, 121, 150, 152, 180, 182, 185–186
- Religionsfreiheit 55–57
- von Forschung und Lehre 102, 106
Freitag, Tabea 194
Freud, Sigmund 93
Frey, Regina 77
Frühsexualisierung *Siehe* Kinder, kindlich
Fthenakis, Wassilios 157
Füller, Christian 88
Furcht Christi 131
Furian, Martin 196
Gabriel, Siegmar 45–46
Gadamer, Hans-Georg 141
Gadebusch Bondio, Mariacarla 106
Ganzkörper-Sexualdimorphismus 103
Gärditz, Klaus Ferdinand 60
Gause, Ute 39
gay rights 68
Geistesgaben 137
Gemeinde/Kirche 5, 39, 130–131, 134, 137, 145–146, 184, 187–188, 197–200
- als Braut Christi 199
- als Leib Christi 120, 129–131, 143, 199
Gender-Agenda 27, 65–66, 186
Gender-Diskussion VII, 31, 117, 172
Genderforschung 26–28, 53, 103–106, 172, 174, 184
GenderKompetenzZentrum 36, 47
Gender-Konstruktivismus 5, 22, 25, 37, 49, 50, 53, 65–69, 75–80, 102, 113, 170, 193, 196

Gender-Mainstreaming
- als gesellschaftspolitischer Handlungsansatz 49, 169
- als Top-down-Prozess 34–35
- antikapitalistische Kritik an 48
- Entstehung 31–38, 51
- feministische Kritik an 50
- Fokus des 50, 154–155
- *gender equality perspective* 37
- in der deutschen Politik 36–38, 47–48
- in der Europapolitik 34–36, 66
- in Schule und Ausbildung 196
- Menschenbild des 155
- Radikalisierung des 53–54, 65–66
- Umsetzungskultur des 50
- und Erwerbstätigkeit 131
- und Familie 149, 159
- und Gleschlechterparadoxon 150
- und Kinder 159, 164–167
Gender Mainstreaming Officer 36
Gendermedizin 106
Generation Y 150
Gerechtigkeit
- als christliche Tugend 181
- der Geschlechter *Siehe* Geschlechter
- Generationengerechtigkeit 147
- Gottes 6
- politisch/gesellschaftlich 43, 102, 109, 180, 185–186
Gerhard, Ute 5–8
Gerl-Falkovitz, Hanna-Barbara 14, 38, 126
Geschlechter
- als Gabe Gottes 117, 121
- Ambitionsdifferenz der 44, 150
- Austauschbarkeit der 9, 131
- -differenzen/-unterschiede 37, 49, 103–106, 121, 135, 139–141, 151, 174–177
- -diskussion 8, 39
- -eintrag im Personenstandsregister 24
- -forschung 31
- Gemeinschaft der 135
- -gerechte/-sensible Sprache 109
- -gerechtigkeit VII, 10–11, 28, 32, 34, 49, 53, 106, 110, 147, 152, 192–193
- -getrennte Umkleiden/Toiletten 107–108
- Gleichbehandlung der 31
- Gleichberechtigung der 31, 40, 110

- -gleichheit 8, 13, 16–19
- Gleichstellung der 31, 34, 40, 43, 47, 94, 149
- -identität 20–25, 32
- Kampf der 110, 148
- Komplementarität der 110
- -konzept VII
- -normen 24, 82
- -ordnung 24–26, 145
- Polarität der 109, 117, 121–122, 136–139, 150, 170, 175
- -politik 5, 9, 29, 31, 36–38, 48, 85, 113, 155, 158–159, 183–186, 197
- -rollen VIII, 5, 17, 34, 37–40, 65–66, 131, 134–140, 151–153, 158, 169
- Selbstbegrenzung der 136
- -stereotype 44, 94, 132, 138, 140–141, 151–153, 174, 177, 199
- -struktur 23–24
- -theorie 3, 5, 11, 37–38, 50, 66, 76, 85
- -unbehagen 81–84
- Ungleichheit der 48, 169
- -verhältnis VIII, 6–7, 21, 27, 39, 53, 77, 126, 130, 141–146, 151, 197
- -verteilung 199
- Vielfalt der 24–25, 28, 37, 108, 140, 169
- Zwei-Geschlechter-Modell 21

Geschlechtlichkeit, binäre 26, 49, 67
Geschlechtsidentität *Siehe* Identität
Geschlechtskörper 22–25, 83–84, 171
Geschlechtsmerkmale 17, 76, 81, 103, 141, 175
- geschlechtsspezifische Merkmale 27, 106, 177
- geschlechtstypische Merkmale 134, 139, 142, 150, 177

Geschlechtssignatur 119, 129
Gesellschaftsvertrag 7
Gesterkamp, Thomas 19
Gestrich, Christoph 125
Geyer, Christian 165
Gilligan, Carol 15
Gleichbehandlung 31
Gleichberechtigung 5–6, 31, 39
Gleichheit
- als Rechtsbegriff 7
- aus LSBTTIQ-Perspektive 63–64
- Chancengleichheit 39, 43, 50, 193

- der Geschlechter *Siehe* Geschlechter
- Ergebnisgleichheit 43–51, 149, 192–193
- Gleichheitsfeminismus *Siehe* Feminismus
- Gleichheitsgedanke 6–7
- Gleichheitsideal 53
- hetero- und homosexueller Liebe 70
- im Naturrecht 6–7
- in der bürgerlichen Revolution 6
- in Paarbeziehungen 167
- politisch/gesellschaftlich 6, 10, 59, 91, 109, 148, 180–182, 185
- sexuelle 57
- von Männern und Frauen (*Siehe auch* Geschlechter) 39–40

Gleichstellung 19, 31, 149
Goddard, Andrew 200
Goldie, Terry 76
Gott als Schöpfer 127
Göttner-Abendroth, Heide 12
Greenspan, Stanley 159
Grosch, Christa 162
Gruber, Jonathan 162
Guardini, Romano 118
Güntürkün, Onur 176
Gute, das 64, 125, 173, 183–186, 200
Hakim, Catherine 152–153
Hanfeld, Michael 46
Hardin, Harry 161
Hardy, Vincent 150
Härle, Wilfried 122, 127–128, 171–172
Hartmann, Jutta 96
Hausarbeit 32–34, 50, 146, 155
Hausmann, Ann-Christin 151
Hausmann, Markus 176
Haustafeln, im Neuen Testament 129
Herkunftsbeziehung 122–124, 170
Heßling, Angelika 41
Heteronormativität 24, 53, 66–67, 85, 172
Hillgruber, Christian 194
Hipp, Lena 154
Hirnforschung 176
Hirschauer, Stefan 104–105
Hirschfeld-Eddy-Stiftung 54–57
Hoffmann, Monika 36
Hollstein, Walter 157
homo oeconomicus 12

Homosexualität 67–70
- Homophobie 68–69
- und Adoptionsrecht 71–74
- und Ehe 70–71, 74
Honsell, Heinrich 58
Hopf, Hans 73
Hornberg, Claudia 106
Horrocks, Don 200
Höyng, Stephan 157
Hughes, I. A. 76
Humanismus, ausgrenzender 185
Hungermann, Jens 61
Hurrelmann, Klaus 161
ICD 10 81
Identität 127, 128
- Geschlechtsidentität 16, 22, 25–28, 37, 49, 56–57, 67–69, 75–85, 90, 107–108, 136–142, 169–171, 178, 182–186, 189
- sexuelle 41–42, 55, 59–60, 63, 93, 102, 170, 182, 189, 197
- weibliche 186
Ideologiekritik 172–173
Initiative Familien-Schutz 188
Inkpen, Mick 196
Institut für Menschenrechte 55
Intersexualität 74–80, 85
Irigaray, Luce 14
Janowski, Bernd 119
Jochmann-Döll, Andrea 155
Juranek, Doris 47
Juul, Jesper 159
Kalb, John 181
Kämpf, Katrin M. 89
Kapitalismus 12–13, 19, 48
Karle, Isolde 172
Kaufmann, Franz Xaver 163
Kentler, Helmut 88–90
Kernfamilie 136
Kinder, kindlich
- *attentive care* 161
- Bedürfnisse 159–163
- Betreuung durch Väter 157
- Betreuungsgeld *Siehe* Betreuungsgeld
- Betreuungsverhältnis 161
- *custodial care* 161
- Fremdbetreuung 11, 21, 33, 44–46, 50, 153, 159–164
- frühkindliche Bildung 160
- frühkindliche Bindungsstörung 165

- frühkindliche Entwicklungsbedürfnisse 147
- frühkindliche Prägungen 123
- frühkindliche Sexualerziehung *Siehe* Sexualaufklärung
- Ganztagsbetreuung 163
- Kinderbetreuungseinrichtungen 45–46, 162
- Kindererziehung 33
- Kinderlosigkeit 72, 103, 145, 153
- Kinderpsychologie 18, 45, 159, 160
- Kinderrechte 164–165
- Kindeswohl 72–73, 188
- Kleinkindbetreuung 161
- und Frühsexualisierung 89, 94, 97, 180
- und Sexualität 92–93, 99
Kinn, Michael 159
Klein, Britany 74
Kleinert, Corinna 151
Körperintegritätsidentitätsstörung 83
Krell, Gertraude 37
Kröning, Anna 69
Kuby, Gabriele 55, 57
Kutschera, Ulrich 79, 103–104, 151
Landgrebe, Ricarda 83
Lange, Ursula 191
Lautenbacher, Stefan 176
Lehn, Brigitta vom 160
Lehnartz, Sascha 19
Leiblichkeit 119–120
Leick, Romein 19
Lenz, Ilse 15
Lenz, Michael 75
Leuze, Kathrin 152
Lewis, C. S. 143, 180–181
Lewis, Julia M. 45
Leyen, Ursula von der 93
Limbach, Jutta 20
Lippa, Richard A. 140
Locke, John 7
Lombard, Andreas 72, 74
Lopez, Robert Oscar 74
LSBTTIQ 57, 63, 66–70, 74, 80, 82, 91, 100, 102, 108, 184, 195
Luhmann, Niklas 127
Maaz, Hans-Joachim 160
Macht
- -anspruch 173, 180
- -ausübung 145, 180

- bei christlicher Leitung 197
- der Sexualität 179
- der Sünde 178
- des Menschen 171, 181, 183
- -ebenen 6
- -gefälle 13, 20, 77, 89, 93, 99, 129, 172
- gewinn 12
- in Partnerschaft 144
- -interessen 177
- „Macht des Messers" 78
- -missbrauch 124
- -position 48, 162
- -relation 48
- -steigerung 180
- -stellung 143–144
- und Diskurs 172
- und Ohnmacht 17, 20–21
- -verhältnisse 11, 26, 48, 137, 144, 174
- -verlust 19
- -verteilung 1
- Wille zur 109

Magersucht 83
Maihofer, Andrea 12, 24–25
Männer
- Anteil in Berufen 150
- -bild 158
- -forschung 157
- -gesundheit 47
- Krise der Männlichkeit 157
- Lebenspräferenzen von 156
- neue 157
- -rechte 6
- -welt 19

Marquardt, Elizabeth 45
Martinez, Marie-Pierre 19
Marx, Karl 184
matriarchal, Matriarchat 12–15
Matriarchatsforschung 12
McFadyen, Alistair I. 121
McLanahan, Sara 73
Mensch
- allgemeine Bestimmung dessen 135
- als Ebenbild Gottes *Siehe* Ebenbild Gottes
- als Geschöpf 117–127, 135, 149, 171, 185
- als Kulturwesen 7
- als Sünder 149, 185
- dessen Menschsein 15, 39
- dualistisches Menschenbild 83

Menschenrechte 6, 53–55, 59, 61, 65–66, 109
Menschenrechtskonventionen 55
Meuser, Michael 48
Meyer, Axel 176
Milligan, Kevin 162
Minderheiten 57, 192
- -politik 92
- sexuelle VII, VIII, 55, 57, 60, 68, 95, 105, 107, 183, 194

Minsel, Beate 157
MMM Europe 152
Mönch, Regina 91
Money, John 75–79
Moser, Andrea 172
Mückenberger, Ulrich 37
Müller, Jan-Werner 35
Müller, Marion 174
Müller, Michael 197
Müller, Sabine 83
Müller-Urlaub, Berthold 191
Mutterbindung 160
Mütterkongress 15
Müttermanifest 15
Muttersein, Mutterschaft 8, 13–17, 33, 38, 136, 141, 160, 166
Naturrecht 6–7
Naturzustand 7
Neyer, Franz 141, 177
NICHD Study of Early Child Care 162
Niebsch, Gerda 162
Nietzsche, Friedrich 178–179
Nutzenkalkül, ökonomisches 15, 147
Obergfell v. Hodges 58
Oberster Gerichtshof, USA 58
Ochs, Matthias 192
O'Donovan, Oliver 83
O'Laery, Dale 21, 34, 36
Offenbarung 118
Ohnmacht 21
Orban, Rainer 192
Orientierung
- Familien- 146
- Gemeinwohl- 166
- Karriere- 19, 153
- Leistungs- 176
- Profit- 19

- sexuelle 56–57, 67–69, 90–91, 102, 180, 194, 197, 200
- Werte- 191
Pädophilie 76, 88–89, 99, 101
Pastötter, Jakob 98
patriarchal, patriarchalisch, Patriarchat 8, 12, 19, 26, 40, 70–71, 91, 101
- *pater familias* 144
- *pater potestas* 8
Patterson, Charlotte J. 73
Pauli, Andrea 106
Paulus von Tarsus 120, 125, 128–130, 137, 143–145, 179, 198, 200
Peuckert, Rüdiger 73, 133, 155, 162
Pflichtwerte 133–134
Philipps, Ina-Maria 93
Pieper, Josef 109, 181
Pinker, Susan 153
Planning Familial 19
Postmoderne 22
Präferenztheorie 156
Precht, Richard David 1
pro familia 89
queer 25, 104, 173
queer studies 103
Quistorp, Eva 88
Raedel, Christoph 135
Rasmussen, Jeppe 73
Rauchfleisch, Udo 70
Recht, vorpositives 6
Rechtsstaat 7
Reich Gottes 145
Reimer, Brian 75
Reimer, Bruce 75–78
Reiß, Vera 46
Relativismus 113
- erkenntnistheoretischer 174
- moralischer 42, 91–92, 102, 113, 174
- weltanschaulicher 91, 109
- Wertrelativismus 173, 184
Rerrich, M. S. 155
Revolution
- bürgerliche 6–7, 10
- Französische 6–7
- sexuelle 9, 40–42, 67, 87, 90
Rich, Adrienne 24
Roberts, C. J. 58
Rohrmann, Tim 94
Rollenmuster 11, 20
Rollenverhältnis 11, 129

Rollenverständnis 138
Rollenverteilung 155
Romantik (Epoche) 11
römisch-katholische Kirche 198
Rousseau, Jean-Jaques 6
Rubery, Jill 150
Ruf Gottes 138, 142
Rupp, Marina 72
Sandefur, Gary 73
Sanyal, Mithu 112
Sartre, Jean-Paul 16
Sayers, Dorothy 136
Scheer, Ursula 112
Schmelcher, Antje 100
Schmitt, Christian 153
Schönwälder-Kuntze, Tatjana 103
Schopenhauer, Arthur 179
Schöpfung 118–121, 125–128, 145, 182, 200
- Schöpfungsvarianten 128
- Schöpfungsvielfalt 126
Schroll, Eckhard 195
Schule der Vielfalt 68
Schwarzer, Alice 17–19, 26, 48, 77, 103, 110, 147, 175
Schwesig, Manuela 18
Sedláček, Tomáš 12
Selbstentfaltungswerte 133–134
Selbstverwirklichung 59, 134, 149, 167, 182
Seubert, Harald 50
Sexualaufklärung 66–69, 89, 93–97, 100–101, 180, 195
Sexualerziehung, emanzipierende 88
Sexualität 179–180
Sexualpädagogik der Bindung 169
Sexualpädagogik der Vielfalt 62, 87–98, 170, 179–183
Sexualstrafrecht 88
Sielert, Uwe 65, 89–91, 93, 98–99, 122
Siems, Dorothea 28
Sinn, Hans-Werner 147
Sipos, Irisz 120, 126, 145, 170
Sloane, Andrew 128
Smith, Adam 12
Smith, Mark 150
Solidarität 59
soziale Konstruktion 22–23, 80, 90, 140
Spaemann, Robert 119
Späth, Andreas 88

Spieker, Manfred 87, 101, 163
Spieß, C. Katharina 156
Sprachakt 24
Spreng, Manfred 176
Stadler, Rainer 163–164, 166
Stein, Edith 135, 145
Stein, Edward 70
Stephens, Julie 13, 186
Stereotypenbildung 141
Stiftung für Hochschulzulassung 151
Stoehr, Irene 15
Stoldt, Till-R. 9
Sünde 119, 125–126, 133, 171–173, 178
Sündenfall 120, 124–125, 129
Taylor, Charles 40, 42, 56, 84, 90, 179, 185
Thurner, Ingrid 110
Tietze, Wolfgang 161
Toleranz/Akzeptanz 62–69, 91–92, 109, 194
Tondorf, Karin 37
top-down VII
Transsexualität/Transgender 80–85, 107–108, 170
Travestie 24
Treusch, Ulrike 39
Trinius, Stephan 70
Tuider, Elisabeth 94–97, 99
Ulrich-Eschemann, Karin 122–123
UNICEF 164
UN-Menschenrechtsrat 55
Unterordnung 143
UN-Weltfrauenkonferenz 32–34
Vaaßen, Susanne 26
Väterforschung 156–158
Vertrag von Amsterdam 34

Vielfalt, der Geschlechter *Siehe* Geschlechter
Vielfalt, sexuelle 53–54, 66–69, 74, 80, 85, 87, 94, 164, 169
Villa, Paula-Irene 24
Vitzhum, Thomas 195
Volf, Miroslav 130, 140
Volz, Rainer 156–157
Vonholdt, Christl Ruth 36, 73
Voraussetzung, weltanschauliche VIII, 113, 117, 137
Wagner, Gert 153
Wallerstein, Judith S. 45
Walter, Franz 88
Walther, Clara 70
Wannenwetsch, Bernd 130
Welding, Malte 154
Wetterer, Angelika 49
WHO 82, 93, 164, 180
Wilcox, Teresa 177
Willutzki, Siegfried 20
Wilson, Timothy D. 141
Wisdorff, Flora 158
Wrede, Brigitta 106
Wunder, Michael 75
Yarhouse, Mark A. 81, 126
Yogyakarta-Prinzipien 54–59
Zastrow, Volker 38, 76–77
Zillien, Nicole 174
Zulehner, Paul M. 156–157
Zweigeschlechtlichkeit VIII, 22, 26, 31, 50, 53, 65–69, 72, 78–85, 94–96, 103, 107, 117, 121–124, 128, 138, 164, 170, 173, 175, 188, 200
Zypries, Brigitte 44

Andrew Goddard / Don Horrocks (Hrsg.)

Homosexualität

Biblische Leitlinien, ethische Überzeugungen, seelsorgerliche Perspektiven

176 Seiten, Paperback
ISBN 978-3-7655-2060-0

3. Auflage

Wohl kaum ein Thema wird unter Christen so emotional und kontrovers diskutiert, wie das Thema der Homosexualität. Bei kaum einem anderen Phänomen gab es einen so rasanten Wandel in der gesellschaftlichen Akzeptanz. Für viele Kirchen ist es unmöglich geworden, in dieser Frage zu einheitlichen Überzeugungen zu kommen. In diesem Buch bezieht die Evangelische Allianz in Großbritannien Position: In 10 Leitsätzen nimmt sie die biblischen Aussagen zum Thema unter die Lupe und entwickelt ethische Überzeugungen. Anhand von Fallbeispielen erhält der Leser praktische Impulse für ein biblisch und ethisch durchdachtes und zugleich seelsorgerliches Handeln, das von der Liebe Christi geleitet ist.

Die beste und ausgewogenste Orientierung zur Homosexualität, die ich kenne, biblisch fundiert und zugleich seelsorgerlich formuliert.
Stephan Holthaus, Rektor der Freien Theologischen Hochschule Gießen

Es war höchste Zeit für dieses Buch. Klare biblisch-theologische Positionen werden darin sorgfältig begründet. Wahrheit und Liebe sind vorbildlich verbunden. Ich hoffe, dass viele Christen, christliche Gemeinden und Verbände in Deutschland sich dieser Position anschließen und öffentlich für sie eintreten.
Ulrich Parzany